당신의 음성을 찾아서

FINDING YOUR VOICE

당신의 음성을 찾아서

배우를 위한 단계별 가이드

●

Finding Your Voice
a step-by-step guide for actors

바바라 하우스맨 지음
이선미 옮김

도서출판 ❘동인

당신의 음성을 찾아서

바바라 하우스맨은 유명하고 매우 존경받는 보이스와 화술 그리고 액팅 코치이자 연출가입니다. 그녀는 연극 분야에서 40년 이상의 경력을 가지고 있습니다. 로얄 센트럴 스쿨 오브 스피치 앤 드라마The Royal Central School of Speech and Drama에서 처음으로 티쳐 트레이닝을 받은 후에 브리스톨 올드 빅 씨어터 스쿨The Bristol Old Vic Theatre School에서는 연출 트레이닝을 받았습니다. Arts Council Director's Bursary를 수상한 후에는 많은 레퍼토리 극장과 드라마 스쿨에서 보이스와 화술 그리고 연기를 가르치면서 연출했습니다.

1991년에는 로얄 셰익스피어 컴퍼니의 보이스 파트에 합류했습니다. 6년 동안 60개 이상의 고전과 현대극에서 250명 이상의 배우와 30명 이상의 연출가와 작업했습니다. 로얄 셰익스피어 컴퍼니를 떠나면서 올드 빅 씨어터The Young Vic에서 부감독이 되었고 그곳에서 '실수연발'과 '그림이야기' 등을 작업했습니다.

프리랜서인 그녀는 레슬리 브리커스의 <두리틀 박사>, 사라 케인의 <정화>, 야스미나 레자의 <예술>, 지니 해리스의 <기억하는 것보다 더 기억할 수 있는 공범의 니모닉>, 숀 폴리와 해미쉬 맥콜의 <내가 쓴 희곡>, 크리스토퍼 햄튼의 <트릿>, 피터 샤퍼보이스의 <에쿠우스>와 같은 다양한 작품에서 음성과 화술작업을 해왔습니다. 그녀는 또한 영화와 텔레비전에서도 일하면서 오스트리아, 중국, 콜롬비아, 뉴질랜드, 스리랑카와 미국에서 워크샵을 이끌고 있습니다.

『당신의 음성을 찾아서』는 3부작 책의 첫 번째입니다. 두 번째 책은 『텍스트(서브 텍스트)를 해결하기』이고 세 번째는―배우를 가능하게 하기―배우와 작업하는 연출가와 다른 사람들이 그들 최고의 작업을 만들어내는 데 도움이 될 수 있는 방법들을 살펴볼 것입니다.

옮긴이의 글

바바라 하우스맨 선생님을 처음 만난 건 내가 The Royal Central School of Speech and Drama, MFA 과정에 있을 때였습니다. 세계적으로 유명한 보이스 선생님들의 특강이 정기적으로 있었고, 그날도 어김없이 빼곡히 채워진 하루 수업 일정과 함께 항상 그렇듯 책에서만 만나보던 선생님을 만난다는 기대감에 한껏 부풀어 있었습니다. 둥글게 앉아 시작된 바바라 하우스맨의 특강은 단 한 번도 어떤 훈련을 시도해보기 위해 움직이지 않았고 그저 한 명씩 차례로 자신의 음성에 대한 문제들을 이야기하며 선생님께 피드백을 받았습니다.

그 피드백 또한 문제해결을 위한 훈련법이 아니었지만, 놀랍게도 많은 학생이 그 자리에서 자신의 마음 한 부분을 마주하거나 자신을 돌아보는 시간을 가졌습니다. 역자 또한, 뭔가 머리를 맞은 듯한 느낌과 함께 바바라를 다시 만나야 한다는 생각밖에 없었습니다. 다행히 바바라 선생님께서는 영국에 계셨고, 운이 좋게도 그날 이후로 정기적인 레슨과 함께 선생님과의 인연을 시작해 나갈 수 있었습니다.

아직까지 잊히지 않는 그날이 생각납니다. 선생님과의 두 번째 레슨을 끝내고 연습실을 나왔는데, 갑자기 새소리가 따뜻하게 들리면서 세상이 밝게 눈에 들어오고 나를 둘러싸고 있는 세상의 소리들이 들리기 시작했습니다. 미국에서 링크레이터 보이스 트레이닝을 시작으로 음성훈련에 필요한 다양한 신체 훈련과 연기술을 배우면서 한 가지 생각만 했었습니다. '해야 한다', '해내야 한다', '끝내고 한국으로 돌아가야 한다.' 노력하고 나를 밀어붙이며 긴 유학 생활을 버텨내고 있었죠.

하지만, 선생님의 말씀대로 나의 카메라는 나만을 향해 있었습니다. 세상을 비춰도 되는 그 카메라를요. 이미 나를 둘러싸고 존재하는 것들이 그렇게나 많았는데, 나의 관심을 기다리던 것들이 그렇게나 이미 존재하고 있었는데도 말입니다. 그리고 중요한 건 세상과 더 잘 소통하고 진정한 나, 나의 음성을 만나기 위해 음성훈련을 한다는 점을 어느새 잊고 의무적으로 훈련하는 기계로 있었던 것입니다. 그날 이후 저에게는 신체적/심리적인 변화들이 크게 일어나기 시작하면서 음성훈련을 접근하고 바라보는 시선이 완전히 바뀌었습니다.

그래서, 더욱 이 책을 소개하고 싶었습니다. 정답을 좇는 목표지향적인 방법이 아닌, 열린 과정을 탐험하고 그 안에서 자신에게 일어나는 일들을 발견하는 즐거움을 찾는 것! 그 결과 자연스럽게 내가 도달하고자 하는 곳으로 이르게 되는 것! 이 책 안에는 그를 위한 구체적인 목표가 제시된 다양한 훈련이 심리적/정신적인 접근 방법과 함께 선생님의 따뜻한 언어로 잘 표현되어 있기 때문에 충분히 가능하리라 봅니다. 제가 경험했듯이 자신의 음성을 찾아가는 그 여정이 지치지 않고 즐거운 여행이 되도록 이 책이 누군가에게 힘이 되어주리라 믿습니다.

저자인 바바라 선생님의 동의하에 한국 설정에 맞춰 변화, 삭제, 추가된 부분들이 있습니다. '릴리스와 리디렉션'(51쪽)에 설명되어 있는 내용을 다시 설명하자면, 릴리스는 먼저 자유롭게 놓아버리는 것, 근육이 풀어지도록 잡고 있던 걸 놓아버리는 것을 의미합니다. 번역 시 훈련의 이

름에서는 그대로 '릴리스'라는 용어를 사용하였고, 훈련을 설명할 때는 '자유롭게 풀어버리다', '잡고 있는 것을 놓아버리다', '자유롭게 방출하다', '자유롭게 해방시키다'라는 말로 번역했습니다. 필요 시, 저자의 동의 하에 역자의 설명이 추가되었습니다.

음성훈련은 나를 찾기 위한 여행이라고 말할 수 있습니다. 선생님께서 책 곳곳에서 얘기하신 것처럼 자신을 더욱 신뢰하며 자신의 진짜 음성, 자신을 찾는 즐거운 여행이 되길 진심으로 바랍니다. 자유롭고 진실된 자신을 말입니다.

번역하는 과정에서 읽고 또 읽을수록 제 마음 깊숙이 여러 번 배움을 주시고 긴 시간 동안 언제나 응원과 격려를 주신 바바라 선생님께 진심으로 감사드립니다. 그리고 책의 모든 훈련을 직접 해보고 교정을 도와준 우리 학생들 김온유, 김현진, 민누리, 성지예에게 고마운 마음을 전합니다. 긴 시간 기다려주신 도서출판 동인의 이성모 대표님과 즐겁게 마지막 수정 작업을 함께 해주신 박하얀 편집장님께도 깊은 감사를 드리며, 마지막으로 언제나 힘이 되어준 저의 가족! 진심으로 사랑하고 감사합니다.

한국 독자에게 드리는 글

한국의 독자들에게,

당신이 가진 진짜 음성, 그 힘과 유연성 그리고 표현을 찾는 여정에
이 책이 도움이 되기를 바랍니다.

애를 쓰기보다는 놀이하듯 이 책의 연습훈련들을 탐험해 나갈수록
당신에게 훨씬 더 도움이 될 것입니다. 당신의 음성을 찾는 여행을
즐겁게 보내길 바랍니다.

바바라

Dear Korean readers,

I hope you find this useful in your journey to find your own true
voice, to find it's power and flexibility and expression. The more
you can explore these exercises with a sense of play rather than
effort the better. Have fun.

Barbara

마크 바우웬스에게

당신의 영감, 인내 그리고 지지 없이
이 책은 결코 쓰이지 않았을 것입니다.

| 차례 |

케네스 브래너의 추천사

나는 몇 년 전 로얄 셰익스피어 컴퍼니와 공연하면서 바바라 하우스맨의 작업을 처음 알게 되었습니다. 바바라 하우스맨은 연출가이자 뛰어난 보이스 코치인 시실리 베리가 개척하고 로얄 셰익스피어 컴퍼니에서 장려하며 내려온 보이스 교육의 위대한 전통의 한 부분이었습니다.

최근에는 연출과 배우로서 바바라와 함께 작업했습니다. 두 경우 모두 바바라는 나에게 엄청난 영감을 주었습니다.

이 훌륭한 책은 그녀의 다년간의 경험을 매우 유용한 매뉴얼로 요약해 놓았습니다. 배우뿐만 아니라 자신의 음성이 완전한 잠재력을 발휘하고 자신의 삶과 일에서 혜택을 누리기 위해 훈련하길 바라는 모든 사람을 위한 책입니다.

이 책의 조언은 실용적이고 유연합니다. 결과를 보기 위해서 반드시 적용이 필요하지만 과정의 즐거움 또한 기억에 남는 책입니다. 작업들이 정말로 재미있습니다. 순차적으로 읽을 수 있고 또한 필요나 특정 관심에 따라서 부분적으로 읽을 수도 있습니다.

내 경험에 따르면 이러한 음성 훈련과 이 훈련들이 가진 철학은 개인이 더 큰 의미와 진실을 가지고 자신을 표현하는 데 있어서 더 분명하고 더욱 진실된 소통을 할 수 있도록 합니다. 사람들의 보컬 잠재력을 즐겁게 해방시켜서 그들이 좀 더 온전히 자신이 되도록 돕습니다.

그 선물에 나는 바바라에게 감사를 표하며 여러분도 즐거운 음성 여행이 되길 바랍니다.

케네스 브래너

Kenneth Branagh

감사의 말

수년에 걸쳐 저는 운이 좋게도 재능 있고 영감을 주는 많은 사람과 함께 작업할 수 있었습니다. 그들 모두에게 감사를 드립니다; 특히 카리아 벤자민Katya Benjamin, 메리베스 번치Meribeth Bunch, 마크 메이런Mark Meylan, 베로니카 스미더스Veronica Smithers, 앤드류 웨이드Andrew Wade, 수 웨스턴Sue Weston, 테사 반 세르티마Tessa Van Sertima 그리고 로얄 셰익스피어 컴퍼니의 연출가와 배우들에게 감사하며, 여기에서 특별히 네 사람을 언급하겠습니다.

첫 번째로 내가 5살이었을 때 나의 어머니가 찾은 리타 멜레네Rita입니다. 리타는 내가 19살에 왕립 센트럴 스쿨 오브 스피치 앤 드라마the Royal Central School of Speech and Drama에 들어가기 전까지 수년 동안 나를 가르쳤습니다. 그녀는 설립자인 엘시 포거트Elsie Fogerty가 총장으로 있었던 1920년대에 센트럴 스쿨에서 교육을 받았습니다. 나는 그녀에게서 단어들을 사랑하는 법을 배웠습니다. 리타는 누군가 나에게 셰익스피어가 어려울 수 있다고 말하기 전에 셰익스피어를 소개했고, 그래서 나는 셰익스피어를 전혀 두려워하지 않았습니다.

센트럴에서 교육 과정을 위한 오디션을 볼 때, 리타는 나에게 연극, 시 그리고 연극 이론이 혼합된 약 75개의 책 리스트를 주었습니다. 그녀는 내가 그 책을 모두 읽어야 하며, 읽지 않는다면 합격할 가능성이 없을 거라고 말했습니다. 그래서 나는 충실하게 그 책을 모두 읽었습니다. 물론, 오디션에선 단 한 건의 책에 대해서도 묻지 않았지만 나는 그 책을 모두 읽은 걸 후회하지 않았습니다.

내가 많은 빚을 지고 있는 다음 사람은 내가 시아추shiatsu와 명상을 함께 공부했던 소니아 모리소Sonia Moricear입니다. 그녀의 작업은 나에게 깊은 영향을 끼쳤습니다. 나는 그녀를 통해서 정신과 신체적 에너지 사이의 관계에 대해서 많은 것을 발견했고, 이것은 내 개인적인 작업과 배우와의 작업 안에서 매우 유용하다고 증명되어 왔습니다. 나는 그녀와 계속 일하고 있고 그녀가 계속 가르치는 한 우리의 작업을 이어갈 것입니다.

세 번째 사람은 뛰어난 노래 선생님인 제니스 챕맨Janice Chapman입니다. 10여 년 전 그녀의 워크샵에 참가했을 때 나는 그녀를 처음 만났습니다. 나는 처음부터 그녀의 훈련법이 얼마나 가치 있고 특히 호흡과 소리 지지에 대한 그녀의 훈련법이 얼마나 명확한지를 깨달았습니다. 나는 한동안 개인적으로 그녀와 함께 작업할 수 있었고 지금 내가 하는 지지에 대한 훈련들은 그녀의 탁월한 작업과 연구를 기반으로 하고 있습니다.

마지막이지만 정말로 중요한 사람은 시실리 베리입니다. 로얄 셰익스피어 컴퍼니에서 6년 동안 함께 일할 수 있었던 건 정말로 행운이었습니다. 시실리는 영국뿐만 아니라 전 세계에 우리가 음성과 텍스트 작업을 하는 방식에 혁명을 불러일으켰습니다. 그리고 오늘날 일하는 대부분의 보이스 티쳐들은 그녀의 작업에 영향을 받았습니다. 그들이 그것을 아는지 모르든지 상관없이 말입니다! 작업하는 그녀를 지켜보는 것과 함께 작업한 모든 게 매우 귀중했고 그녀는 특히 텍스트에 대한 나의 작업에 굉장히 많은 영향을 끼쳤습니다.

마지막으로 당연히 감사해야 할 사람들이 있습니다. 그들은 내가 가르쳤던 모든 사람입니다. 사실상, 그들의 질문, 필요 그리고 어려움들은 저에게 많은 걸 가르쳐 주었습니다.

감사한 사람들

다양한 초안을 성의껏 읽고 훌륭한 피드백을 준 마크 보웬스Mark Bauwens, 라일 조링Lyle Jobling 그리고 마크 메이런Mark Meylan에게 감사합니다. 또한, 보컬 건강 섹션에 기여한 마크 메이런과 존 루빈John Rubin과 많은 해부적인 디테일을 확인해준 메리베스 번치Meribeth Bunch에게도 감사합니다. 내가 끝없이 막대인간stick men을 그리는 걸 지켜보고 참을성 있게 원근법에 대해 가르쳐준 니콜라 엔디콧Nicola Endicott!

마지막으로 상세하고 이해하기 쉬운 편집을 해주신 캐롤리인 디우닝 Caroline Downing에게 감사드립니다. 그녀는 최고의 편집자였습니다.

서문

음성 작업의 잠재력

음성 훈련은 배우를 자유롭게 풀어줄 수 있습니다. 음성은 내면과 외부 세계 사이를 잇는 다리 역할을 합니다. 따라서 음성이 자유롭다면, 내면세계를 매우 정확하게 반영하여 캐릭터와 주어진 상황 그리고 텍스트에서 각각의 배우의 독특한 반응을 드러낼 수 있습니다.

이것이 이 책의 목적입니다. 배우 각자가 가진 자신의 자유로운 음성을 찾도록 서포트하는 것입니다. 배우가 가진 힘과 표현을 찾아서 그들이 온전히 자신의 생각과 감정을 섬세하고 유연하게 그리고 신나게 소통할 수 있도록 말입니다.

그렇다면 이 책은 어떻게 활용할까요?

이 책은 옳은 것에 대한 게 아니라 선택에 대한 것입니다. 음성 작업의 경험에 따라서 배우 개개인이 자신의 개인적인 필요를 충족시킬 수 있도록 이 책에 나온 훈련들을 다양한 방법으로 사용해서 개인 훈련 도구 키트를 구축할 수 있습니다.

음성 훈련을 거의 혹은 전혀 해보지 않았다면, 각 챕터를 아주 가볍게 한 번 읽어서 개요를 파악하도록 하세요. 그런 다음 다시 돌아가 챕터에 나온 훈련들을 해 나갑니다. 각 챕터의 훈련에 익숙해지면 다음 챕터로 이동해서 같은 방법으로 작업하세요. 각 챕터의 끝에는 계속 늘어나는 훈련 세션에 얽매이지 않고 간결한 세션을 만들 수 있도록 훈련들을 통합할 수 있는 방법을 제안해 놓았습니다. 책 전체에 나온 훈련들을 해 보고나면, 당신은 자신의 음성을 훨씬 더 잘 이해할 수 있을 것이고 자신에게 가장 도움이 되는 훈련이 무엇인지를 알게 될 거예요. 그렇게 되면, 당신은 자신의 훈련과 웜업을 함께 조합하거나 내가 제안한 훈련들을 사용할 수 있을 겁니다.

여러분 중에서 많은 음성 작업을 해 보았지만 더 충족시켜야 할 부분이 있다고 생각이 든다면 각 챕터 소개를 가볍게 읽어보면서 훈련의 개요를 파악하고 가장 도움이 될 거라고 생각하는 훈련들을 고르고 선택하세요.

다루고 싶은 특정 문제를 가지고 있는 경우에는 문제 해결 섹션을 보세요. 문제에 대해 간단하게 설명이 제공되고 적절한 훈련을 안내받을 수 있습니다.

음성의 복잡성을 존중하기

우리는 존중하는 마음을 가지고 음성 작업을 해야 합니다. 음성은 자아의 표현입니다. 우리 자신과 세계에 대한 편안함 혹은 편안함의 부족을 표현하죠. 윽박질러 형태를 만들 수 없습니다.

자신의 음성에 대한 작업을 하기 위해서는 먼저 자신의 음성을 알아가는 것부터 시작해야 해요. 판단이나 요구보다는 존중과 호기심을 가지고 음성에 접근해야 합니다. 그러면 당신은 자신의 음성을 이해하기 시작할 것이고 필요한 변화를 훨씬 더 쉽고 즐겁게 성취할 수 있을 거예요.

당신의 음성을 찾지 않아야 하는 곳!

우리의 음성은 선천적으로 우리 내면의 생각과 감정을 아주 강력하고 정확하게 표현할 수 있는 잠재력을 가지고 있음에도 불구하고 종종 이 잠재력은 모호합니다. 이것은 우리가 애당초 잠재력을 전혀 가지고 있지 않았다고 믿게 만들 수 있습니다. 그 결과, 우리는 파워풀하고 표현적인 음성을 가지고 있다고 생각하는 다른 사람의 음성을 모방하려고 하죠. 이 방법으론 결코 자신의 음성을 찾을 수 없습니다. 또한 모방한 음성은 결코 우리 내면의 반응을 드러낼 수 없습니다. 청중에게 진정으로 감동을 주는 음성을 찾으려면 자신의 음성을 찾아야 합니다.

자신의 음성과의 연결이 끊어지는 이유를 이해하기

자신의 음성을 찾기 전에 아주 강력하고 정확하게 표현하고 드러낼 수 있는 잠재력이 어떻게 힘을 잃게 되었는지를 이해해야 합니다.

아주 어렸을 때, 우리의 음성은 강하고 자유로우면서도 우리 자신과 연결되어 있었습니다. 우리가 우리 스스로를 믿었기 때문입니다. 우리는 우리가 느끼고 있는 것과 분명하게 연결되어 있었고 의심이나 판단 혹은 지나치게 애쓰는 것 없이 느낌을 표현할 수 있는 자유와 자신감을 가지고 있었습니다.

수년에 걸쳐 우리는 종종 자신에 대한 신뢰를 잃습니다. 의심과 판단은 우리의 확신을 잠식시키기 시작하면서 뒤로 물러나려 하거나, 전념하는 걸 두려워하거나 또는 지나치게 애쓰게 합니다.

이건 정도의 차이는 있겠지만 우리 모두에게 일어나는 일입니다. 성장하는 과정의 일부 같기도 합니다. 우리는 우리가 보는 세계와 그 세계에 반응하는 방식이 다른 모든 사람이 보고 반응하는 방식이라고 확신하며 자신감을 갖고 살아가기 시작합니다. 그런 다음, 우리는 다른 사람들이 우리와 다르게 세상을 경험한다는 걸 깨닫게 되는데 이것은 충격일 수 있습니다. 내가 맞는 걸까요 혹은 다른 사람들이 맞는 걸까요? 우리는 우리의 견해를 버리고 다른 사람의 견해를 받아들이나요 아니면 우리의 신념을 보호하고 그들이 틀렸다고 설득하기 위해 필사적으로 싸우나요? 우리는 우리 자신의 세계관과 다른 사람의 세계관을 존중할 수 있는 편안한 확신을 재발견하는 데 평생이 걸릴 수도 있습니다.

우리가 주저하며 뒷걸음치는 곳에서 음성은 더 작아지고 표현력이 떨어지는 경우가 많습니다. 발음은 대체적으로 정확하지도 명확하지도 않을 거예요. 음성이 지지를 제대로 받지 못하고 울림은 충분치 않을 수 있습니다. 목구멍에 음성이 삼켜지거나 갇힌 느낌이 들 수 있어요.

이러한 부족한 부분을 채우려는 지나친 노력이 음성을 거칠어지게 하고, 감정적일 때는 특히나 음성이 날카롭거나 꽉 조일 수 있어요. 지나치게 강조적이며 표현적이고 또렷하게 발음될 수 있습니다. 강한 음성으로 보일 수도 있지만, 그것은 여전히 지지와 공명이 부족해서 목구멍에서 힘으로 밀어붙인 소리일 수 있고 그 결과로 보컬 긴장을 유발할 수 있습니다.

당신의 음성을 찾기 위해서

책 전체는 분명하게 당신의 음성을 찾는 과정을 다루고 있지만 지금 소개하고 싶은 몇 가지 중요 도구가 있어요. 이 도구들을 사용하면 음성 작업에 큰 변화를 가져오고 작업을 훨씬 더 즐겁고 성공적으로 만들 겁니다.

차분한 확신과 전념　　차분한 확신과 전념하는 태도를 가지고 연습훈련을 하는 건 훈련할 때 주저함과 지나친 노력 모두를 제거하는 데 도움이 됩니다. 이 확신과 전념은 잘못된 외적 자신감이라기보다는 우리가 항상 쉽다고 생각한 활동들에 대해 가졌던 확신 같은 진정한 내적 확신입니다. 예를 들어, 당신이 스포츠나 수학 혹은 요리나 자동차 운전에 항상 능숙했다면, 이러한 활동을 하는 데 주저하지도 않을 뿐만 아니라 그것들을 증명해야 할 생각을 가지지 않고 단순히 그 활동을 해 나갈 거예요. 이것이 차분한 확신입니다.

　차분한 확신은 억지로 애를 쓰지 않으면서 자신이 하고 있는 일에 완전히 몰두할 수 있게 하고 엄청난 에너지를 방출합니다. 또한 단순히 전념함으로써 소위 문제라고 할 수 있는 대부분은 즉시 해결됩니다. 따라서, 확신이 서지 않을 때는 머뭇거리거나 혹은 과도하게 애를 쓰며 하려고 하지 말고 차분한 확신감을 떠올리면서 부드럽지만 확고하게 전념하세요.

가볍지만 완전한 자각　　음성에 일어나는 많은 문제는 우리가 실제로 무엇을 하고 있는지를 전혀 모르기 때문에 일어납니다. 변화를 가져오는 가장 빠른 방법 중 하나는 역설적이게도 어떤 것도 바꾸려는 시도를 멈추고 단순하게 자신이 하고 있는 걸 인식하는 거죠. 이것은 긴장과 도움이 되지 않는 습관들을 알아차릴 기회를 제공하고 이러한 자각만으로도 변화를 일으킵니다. 그러면서, 적절한 훈련을 함으로써 이 변화를 쉽게 습관화할 수 있어요.

따라서, 성취하려고 애쓰거나 아무 생각 없이 훈련을 반복하는 것 대신에 단순히 가볍게 어떤 판단 없이 당신이 지금 하고 있는 것에 주의를 기울여보세요.

편안함　　　　　　자각하는 것은 편안하게 작업할 때와 긴장 상태에서 작업할 때를 알아차리는 데 도움이 됩니다. 긴장은 항상 과도하거나 부적절한 노력의 결과입니다.

공연 안에서 음성을 사용할 때는 분명히 노력이 필요합니다. 그렇지 않으면 에너지가 없을 거예요. 그렇지만, 이 노력이 적절한 노력인지가 중요합니다. 그렇다면, 노력이 적절한지는 어떻게 알 수 있을까요? 신체적으로 정신적으로 편안함을 느낀다면, 당신은 바른 방향으로 가고 있는 거예요.

따라서, 작업할 때 편안함을 최우선 순위로 두세요. 긴장을 통해 성취된 어떤 것도 무대에서는 아무 소용이 없을 겁니다.

관심(흥미)　　　　편안함은 당신이 근육을 과하게 사용하지 않도록 하지만 근육을 지나치게 작게만 사용하지 않도록 보장해 줄 수 있는 건 무엇일까요?

자, 확신과 전념은 근육이 적절하게 움직이는 데 큰 도움이 됩니다. 더 차분히 확신하고 부드럽지만 확고하게 전념한다면 더 많은 에너지를 갖게 될 거예요.

또 다른 훌륭한 에너지 제공자는 관심(흥미)입니다. 당신이 정말로 관심 있는 일을 하고 있었던 때를 생각해보세요. 당신이 얼마나 살아있다고 느꼈는지를 기억해보세요. 그런 다음, 관심 없는 일을 하고 있었던 때를 생각해봅니다. 얼마나 무기력하고 해내기 위해 애를 써야 했는지 기억해보세요.

관심은 쉽고 유연한 에너지를 줍니다. 그래서, 판단과 의심이 아니라 흥미와 호기심을 가지고 작업을 한다면 훨씬 더 많은 에너지와 재미를 발견하게 될 거예요.

관대함　　　　　　관대함은 함께 작업하기에 매우 이상한 도구로 보일 수 있어요. 그러나, 우리는 너무나 자주 엄청난 판단과 비판을 가지고 작업에 접근하죠. 우리는 훈련할 수 없을 때 정신적으로 우리 스스로에게 비판과 뭇매를 하고, 성취하기 위해 스스로에게 엄청난 압박을 줍니다. 그 결과, 우리가 특정 작업이 어렵다고 생각하면 종종 포기해버리는 게 놀라운 일도 아니죠. 계속하기에는 너무 고통스럽기 때문이에요.

따라서 여러분은 자신에게 관대함을 가지고 작업할 필요가 있습니다. 정말로 아끼는 누군가에게 보여주는 그런 종류의 관대함. 당신이 끝없는 관용과 수용을 가질 수 있는 누군가를 생각하고 그 관용과 수용을 당신 자신에게 적용하세요!

이 관용과 수용은 태만하고 약하거나 무작정 바보 같은 친절함이 아닙니다. 자신에게 관대함과 수용을 가지고 일한다면, 어려운 일을 훨씬 더 오랫동안 할 수 있고, 그 결과 훨씬 더 빠르게 많이 성취하게 될 거예요.

1

시작하기 전에

서두에서는 음성 작업을 위한 다섯 가지 핵심도구를 제공했으니 여기에서는 작업에 접근하는 방법에 대한 몇 가지 안심이 되는 말과 조언을 추가할게요.

안심이 되는 말들

연습을 오랜 시간 할 필요가 없습니다

중요한 점은 연습의 규칙성이죠. 일주일에 한 번 길게 연습하는 것보다 매일 짧은 시간 동안 연습하는 게 훨씬 좋습니다.

또한, 한 번에 모든 훈련을 할 필요가 없어요. 틈틈이 어느 때나 할 수 있도록 관리하기 쉬운 더 작은 단위로 나눌 수 있습니다.

일부 훈련은 일상생활을 하면서 할 수 있어요. 훈련이 자연스러워지는 게 목표이기 때문에 일상생활을 하면서 연습하는 건 훌륭한 연습 방법이죠.

각 훈련은 길어봐야 2~3분의 짧은 시간 동안 연습하는 게 좋아요.

그 시간이 넘어가면 주의력이 떨어져서 다시 오래된 습관으로 되돌아가게 되면서 낙담하게 되기 때문입니다.

무대에 있는 동안에는 음성이나 어떤 연습훈련에 대해서도 생각할 필요가 없습니다

무대에 있는 동안 자신의 음성이나 음성 훈련에 대해서 생각하는 건 도움이 되지 않을 뿐만 아니라 필요하지도 않습니다.

집중과 관심을 기울이며 제시한 대로 워밍업을 해 나간다면 무대에서 음성에 신경 쓰지 않고 완전히 대사와 다른 배우들에게 몰입할 수 있어요.

공연에서 여전히 문제를 가지는 경우 문제 해결 인덱스를 살펴보고 제안된 훈련을 하세요. 그래도 문제가 지속된다면, 그때는 문제의 원인을 찾아서 해결할 수 있는 보이스 선생님을 찾는 게 좋습니다.

어떤 경우든 무대에서는 자신의 음성에 대해서 신경 쓰지 마세요!

거짓으로 들리지 않을 것입니다

모든 훈련은 당신 자신의 음성이 가진 완전한 잠재력을 발휘할 수 있도록 당신이 가진 음성을 개발하도록 디자인되었습니다. 음성이 감정과 생각에 더 잘 반응하고 표현할 수 있도록요.

단순히 '무대'나 '퍼포먼스'를 위한 음성을 갖는다기보다는 일반적인 용도를 위해 음성을 발달시킨다고 생각하는 게 좋습니다. 이렇게 하면 음성의 유연성이 향상되고 더욱 자신과 연결되었다고 느낍니다. 또한 음성을 피곤하게 하거나 손상시킬 가능성도 적어집니다. 많은 보컬 피로와 손상은 공연에서의 사용을 위해 요구되는 것보다 사회적으로 살아가면서 요구되는 경우가 많습니다.

테크닉은 배우의 적이 아니다

테크닉은 인위적으로 기계처럼 하거나 당장 결과를 만들기 위해 자신의 소리를 분석해서 만드는 작업으로 이어질 필요가 없습니다. 테크닉은 진실의 적일 필요가 없습니다. 테크닉은 당신이 날 수 있도록 도울 수 있습니다.

자신이 만족하는 역할을 맡았을 때 그리고 자신이 믿는 작품에서 편안하게 느끼는 연출과 동료 배우와 함께 작업하면서 고무되었을 때 당신의 음성, 신체, 상상력 그리고 창의력은 매우 훌륭하게 작동합니다. 그러나 이 모든 요소가 갖춰지지 않고 자기 스스로가 덜 안전하다고 느낄 때는 테크닉이 발휘되어야 할 때입니다. 테크닉은 여러분의 구제책입니다. 최고의 작업을 다시 찾고 창조적인 공간으로 다시 들어가도록 도울 것이고, 이것을 가능하게 하는 테크닉은 당신 연기 그 자체만큼이나 개인적일 겁니다.

나는 경험이 상당히 풍부한 배우들에게서 주목할 만한 점을 발견했습니다. 그들은 지속적으로 신선하고 흥미진진하면서도 예측할 수 없는 좋은 작업을 보여준다는 것입니다. 어떤 어려운 상황에서도 번성할 수 있는 창의적인 공간을 자신의 주위에 구축할 수 있었습니다. 이것이 내가 흥미를 가지는 테크닉입니다. 어디에서 누구와 작업을 하든 간에, 최고의 작업을 가능하게 하면서 자유롭고 창조적으로 당신이 느낄 수 있게 하는 훈련들 말입니다.

아무튼 당신은 당신의 음성과 신체를 잘 사용하는 방법을 이미 알고 있습니다. 따라서 우리가 다룰 것은 단지 그 방법을 다시 배우는 문제입니다!

신체적 혹은 정신적 문제를 가지고 있지 않은 한, 모든 아기는 그들의 음성을 손상하지 않으면서 몇 시간 동안 집이 떠나가도록 소리를 내며 울 수 있습니다. 모든 건강한 유아는 좋은 자세와 폭넓은 음역과 색을 가진 표현적인 음성을 가지고 있고 목의 통증 없이 지속적으로 음성을 사용할 수도 있어요.

그래서 당신이 당신의 음성을 어떻게 사용하는지 이미 알고 있다는 거예요. 그 음성은 단지 당신이 자라면서 갖게 되는 유용하지 못한 습관들로 모두 묻혀 있을 뿐입니다.

음성훈련은 최고의 자신 그리고 가장 표현력이 뛰어난 자신으로 돌아가는 방법입니다. 당신이 이 훈련을 하고 나서 필요한 근육들을 사용하게 될수록 당신이 가졌던 자연스러움을 더욱 찾게 될 겁니다.

작업을 하는 방법

나는 이미 확신, 전념, 자각, 편안함과 관심(흥미)을 가지는 게 당신의 작업에 어떻게 도움이 될 수 있는지에 대해서 이야기했습니다. 다음은 음성작업의 고통을 덜어주고 훨씬 더 쉽게 할 수 있는 몇 가지 작업 방법에 대한 것들입니다.

접근 방식을 확인하기

음성 작업에 접근하는 방법은 음성 작업 자체만큼이나 중요합니다. 우리는 너무나 자주 조심스러워하며 자신 없이 접근해서 활력을 없애거나 과도한 노력으로 긴장하기도 합니다. 과거에 음성 작업에 어떻게 접근했었는지 생각해보세요.

항상 살짝 뒤로 물러나 있었나요? 그랬다면, 어떤 훈련도 완전히 유용한 것 같지 않고 살짝 따분하고 기계적이라고 느껴졌을지도 모릅니다.

아니면 항상 너무 열심히 노력했나요? 그랬다면, 어딘가로 스멀스멀 긴장이 스며들지 않고는 결코 작업할 수 없었을 겁니다. 모두 뭉쳐있다고 느낄 수 있어요.

차분한 확신을 가지고 음성 훈련에 접근해봅니다. 음성 훈련이 과거에 어려웠더라도 이제는 이 훈련을 잘할 수 있을 거라고 생각해보세요. 틈틈이 확인해보세요. '뒤로 물러나 머뭇거리고 주저하거나 혹은 너무 열심히 노력하고 있나?'

보컬 에너지와 표현은 망설이거나 움켜 쥐어짜거나 억지로 힘을 들여 밀어내기보다는 잘 움직이고 살아있는 성대근육에서 나옵니다.

가벼운 마음으로 하기

우리의 생각은 우리 몸에 엄청난 영향을 미치기 때문에 우리의 음성에도 상당한 영향을 끼치게 됩니다. 경직된 마음은 경직된 몸을 이끌기 때문에 경직된 음성을 낳습니다. 성취하기 위해 밀어붙이고 애쓰는 생각은 신체적으로 그리고 음성적으로 과도한 노력을 낳는 반면에 두려움과 의심을 가진 생각은 신체와 음성의 억제로 이어집니다.

좋은 소식은 좀 더 편안하고 열린 마음으로 작업한다면 신체와 음성에 긍정적인 영향을 줄 수 있다는 거예요. 서두에서 긍정적 에너지를 가져오기 위해 확신과 전념과 흥미를 가지고 작업하는 것에 대해서 이야기했습니다. 또한 편안하게 작업하는 중요성에 대해서도 언급했어요. 신체적/음성적 편안함을 갖기 위해서는 마음의 편안함을 찾아야 합니다. 이미 언급했던 것처럼, 자신에게 인내, 관용, 친절과 관대한 태도를 가지고 작업하는 건 정신적인 편안함을 가져와서 신체적/음성적 수월함을 가져오는 데도 도움이 될 겁니다.

지나친 신체적 노력을 피하기 위해 멘탈 포커스mental focus와 지시direction를 사용하세요

(지시direction는 알렉산더 테크닉에서 사용하는 용어로 지시를 내린다기보다는 그렇게 된다고 생각하거나 믿는다 혹은 상상한다고 보면 됩니다.)

성공적인 음성 작업은 신체적 노력만큼이나 정신적인 집중과 주의가 필요합니다.

어떤 활동이든 신체적 노력만으로 달성하려고 하면 결국 필요 이상의 더 많은 근육의 힘을 사용하게 됩니다. 그래서, 그 작업을 위해서 꼭 필요한 근육들을 사용하지 않을 가능성이 매우 높아집니다.

활동을 활성화하기 위해서 멘탈 포커스나 지시를 사용하면 훨씬 더 정확하고 효과적인 근육의 사용을 이끌 수 있습니다. 다시 말해서, 활동들을 훨씬 쉽고 유연하게 수행할 수 있게 되죠.

운동선수들이 이러한 방법으로 훈련합니다. 테니스 선수가 자신의 포핸드 스트로크를 개선하려고 한다면, 그 스트로크 기술을 연습하는 데 시간을 할애할 뿐만 아니라 비디오에서 좋은 포핸드의 예를 보고 전체 스트로크를 시각화하는 훈련을 할 겁니다. 그때 뇌는 시각화된 것들을 행동으로 전환합니다.

이러한 방식으로 뇌에 전체 패턴이 그려지면서 신체가 활동을 달성할 수 있는 최상의 방법을 찾게 합니다. 이건 작업에 가장 적합한 최상의 근육들을 수반할 수 있다는 걸 의미해요.

이 과정에는 세 가지 중요한 구성요소가 있습니다—이미지, 터치touch, 멘탈 바운스mental bounce.

이미지　　　　　　이미지의 사용은 종종 뜨거운 논쟁거리가 되며 많은 사람이 이미지를 '애매하고' 모호한 것으로 간주하고 있습니다.

내 생각에 이 문제는 이미지 그 자체를 사용하는 데에 있지 않고 이미지가 사용되는 방식에 있다고 봅니다.

이미지는 단순하지만 뇌에서 몸으로 복잡한 일련의 지시를 전달하기 때문에 작동합니다. 단순히 한 가지 이미지에 주의를 기울이면 됩니다. 그렇지만, 그 결과는 복잡한 일련의 과정들이 실행될 겁니다.

이미지가 작동되려면 이미지를 사용하는 사람에게 그 이미지가 정확하고 의미 있는 것이어야 합니다. 나는 항상 사람들에게 내가 주는 이미지는 시작 지점일 뿐이라고 설명하고 이미지가 자신에게 작동하도록 자유롭게 적용하거나 완전히 변경할 수 있다고 말합니다.

또한, 이미지에 100% 주의를 기울이는 것이 중요합니다. 이미지가 작동하지 않는 이유는 종종 이미지에 완전히 주의를 기울이지 않기 때문입니다. 대신에 오래된 원치 않는 행동들이 여전히 일어나는지 확인하려고 하거나 혹은 의식적으로 이미지 그 자체가 작동할 수 있다는 걸 믿지 못하기 때문에 의식적으로 '하고 있는' 것일지도 모릅니다.

그래서, 적합한 이미지를 찾아서 그 이미지에 모든 주의를 기울이고 원하는 일들이 일어날 거라고 믿는 게 중요합니다.

터치(*역주: '핸즈온'으로도 불립니다.) 분명하게 그 이미지를 활성화하려는 곳에 아주 정확하게 주의를 기울여야 합니다. 그렇지 않으면 뇌가 일반적인 메시지를 보내서 필요한 것보다 더 많은 근육을 활성화하거나 심지어 쓸데없는 근육 모두를 활성화할 수 있습니다.

여기서 터치가 중요한 역할을 합니다. 움직이길 원하는 부위에 손을 둔다면, 마음이 그 부위에 집중하도록 도울 수 있습니다.

뇌가 가진 문제를 상상해봅시다. 뇌에는 수백만 개의 신경세포가 있으며 온몸에 일어나는 움직임을 위해 지시를 전달합니다. 당신이 새로운 행동을 구축하려고 시도하는 경우에 뇌는 어떤 신경으로 메시지를 보내야 할지 확신하지 못할 것입니다. 그래서 뇌는 메시지를 전혀 보내지 않거나 그렇지 않으면 항상 보내던 신경으로 보내서 오래된 습관적 행동을 불러옵니다. 그리고 일반적인 부분으로 메시지를 보내서 필요하거나 바람직한 것보다 더 많은 근육이 작동하도록 야기할 수도 있습니다.

활성화하려는 부위에 매우 분명하고 지그시 손을 올려두면 신경세포를 통해서 뇌는 감각적 피드백을 받습니다. 그래서, 어떤 운동신경으로 메시지를 보낼 건지 훨씬 더 정확하게 알 수 있게 됩니다.

예를 들어, 당신이 한쪽 눈썹을 올리는 법을 터득하려 한다고 상상해보세요. 움직이고 싶지 않은 눈썹을 한 손으로 잡고 다른 손으로 다른 쪽 눈썹을 위아래로 움직여 뇌가 어떤 신경이 필요한 근육을 활성화할지 알아낼 수 있습니다.

이미지를 가지고 터치하면서 작업한다면, 마음이 더 빠르게 주의를 기울일 수 있고 불필요한 노력 없이 결과를 얻을 수 있습니다.

멘탈 바운스 Mental Bounce 이미지와 터치는 당신이 근육에 정확한 지시를 내리게 합니다. 정신적 바운스는 근육에 에너지를 제공해서 억제하거나 강요하는 것 없이 적절하게 움직일 수 있게 합니다.

정신적 바운스는 확신과 전념 그리고 흥미를 가질 때 오는 활기찬 마음 상태입니다. 이 마음 상태에 접속하는 좋은 방법은 음성 훈련을 할 때 추파를 던지거나 놀린다거나 우쭐거린다고 상상하는 것입니다. 이 상상은 상당히 가벼운 에너지를 방출하고 음성을 지지하고 우리의 말을 형성하는 근육에 활력을 주면서 음성 훈련을 더욱 즐겁게 만듭니다.

천천히 침착하게 작업하기

배우들이 '그렇지만 무대 위에서는 그렇게 천천히 할 수 없어요'라고 외치는 것도 당연합니다. 물론 그럴 수 없고 아무도 당신에게 그렇게 하길 기대하지 않습니다. 천천히 작업하는 것의 포인트는 뇌가 새로운 패턴을 흡수할 수 있는 시간을 갖게 하는 겁니다. 천천히 연습훈련을 할 때 뇌는 새로운 습관을 정확하게 습득합니다. 이 새로운 패턴이 뇌에 명확하게 각인되면 자연스럽게 속도를 높일 수 있을 것입니다. 하지만, 빠르게 작업해 버린다면 새로운 습관이나 패턴은 뒤죽박죽이 되기 쉽고 정확하게 습관화되기 어렵습니다. 따라서, 실제로 천천히 작업해 나간다면 더 빠른 결과를 얻을 수 있게 됩니다.

침착하게 작업하는 것도 위와 비슷한 이유로 중요합니다. 당신의 뇌에 공간을 제공하게 됩니다. 또한, 불안이나 과도한 노력 또는 조급함을 가지고 훈련한다면 뇌는 이러한 감정이나 생각들이 당신이 원하는 새로운 습관이나 패턴의 일부라고 가정할 수 있습니다.

한 번에 한 가지 작업하기

특별히 요구하지 않는 한 각 훈련의 작업세트에 집중하면서 다른 훈련 작업을 가져와 시도하거나 이월하지 않는 것이 좋습니다. 나는 이 작업 방식을 '레이어링layering'이라고 부릅니다—한 번에 한 가지 측면이나 한 단계만 작업하는 거죠. 이 방식은 모든 것을 단순하게 유지하고 삶을 훨씬 더 쉽게 만들어줍니다. 또한 더 나은 결과를 가져오죠. 퍼즐의 각 조각에 대해 작업하면서도 결국엔 각각의 조각들이 서로 잘 맞춰질 거라는 믿음에 대한 문제입니다. 실제로 그렇게 될 것입니다!

원하는 행동에 항상 주의를 기울이면서 계속 해 나가세요!

계속해서 확인하려 하고 원하지 않는 행동에 주의를 다시 기울이는 경향이 있습니다. 이것은 당신이 쌓고 싶은 새로운 습관이 아니라 버리고 싶은 오래된 습관에 더 많은 관심을 주게 되기 때문에 낙담할 뿐만 아니라 역효과를 낳습니다. 따라서 원하는 행동에 계속해서 주의를 기울이면서 결국은 원하는 메시지가 전달될 거라고 믿으세요.

어렵다고 느껴질 때 낙심하지 마세요

연습훈련이 어렵다고 느껴질 때가 축하해야 할 때입니다. 배울 수 있는 기회와 당신의 스킬을 확장할 기회가 있다는 것을 의미합니다. 쉽게 할 수 있는 연습훈련만 한다면, 기분이 좋아질 수는 있겠지만 많은 것을 배울 수 없습니다−연습훈련이 힘들 때−즐기세요!

당연히 연습훈련이 어렵게 느껴지지 않더라도 걱정할 필요는 없습니다! 중요한 건 훈련이 쉽든 어렵든 간에 감탄하거나 낙담하지 마세요−그냥 계속 해 나가도록 하세요.

자신의 음성을 듣기보다는 느끼세요

자신의 음성을 들으면서 모니터링하는 것은 굉장히 유혹적입니다.

그렇지만, 두 가지 이유로 도움이 되지 않습니다. 첫 번째로 당신 자신의 자의식이 발동하고 스스로를 평가하게 합니다. 이것은 결코 당신에게 도움이 되지 않는 일이며 특히 창조적인 작업에는 더욱 그렇습니다. 두 번째로는, 당신이 들었던 좋은 소리를 재현하려고 노력할 수 있으며 동일한 방법으로 그 소리를 낼 수 있다는 보장이 없기 때문에 당신은 덜 효율적이거나 긴장된 방식으로 소리를 만들 위험이 따라옵니다.

그러나, 각 훈련 안에서 음성의 신체적인 느낌에 주의를 기울인다면, 깨어 있는 상태로 당신 자신과 함께 당신 내면에 머물게 될 것입니다. 이것은 창조적 과정에 훨씬 더 많은 도움이 되며 연기할 때 굉장히 중요한 부분입니다. 또한 음성의 신체적 경험은 훨씬 더 선명하게 옵니다. 당신이 특정 음성적 행동과 연관된 신체적 감각을 찾는다면, 그 감각을 다시 느낄 때 정확하게 원하는 그 행동을 재창조하고 있다는 걸 알 것입니다.

목구멍의 횡포를 몰아내기

우리는 모두 소리가 목구멍에서 만들어진다는 것을 알고 있습니다. 정확하게 어떻게 만들어지는지 몰라도 우리가 알고 있는 이 사실은 종종 우리의 주의를 목구멍에 두도록 이끌죠. 이것은 아무 쓸모도 없으며 종종 부적절하고 도움도 되지 않는 노력으로 이어집니다.

더 나가기 전에, 목구멍에 대한 몇 가지 사실을 알고 가는 것이 중요합니다.

소리의 생성은 후두의 유일한 기능이 아닙니다. 후두는 음식과 음료가 기관1)으로 들어가는 것을 방지하고 또한 폐를 보호합니다.

게다가, 후두는 목구멍을 닫아 가슴이 무너질 수 없는 공간을 만들어서 신체적으로 힘을 많이 요하는 일을 가능하게 합니다. 지금까지 이야기한 것들을 직접 이해하기 위해서 다음을 시도해보세요.

○ 벽을 이동시키려는 것처럼 밀면서 목구멍에서 무슨 일이 일어나는지 느껴보세요. 목구멍이 닫히거나 밀어내고 있는 느낌이 드나요?

○ 느낌이 확신하지 않다면, 화장실에서 애를 쓰는 척해보며 그 느낌을 인지해 보세요.

'그래서 어떻다는 거죠?', '어떤 연관성이 있나요?'라고 물을 수 있어요. 이것은 뇌가 노력을 목구멍을 닫거나 조여야 하는 필요성과 연관 짓는다는 것입니다. 따라서, 당신의 뇌가 일반적으로 말하는 거나 특정 역할을 노력해야 하는 것으로 인식한다면, 뇌는 목구멍을 조이게 명령을 내릴거예요. 이것은 당신이 가장 원하지 않는 일일 겁니다.

이것을 어떻게 피할 수 있을까요? 여기엔 두 가지 방법이 있지만 처음엔 모순처럼 보일 수 있습니다.

---

1) 혀처럼 생긴 덮개 모양을 한 후두개가 후두를 닫아서 기관을 막습니다.

첫 번째는 목구멍에 주의를 기울이세요. 그렇지만, 평소와 완전히 다른 방법으로 주의를 기울입니다. 목구멍을 조이지 않기deconstrict[2] 위해서 목구멍이 열린 상태로 연습해야 합니다. 책 뒷부분에서 연습훈련을 통해 살펴보겠습니다.[3]

두 번째로 목구멍을 '조이지 않는' 한 목구멍에 주의를 기울이지 말아야 합니다. 많은 배우가 목구멍을 지나치게 보호하려고 하면서 목구멍에 손상을 끼칩니다. 지나치게 보호하려는 마음이 정신적으로 목구멍을 '잡게 되고' 이것은 실제 근육을 조이게 합니다. 이것은 자신의 음성에 문제를 가지고 있는 배우들에게 종종 일어나는 일입니다. 목구멍이 기대를 저버리면 배우들은 목구멍이 스스로 일하게 내버려두는 걸 어려워하게 됩니다.

마찬가지로, 배우가 감기에 걸리면 보이스를 보호하려는 경향이 있습니다. 이 또한 목구멍을 조이는 형태입니다. 음성을 내는 데 도움을 주는 호흡 지지 근육들과의 연결을 끊어버립니다.

그렇다면, 목구멍에 주의가 있지 않다면 어디에 있을까요? 몸의 아랫부분에 있는 호흡 지지 시스템의 어느 지점에 있습니다. 그 지점은 정확하게 개인 선호의 문제이며 각각의 배우에게 가장 잘 작동하는 지점이 어디인지에 대한 문제입니다. 게다가, 그 지점은 특정 역할과 역할이 만드는 요구에 따라 변화할 수 있습니다.

---

2) 저자는 'Deconstrict'라는 용어를 사용했습니다. 이 용어는 미국 가수이자 언어 치료사인 조 에스틸Jo Estill이 사용하는 용어로, 후두에 관한 작업에 대해 굉장히 흥미로운 연구를 하고 명확하게 후두와 성대의 움직임을 긍정적인 방향으로 지시하기 위한 훈련들 혹은 'figure for Voice'(13개의 보컬 훈련들)를 고안해냈습니다. 에스틸의 작업과 워크샵에 대한 자세한 내용은 웹사이트를 참조하세요(www.evts.com).
3) 258~264쪽 참조.

이 작업훈련은 매우 쉽고 연기하는 동안 당신이 이 부분을 테크닉적으로 생각하지 않게 할 것입니다. 이 훈련들은 이 책의 뒷부분에서 다시 다루겠습니다.[4]

노트

주의사항: 헬스장에서 근육 운동을 하고 있다면, 항상 자유롭게 숨을 쉬고 상당히 조용하게 숨이 들어왔다 나가면서 목구멍이 닫히지 않도록 하세요. 목구멍이 닫힌다면, 좀 더 가벼운 무게를 가진 근육 운동을 하는 게 좋습니다. 그렇지 않으면, 계속해서 성대를 밀어내면서 음성에 손상을 끼치게 됩니다.

마지막으로 한마디 더!

이 책을 쓰는 동안 나는 계속해서 음성 훈련이 글을 통해 납득되게 전달될 수 있을지를 질문했습니다. 학생들과 함께 작업할 때, 나는 'A'에서 시작해서 'Z'까지 정해진 연습 패턴을 가지고 작업하지 않습니다. 나는 학생들의 현재 상태에서 시작해서 그들의 필요에 맞춰 작업합니다. 그러나, 이 책에서 나는 모든 가능성을 염두에 두고 상당히 많은 훈련과 설명을 두었습니다. 가능한 분명하고 직설적으로 쓰려고 했음에도 불구하고 이 책은 때때로 어렵게 느껴질지도 모릅니다. 그러나 나는 이 책에 아주 가볍게 접근하고 당신이 필요한 것을 찾기 위해서 스스로를 믿으라고 조언하고 싶습니다.

음성 훈련은 성가신 일이거나 힘들고 불가능한 작업일 필요가 없습

---

4) 167~184, 190~221쪽 참조.

니다. 탐험하고 놀이하는 방법을 구축하는 것으로 보세요. 아이들은 인생 첫 5년 동안 엄청난 양을 배우고 대부분은 놀이를 통해서 배웁니다. 그들은 광대한 호기심을 가지고 있고 배우는 것을 즐기죠. 배워야 할 것이 얼마나 많은지 전혀 모르기 때문에 낙담하지 않습니다.

기억하세요, 에베레스트를 오르고자 할 때 서서 에베레스트의 사진을 보고 '너무 높고 오르기 힘들다'라고 생각하면 아무 데도 갈 수 없습니다. 대신에 암벽등반 수업을 시작하고 할 수 있을 때 정말로 즐길 수 있는 방식으로 연습한다면, 훨씬 더 나아질 거예요. 점점 에베레스트 등반에 대한 생각이, 머지않아 더 어려운 등반을 할 수 있는 자신을 발견하게 될 겁니다. 우리는 모두 자신의 에베레스트를 가지고 있어요. 즐길 수 있는 방식으로 시작하고 업무의 막대함에 미루지 않고 시작한다면 우리는 우리의 에베레스트를 정복할 것입니다.

2

신체 작업

왜 신체 작업을 할까요?

특별한 문제를 가지고 태어나지 않는 한 우리는 모두 잘 정렬되고, 균형 잡힌 편안한 몸으로 삶을 시작합니다. 그 결과 우리는 완전하고 자유롭게 호흡하고 소리 낼 수 있습니다.

삶이 계속되면서 우리는 긴장과 습관을 가지게 되고 우리의 몸은 타고난 자연스러운 상태에서 멀어지게 됩니다. 그 결과, 우리의 호흡과 음성은 종종 그 완전함과 자유를 잃게 되는 것입니다.

따라서 신체에 대한 작업은 음성을 작업하는 가장 빠른 방법입니다. 시작하는 게 느리고 답답해 보일 수도 있지만 앞으로 할 작업들을 훨씬 더 빠르고 쉽게 만들어 줄 것입니다.

신체 작업에 대한 이의

'사람들은 실제로 완벽한 자세를 가지고 있지 않습니다. 올바르게 잘 서고 바르게 잘 움직이는 법을 배운다면 더 이상 진짜처럼 보이지 않고 자

신의 개성을 잃을 것입니다.'

배우들이 연기하는 캐릭터 중 소위 말하는 완벽한 자세를 갖춘 캐릭터는 많지 않은 것이 사실입니다. 신체에 대한 작업은 한 가지 자세나 한 가지 움직임을 만드는 것이 아니라 균형과 수월함 그리고 자유와 유연함을 찾는 일입니다. 배우는 신체 작업을 통해 개인적이고 습관적인 자세를 이완함으로써 다양한 캐릭터를 연기할 수 있는 신체적 그리고 음성적 가능성을 엽니다.

'내 신체에 대한 작업은 스스로 자의식을 가지게 만들어요. 신체 훈련은 나를 느슨하게 풀어준다기보다는 더 경직되게 해요.'

우리가 자의식을 가지는 것은 신체에 대한 작업도 아니고 실제로 음성이나 다른 어떤 것에 대한 작업 때문이 아닙니다. 자의식을 작동하는 것은 우리의 태도입니다. 스스로를 평가하고 믿지 않는다면, 자신에게 집중하는 어떤 훈련을 하더라도 우리는 자유롭지 못한 느낌을 받습니다. 자의식은 우리 스스로를 비판적으로 모니터링하는 것입니다. 그러나, 날 선 평가하기를 편안한 관심 기울이기로 바꾼다면 그리고 엄격한 비판보다는 부드러운 호기심을 가진다면, 그때 우리는 수월하게 작업할 수 있게 되고 앞으로 나갈 수 있는 편안함을 찾을 수 있습니다.

'나는 몸을 움직이는 데는 희망이 없는데 무슨 소용이 있을까? 그치만 그런 배우가 되고 싶진 않아요.'

신체 작업에 희망이 없는 사람은 아무도 없습니다. 우리 모두가 댄서나 마임 예술가 또는 곡예사가 될 자질을 가지지 않은 건 사실이지만, 이것은 특정한 신체적 기술입니다. 그렇지만, 자유롭고 균형적인 신체를 가지는 건 우리 모두에게 가능한 일이에요. 우리가 어떤 신체를 가지고 삶을 시작했는지, 간단하게 두 살 된 아이를 보세요. 이것은 외부의 기준을 따라 맞추는 문제라기보다는 우리 신체가 항상 가지고 있던 우아함과 편안함을 되찾는 문제입니다. 더 우리 자신이 되는 거예요. 어떤 배우든 어떤 배우가 되고자 하든지 간에 신체가 둔하거나 뻣뻣하다면 연기는 살아있고 유연할 수 없습니다.

'나는 신체적 장애를 가지고 있어요. 신체 작업에 집중된 모든 것은 나를 배제해요!'

전혀 그렇지 않습니다. 우리는 모두 신체적으로 다른 정도의 능력을 가지고 있습니다. 나는 중증 장애인 배우들과 작업했지만, 작업할 수 없는 경우는 한 번도 없었습니다. 그들은 그들 방식으로 균형과 편안함 그리고 자유와 유연함을 찾기 위해 작업했습니다. 연습훈련의 원리를 이해한다면, 각기 다른 필요를 가진 개인을 위해서도 항상 적용할 수 있습니다.

'신체 작업이 나를 이완시켜주지만 사용할 수는 없어요. 무대에서 풀어진 채로 있을 수 없어요.'

분명히 무대 연기는 에너지를 요구합니다. 이완은 다이내믹과 함께 이뤄져야 합니다. 신체 작업은 당신이 하는 모든 일에서 신체적인 수월함을 찾는 것입니다. 이것은 아무리 열심히 작업하더라도 혹은 작품에서 어떤 특별한 요구를 받아서 하게 될지라도 항상 신체적 혹은 음성적 긴장이나 피로 없이 연기할 수 있는 공간과 유연성을 가지는 겁니다.

그럼, 시작해보죠

실제로 신체적으로 무슨 일이 일어나고 있나요?

너무 많은 우리의 습관은 무의식에서 일어납니다. 우리는 종종 쌓여가는 긴장을 인식하지 못하고 피로나 통증으로 오는 결과만을 자각합니다. 때때로 긴장을 자각하지만 그것을 푸는 방법을 알지 못합니다. 긴장이 정확히 어떻게 형성되고 있는지를 충분히 명확하게 잘 알고 있지 않기 때문입니다.

다음 훈련은 긴장이 어디에서 시작되고 어떻게 쌓이는지에 대한 특정한 신체적 긴장 패턴을 자각하는 일입니다. 자각하게 되면 긴장패턴의 발달을 멈추는 게 훨씬 더 쉬워질 것입니다.

주의를 가볍고 편안하게 유지하고 열심히 하려고 하지 마세요. 연극 감독인 도클란 도넬란Doclan Donnellan은 도움이 되지 않는 집중과 도움이 되는 집중의 차이를 유용하게 구분했습니다. '집중하기'보다 그는 배우들에게 '주의를 기울이라'라고 북돋웁니다. 나는 이 방법을 정말로 좋아합니다. 훨씬 더 가볍게 훈련할 수 있게 하기 때문이죠. 어떤 움직임이나 활동에 집중하고 난 후에, 다시 같은 움직임이나 활동에 주의를 기울여보면 그 차이를 인식할 수 있습니다.

신체 점검
무의식적 긴장을 의식적으로 자각하기 위해서

신체 점검부터 시작해봅시다. 두 가지 상황을 살펴보세요. 첫 번째는 불안하고, 불편하면서 어색함을 느끼는 상황. 두 번째는 자신감 있고 편안하면서 마음이 놓이는 상황.

　　다른 두 상황에서 몸이 어떻게 느끼는지를 체크해 보면 긴장이 몸의 어디에 있으며 그 긴장이 어려운 상황에서 어떻게 쌓이는지 좀 더 구체적으로 자각할 수 있습니다.

노트

몸의 긴장을 이완하는 것은 불안하고, 불편하거나 또는 좌불안석인 캐릭터의 연기를 방해하는 게 아닙니다. 몸의 이완은 당신이 더 다재다능하게 연기할 수 있게 합니다.

이 훈련은 파트너와 함께 하는 것이 가장 좋습니다.

○　두 가지 상황을 정해둡니다. 불안하거나 불편하거나 혹은 어색한 상황부터 시작하세요.

○　당신이 그 상황에서 무엇을 하고 있는지에 따라서 서거나 앉습니다. 파트너는 당신 옆에 서거나 앉아서 여러분을 바라보게 하세요.

○　눈을 감고 불편함을 느끼는 상황에 주의를 기울여보세요.

○　파트너가 아래 신체 부위 리스트를 하나씩 열거하면 당신은 떠오르는 어떤 단어나 이미지를 사용해서 몸의 각 부위가 어떻게 느껴지는

지 말합니다. 예를 들면 '긴장한', '느슨한', '무거운', '가벼운', '꽉 잡고 있는', '편안한.' 어렵게 말할 필요가 전혀 없습니다. 어떻게 느껴지는지에 관한 단순한 질문입니다. 확실히 몸의 어떤 부위들은 잘 느껴지기도 하지만 전혀 느껴지지 않는 부위도 있을 겁니다. 단순하게 알아차린 것을 말해봅니다. 파트너는 당신이 사용한 단어만을 사용하면서 당신이 말한 것을 기록합니다.

○ 리스트를 살펴보면서 가능한 선명하게 상황을 상상해보세요

○ 아래에 리스트가 있습니다. 항상 발에서 시작해서 위쪽으로 작업하세요. 여기에 구체적으로 언급되지 않은 신체 부위에 감각이 있으면 당연히 추가하도록 하세요. 이 리스트는 가이드라인일 뿐입니다.

발

발목

정강이

무릎

허벅지

골반 관절

엉덩이

배

척추

등허리

갈비뼈

가슴

어깨

어깨 관절

위팔

팔꿈치

아래팔

손목

손과 손가락

목

머리

얼굴

턱

입술과 혀

○ 전체 리스트를 다 살펴보았으면 몸을 털어주고 두 번째 상황으로 넘어가세요. 이 시점에선 리스트에 대해 전혀 논의하지 마세요.

○ 다시, 눈을 감고 상황에 주의를 기울입니다. 파트너가 다시 리스트를 하나씩 열거하면 각 부위가 어떻게 느껴지는지 말합니다. 마치고 나서 전처럼 몸을 털어주세요.

○ 이제, 첫 번째 리스트를 보세요. 긴장되고, 불편하거나 어색한 상황에서 긴장하는 몸의 부위는 어디인가요? 그 상태로 돌아가서 느껴지는 긴장을 과장시켜서 좀 더 의식해 보도록 합니다. 긴장이 어디에서 시작하는지를 느껴보세요. 호흡과 소리에는 어떻게 영향을 미칠 수 있는지도 탐험해보세요.

○ 이 상황에서 긴장을 탐험하고 나면 부드럽게 몸을 털어 몸을 이완해줍니다.

○ 그런 다음, 리스트를 가지고 자신 있고 편안하면서도 마음이 놓이는 상황에서 긴장되는 신체 부위가 있는지 살펴보세요.

이 신체 부위들은 스트레스 상황에 처했을 때 쉽고 빠르게 긴장이 발생하고 쌓이는 '기반'이나 '발판'의 역할을 하는 경향이 있기 때문에 중요합니다. 이 부위를 풀어주기 위한 작업을 하는 게 좋습니다. 당신이 평소에 더 편안할수록 어려운 상황에서도 더 쉽게 편안함을 유지할 수 있습니다.

규칙적으로 이 훈련을 반복할 필요는 없지만, 어떤 상황에서든 신체적으로 음성적으로 일어나는 일을 살펴보길 원할 때마다 이 훈련을 사용할 수 있습니다. 주의를 기울이면 어느 정도 당신 자신의 선생님이자 안내자가 될 수 있습니다.

이제는 연습훈련을 위해서

살펴봐야 할 훈련의 4가지 영역이 있습니다.

릴리스와 리디렉션 Release and Redirection은 습관적인 긴장을 제거하고 몸의 균형을 재조정하여 유연함과 수월함을 가져옵니다.
센터링과 그라운딩 Centering and Grounding은 안정적인 기반을 만들어 몸에 안정감과 균형을 가져와 몸의 긴장을 더욱 풀어줍니다.
조율하기와 신체 정렬은 적절하게 신체적, 정신적인 에너지를 사용하도록 발달시키고 계속해서 이 두 에너지의 균형을 재조정함으로써 활기 있고 깨어 있는 상태로 있게 합니다.
심혈관 운동은 신체 건강상태를 향상시켜 힘과 체력을 키워줍니다.

릴리스와 리디렉션Release and Redirection

이 작업은 먼저 자유롭게 놓아버리는 것, 근육 안에 긴장이 풀어지도록 놓아버리는 것입니다. 근육은 긴장하는 것보다 이완하는 데 좀 더 시간이 걸립니다. 따라서, 자세가 바뀔 때마다 그 자세에서 잠시 쉬면서 긴장이 풀어지게 두는 게 중요합니다. 움직임 연습훈련을 한다면 천천히 부드럽게 움직여서 근육이 과도하게 일하지 않도록 하는 것이 중요합니다.

또한, 호흡을 가능한 자유롭게 두는 것이 중요하므로 아주 자주 숨을 참기보다는 내쉬고 있는지를 확인합니다. 들숨에 대해서는 걱정할 필요가 없습니다—날숨이 알아서 나가게 두는 한, 들숨은 알아서 들어옵니다.

작업의 리디렉션 부분은 몸이 길어지고 넓어지고 열리도록 정신적으로 지시하는 것입니다. 이것은 몸이 다시 균형을 잡고 재정렬을 시작할 수 있게 합니다. 기억하세요—'의식적으로 하는 것'이라기보다는 당신이 더 분명하게 이미지를 그리고 그 이미지가 작동될 거라고 믿을수록 더 나은 결과를 얻을 수 있습니다.

스트레칭
억압된 에너지와 긴장을 풀어주기 위해서

가만히 앉거나 서거나 누워서 하는 이완 작업을 바로 시작하는 것은 종종 어렵기 때문에 약간의 스트레칭으로 시작하는 게 유용할 수 있습니다. 아래 연습훈련들은 시아추Shiatsu5) 훈련에 기초하고 있습니다.

---

5) 시아추는 침술과 동일한 동양의학 시스템을 기반으로 합니다. 시아추는 문자 그대로 손가락 압력을 의미합니다. 시아추 세션에서 시아추를 하는 사람practioners은 손가락이나 손바닥, 팔꿈치, 무릎으로 부드럽게 메라디언meridians(몸의 에너지 라인)을 눌러 주면서 메라디언을 스트레칭하고 에너지의 균형을 잡아줍니다.

상당히 많은 에너지가 억눌려 있다고 느껴지면 스트레칭을 하기 전에 몇 분 동안 그 자리에서 활기차게 걸으면서 팔을 스윙하고 다리를 들어 올리면서 시작하는 것이 좋습니다.

각각의 스트레칭 자세에서 편안하게 쉬면서 중력과 날숨에 몸을 맡기세요. 세상의 어떤 물리적 힘보다도 훨씬 더 깊고 건강하게 스트레칭을 하게 합니다. 억지로 힘을 가하면 근육만 더 긴장하게 됩니다.

스트레치 1
가슴을 열기

○ 발가락이 살짝 안쪽을 향하게 놓고 서세요.

○ 등 뒤로 두 엄지를 편안하게 붙이세요. 날숨이 나갈 때 팔을 등에서 멀리 들어 올려서 가슴이 열리도록 하세요(그림 1a 참조). 잠시 이 자세에서 쉽니다. 그런 다음, 팔을 다시 아래로 내립니다.

그림 1a

○ 다시, 몸에서 멀리 팔을 들어 올려 가슴이 열리게 하세요. 이 자세에서 팔은 그대로 두면서 무릎을 살짝 구부린 채로 골반에서부터 편안한 만큼 앞을 향해 몸을 기울입니다(그림 1b 참조).

그림 1b

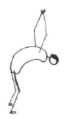

○ 이 자세에서 잠시 쉬면서 다리는 부드럽지만 곧게 유지하면서 목을 느슨하게 이완해서 머리가 떨어지도록 두세요. 그런 다음 날숨에 천천히 그리고 가볍게 그 자세에서 올라옵니다. 머리가 가장 나중에 올라오도록 하세요.

스트레치 2
몸의 앞부분과 다리 앞부분을 스트레칭하기

○ 벽을 마주 보고 섭니다. 한 팔을 머리 위로 올리고 손을 벽에 평평하게 대어 몸을 지지하세요(그림 2a 참조).

○ 나가는 숨에 반대쪽 발을 몸 뒤쪽으로 들어 올리고 자유로운 손으로 발목을 잡습니다(그림 2b 참조).

그림 2a (좌), 2b (우)

○ 다리를 위아래로 당긴다기보다는 손으로 발목을 받쳐주고 있다고 생각하세요.

○ 들숨이 들어왔다가 날숨이 나갈 때 허벅지를 뒤쪽 위로 움직입니다. 다른 쪽 다리와 평행하게 유지하도록 하세요. 그러고 나서, 부드럽게 등을 젖히면서 천장을 봅니다(그림 2c 참조). 들어 올린 다리 쪽 몸의 앞 전체가 스트레치됩니다.

그림 2c

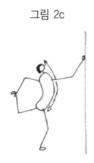

○ 이 자세에서 잠시 쉬고 나서 나가는 숨에 부드럽게 처음 자세로 돌아오세요.

○ 그런 후에, 다른 손으로 벽을 짚고 다른 쪽 다리를 들어 올려 반복합니다.

스트레치 3
골반을 열고 아래 등을 스트레칭하기

○ 바닥에 앉아 다리를 구부려 두 발바닥을 서로 붙입니다(그림 3a 참조). 이 자세로 앉는 게 불편하다면 엉덩이 아래에 한두 개 쿠션을 놓고 앉습니다.

○ 발바닥을 모은 상태로 척추를 길게 유지하면서 발을 최대한 가까이 가져오세요.

○ 느슨하게 발가락을 잡고 등을 곧게 펴고 어깨를 편안하게 유지하면서 골반에서부터 상체를 앞으로 기울입니다. 팔을 굽힐 때 팔꿈치가 바깥쪽으로 그리고 바닥을 향해 아래로 움직이게 하세요(그림 3b 참조).

그림 3b

앞으로 많이 기울이지 못하더라도 걱정하지 마세요. 많은 사람이 아래 등과 골반 부위가 뻣뻣하게 뭉쳐있습니다. 억지로 힘을 가하지 않으면서 할 수 있는 만큼만 하세요. 이 자세가 불편하다면 쿠션을 사용하면 도움이 됩니다. 그리고 나서, 시간이 흘러 아래 등이 좀 더 느슨하게 풀리면, 더 이상 쿠션이 필요하지 않을 겁니다.

○ 이 자세로 잠시 쉬고 나서 나가는 숨에 천천히 제자리로 다시 돌아옵니다.

스트레치 4
몸 뒷부분과 다리 뒷부분을 스트레칭하기

○　다리를 앞으로 쭉 뻗고 바닥에 앉습니다. 다시 말하지만 필요하다면 쿠션을 놓고 앉으세요. 나가는 숨에 어깨와 어깻죽지를 등 아래로 부드럽게 떨어지게 두면서 두 팔을 머리 위로 들어 올립니다. 손바닥이 서로 마주 보게 하면서 몸과 일직선이 될 때까지 팔을 듭니다(그림 4a 참조).

그림 4a

○　이 자세에서 숨이 들어오게 두고, 나가는 숨에 골반에서부터 위와 앞쪽을 향해서 스트레칭하듯 몸을 뻗어봅니다. 등을 길게 그리고 어깨와 어깻죽지는 계속 등 아래로 부드럽게 떨어지도록 두세요. 허리보다는 골반에서부터 몸을 앞으로 숙이면서 머리는 몸과 일직선이 되도록 합니다(그림 4b 참조).

그림 4b

○　편안한 만큼 스트레칭하고 그 자세에서 잠시 쉽니다. 쉬는 동안 등이

계속해서 길어지고 어깨가 부드러워지고 어깻죽지가 등 아래로 떨어
지도록 두면서 손가락이 멀리 있는 벽으로 부드럽게 뻗어나간다고
상상해보세요.

○ 그런 다음, 나가는 숨에 천천히 그 자세에서 돌아옵니다.

스트레치 5
위쪽 등을 스트레칭하기

○ 바닥에 다리를 꼬고 앉습니다. 필요하다면 쿠션을 엉덩이 아래 두세
요.

○ 상체 위에서 팔을 교차해서 자신을 껴안는 것처럼 손으로 위쪽 양팔
을 잡습니다(그림 5a 참조). 그런 다음, 나가는 숨에 골반에서부터
몸을 앞으로 기울이세요. 이때, 골반 아래가 바닥이나 쿠션에서 떨어
지지 않도록 합니다(그림 5b 참조).

그림 5a (좌), 5b (우)

○ 이 자세에서 잠시 쉬면서 숨이 편안하게 들어왔다 나가도록 하세요.
그런 다음, 날숨이 나갈 때 이 자세에서 돌아옵니다.

스트레치 6
몸의 옆면을 스트레칭하기

○ 다리를 앞으로 쭉 뻗고 앉아서 편안한 만큼 다리를 벌립니다. 다시,
  똑바로 앉는 게 불편하다면 쿠션을 사용해서 앉습니다(그림 6a 참
  조).

그림 6a

○ 나가는 숨에 팔을 머리 위로 들어 올립니다. 이때 어깨는 부드럽게
  유지하고 어깻죽지는 등 뒤에서 부드럽게 아래로 떨어지도록 하세요.
  손바닥이 앞을 향할 때까지 올린 후, 손바닥을 왼쪽 다리로 향하도록
  돌리세요.

○ 이 자세에서 숨이 들어오고 나갈 때 왼쪽 어깨를 보면서 골반에서부
  터 오른쪽 다리 위로 몸을 기울이세요(그림 6b 참조). 몸 왼쪽 부위
  가 스트레칭 되는 것을 느낄 거예요.

그림 6b

○ 이 자세에서 잠시 쉬세요. 그다음 나가는 숨에 천천히 제자리로 돌아

옵니다.

○ 반대쪽으로 반복합니다(그림 6c 참조).

그림 6c

스트레치 훈련 통합하기

스트레칭 훈련들을 이해하면 시간을 길게 두지 않고 각 자세에서 가볍게 몇 번 숨이 들어왔다 나가도록 하세요. 스트레칭을 끝낸 후에는 항상 바닥에 누워 잠시 쉽니다.

릴리스와 리디렉션Release and redirection
긴장을 풀어 신체의 균형을 재조정하고 재정렬을 시작하기 위해서

릴리스와 리디렉션은 아주 효과적이며 안전합니다. 당신의 몸이 습관적 긴장에서 벗어날 수 있게 합니다. 길어지고 넓어지며 열리면서 몸의 자연스러운 편안함과 균형을 찾을 수 있습니다.

　　연습훈련을 할 때 긴장을 당장 풀고 싶은 유혹을 물리치길 바랍니다. 이완과 릴리스는 잡고 있던 긴장을 놓아버림으로써 성취됩니다. 억지로 힘을 가해 이완과 릴리스를 이룰 수 없습니다. 바닥에 누워 몸의 체중을 바닥에 놓아주고 숨이 알아서 들어왔다 나가게 둘수록 당신은 이완과 릴리스를 더욱 쉽게 발견할 것입니다.

먼저 이 연습훈련 전체를 한 번 읽어보세요. 그런 다음 책을 보지 않고 연습할 수 있도록 연습훈련 파트 2,3,4의 불렛기호가 있는 지시사항을 녹음합니다.

파트 1 – 알렉산더 자세에서 쉬기('세미수파인'으로도 부릅니다)

알렉산더 테크닉[6] 자세를 사용하겠습니다. 이 자세는 바닥에 등을 대고 누워 두 권 정도 책을 머리 아래 받치고 다리를 구부려 발이 바닥에 평평하게 놓이도록 하는 것입니다(그림 7a 참조)

그림 7a – 시선

등 아래 부분(허리)은 자연스러운 곡선을 이루면서 바닥에 평평하게 붙지 않습니다. 다리를 구부리고 누우면 허리가 길어져서 이 부분이 지나치게 활처럼 휘는 것을 방지할 수 있습니다.

머리를 충분한 양의 책 위에 놓아서 턱이 실제 이마 높이보다 낮게 오도록 합니다(그림 7a 참조). 목뒤를 길어지게 하는 데 도움이 될 것입니다.

어떤 사람들은 처음에 책에 머리를 대고 누우면 목구멍이 살짝 조이

---

6) 알렉산더 테크닉은 신체를 잘 사용하기 위한 훈련입니다. 에프엠 알렉산더FM Alexander가 지난 세기말 시드니에서 드라마틱한 작품의 전문 리사이틀을 할 때 음성의 문제로 개발한 것입니다. 이 테크닉에 대해 더 자세히 알고 싶다면 마이클 겔브Michael Gelb의 책 『신체 훈련Body Work』을 참조하십시오.

는 느낌을 받는다고 합니다. 그러나 턱을 가슴 쪽으로 당기는 것을 피하고 대신에 목뒤가 길어지는 것을 상상한다면 이 조이는 감각은 시간이 지나면서 사라질 것입니다.

○ 설명한 대로 알렉산더 자세로 바닥에 누우세요.
○ 다리를 평행하게 놓아서 무릎과 골반이 일직선에 놓이고 발과 무릎도 일직선상에 있도록 합니다.
○ 어깻죽지가 척추에서 멀어지도록 팔꿈치를 옆구리에서 멀리 떨어뜨리면서 배에 손을 올려 두세요. 겨드랑이 아래에 충분한 공간이 있는지 확인합니다.

파트 2 – 몸이 이완되고 균형을 이루도록 지시하기

당신의 주의가 당신의 몸을 좀 더 이완되고 균형 잡힌 상태로 인도할 것입니다. 당신의 주의에 몸이 반응하지 않더라도 걱정하지 말고 계속해서 당신이 원하는 편안함과 이완을 상상하면서 긴장은 신경 쓰지 마세요.

그림 – 부드러워진다 + 녹아 내린다

○ 발부터 시작합니다.
○ 발바닥이 부드러워지고 펴지면서 실제로 바닥에서 쉬고 있다고 상상해보세요.

- 발가락이 오므라진 마디가 풀리면서 펴집니다.
- 발의 옆면과 발 위쪽 부위가 부드러워지면서 펴지는 것을 상상합니다.
- 발목 관절 안의 공간을 상상하면서 그 공간의 유동성과 팽창감을 마음으로 그려보세요.
- 무릎이 천장을 향해 위쪽으로 떠오른다고 상상하세요.
- 허벅지 근육이 부드러워집니다.
- 골반 관절의 공간을 상상하면서 그 공간의 유동성과 팽창감을 느껴보세요.
- 골반이 열리고 바닥으로 가라앉습니다. 바닥을 가로지르며 양옆으로 커지는 골반을 상상해보세요.
- 사타구니 부위 모든 근육이 부드러워지는 것을 상상해보세요.
- 배 근육이 먼저 표면에서 그리고 안으로 깊이 부드러워지는 것을 상상해보세요.
- 엉덩이 근육이 부드러워진다고 상상합니다.
- 척추에 주의를 기울이고, 꼬리뼈에서부터 목의 가장 윗부분까지 길어지는 것을 마음으로 그려보세요.
- 도움이 된다면 척추 내부에서 척추를 연결하고 늘어나게 하면서 부드럽게 위아래로 움직이는 나선형 에너지를 상상해보세요.
- 허리 바로 위에서 어깨높이 바로 아래에서 뻗어나가 상체 전체를 둘러싸고 있는 갈비뼈에 주의를 기울여 보세요.
- 척추와 연결되는 갈비뼈 뒤쪽에 주의를 두세요. 척추에 연결되는 관절 안 공간과 그 공간 안의 유동성과 팽창감을 마음으로 그려보세요.
- 등을 가로지르며 펼쳐진 후 몸통 옆을 따라 둥글게 곡선을 그리는

갈비뼈를 그려보세요. 위쪽 갈비뼈가 가슴뼈에 연결되어 있는 반면에 아래쪽 갈비뼈는 연골을 통해 서로 연결되어 있고 맨 아래쪽 갈비뼈 두 개는 자유롭게 떠 있는 것을 마음으로 봅니다.

○ 깊고 만족스러운 하품을 할 때, 흉곽 전체가 늘어나듯 열렸다가 다시 이완된다고 상상해보세요.

○ 훨씬 더 크고 깊은 만족스러운 하품에 가슴뼈 바로 아래에서 허리 아래까지 활짝 늘어나듯 열렸다가 더 크게 이완되는 것을 상상해보세요.

○ 어깻죽지와 척추 사이 부위에 관심을 기울입니다. 그 부위가 부드러워지고, 열리고, 넓어지는 것을 상상해보세요. 어깻죽지가 척추에서 멀어집니다.

○ 가슴에 주의를 기울입니다. 가슴뼈 부위에 있는 가슴이 먼저 부드러워지면서 가슴 코너로 가는 모든 부위가 부드러워지는 것을 상상해보세요.

○ 어깨가 열리고 바닥으로 가라앉으면서 바닥을 가로지르며 퍼져나가는 것을 상상합니다.

○ 어깨 관절의 공간을 상상하고 그 안의 유동성과 확장감을 상상해봅니다.

○ 위팔에 근육들이 부드러워집니다.

○ 팔꿈치 관절의 공간과 그 공간의 유동성과 확장감을 느껴보세요.

○ 아래팔 근육들이 부드러워집니다.

○ 팔목 관절의 공간과 그 공간 안의 유동성과 확장감을 마음으로 그려보세요.

○ 손바닥이 부드러워지고 손등이 부드러워지는 것을 상상해보세요. 손

가락이 부드러워지면서 펴지는 것을 상상하세요. 손가락과 엄지손가락 모든 관절의 공간을 상상하고 유동성을 느껴보세요.

○ 손이 점점 무거워지면서 실제로 몸속으로 가라앉는 것을 상상해봅니다.

○ 당신의 주의가 다시 팔로 올라가고 어깨를 가로질러 목으로 가게 두세요.

○ 목뼈가 몸의 척추에서 자라고 있다고 상상해보세요. 목 척추가 길어지고 목뒤 근육들이 부드러워지는 것을 상상해보세요.

○ 두개골 바로 아래, 척추 맨 꼭대기 양옆에 있는 근육에 집중하세요. 이 근육들이 부드러워지고 길어지게 두세요. 이 부위에서 유동성과 확장감을 느끼고 공간을 그려봅니다.

○ 두피의 모든 근육이 부드러워집니다.

○ 얼굴의 근육이 부드러워지고 얼굴이 열린다고 상상해보세요.

○ 이마가 펴지면서 부드러워진다고 상상하세요.

○ 눈 부위가 부드러워진다고 상상합니다. 눈꺼풀이 부드러워지고 안구가 부드러워집니다.

○ 뺨과 코가 부드러워진다고 상상해보세요.

○ 턱이 부드러워지면서 느슨하게 풀어집니다.

○ 턱 아래가 부드러워지는 것을 상상해보세요.

○ 입안이 부드러워집니다.

○ 혀가 부드러워진다고 상상해보세요. 혀끝이 부드러워지고 혀 앞이, 혀 중앙이 부드러워지고, 혀 뒤가 부드러워집니다.

파트 3 - 내부 긴장을 릴리스하기

이제 입술에서 입을 따라 목구멍, 가슴, 배를 거쳐서 항문까지 이어지는 튜브관이 있다고 상상해보세요(그림 7c 참조).

그림 7c - 튜브관

노트

목과 항문 사이에는 연결되는 감각이 있습니다. 터무니없는 소리로 들릴 수도 있어요. 믿지 못하겠다면, 항문을 타이트하게 꽉 조여 보면서 목구멍이 어떻게 되는지 느껴봅니다!! 또한, 영국인들은 앞뒤가 꽉 막힌 사람을 입술이라는 단어를 사용해서 'tight-lipped'라고 묘사하고 미국인들은 엉덩이라는 단어가 들어간 'tight-assed'로 묘사하는 것을 생각해보세요.

○ 처음에는 튜브관이 잘 그려지지 않거나 튜브관의 모든 부분이 완전히 막혀 있다고 느낄 수 있습니다. 관을 열어서 청소한다는 생각을 가지고 계속 작업해보세요.

○ 도움이 된다면, 부드러운 나선형 에너지가 튜브관을 위아래로 움직이면서 열고 청소한다고 상상해보세요.

파트 4 - 주의를 센터링하기

○ 손이 배꼽 위에 놓여 있지 않다면, 다시 손을 배꼽 위로 가져옵니다. 팔꿈치가 여전히 바닥에 닿아 있는지 확인하세요. 바닥에 닿는 게 어렵다면 두 팔꿈치 아래에 쿠션을 두세요.

○ 손이 놓인 곳에 주의를 기울입니다.

그림 - 배에 주의를 기울여보세요

○ 손이 놓인 배에서부터 부드럽게 채워졌다 비워지는 호흡을 상상해보세요. 의식적으로 배를 움직이지 말고 호흡이 배를 움직인다는 생각에 주의를 기울입니다. 호흡이 채워질 때 부드럽게 떠오르고 비워질 때 떨어집니다.

호흡이 가슴에서 더 많이 느껴지더라도 걱정하지 마세요. 신경 쓰지 말고 배에 주의를 기울인다면 시간이 지나면서 호흡이 떨어질 것입니다. 또한, 갈비뼈가 움직이고 싶은 대로 움직일 수 있도록 두세요. 손이 있는 배에 모든 주의를 기울입니다.

○ 몇 분 동안 그 자세로 쉬면서 배에서 호흡의 움직임에 주의를 기울이세요. 호흡을 판단하거나 통제하려거나 변화시키려고 하지 마세요. 그냥 있는 그대로 둡니다. 주의가 흐트러지면 부드럽게 다시 당신의 주의를 배로 가져와서 쉬게 두세요. 그리고, 계속해서 그곳에서 숨을

쉬는 생각을 합니다.

○ 연습훈련이 끝나면 호흡에 대해선 완전히 잊어버리고 편안하게 쉬세요.

○ 그런 다음, 날숨이 나갈 때 눈을 뜨고 당신 자신이 어디에 있는지를 다시 상기하기 위해 천천히 주위를 둘러봅니다.

이 연습훈련을 가능한 규칙적으로 15분씩 한다면 습관적 긴장을 깊게 풀수 있고 나머지 신체와 음성 작업을 더 수월하게 할 수 있을 것입니다.

노트

바닥에 누웠을 때 길어지고 넓어지는 몸을 잘 감각할 수 있다면, 이 감각을 서거나 앉거나 심지어 특정 캐릭터의 자세에도 적용해 볼 수 있습니다. 예를 들어 리차드 3세를 연기한다면 캐릭터의 자세를 찾은 후에 그 자세 안에서 몸이 길어지고 넓어진다고 상상해 볼 수 있습니다. 이 상상은 그 자세를 외적으로 변화시키진 않지만 훨씬 쉽게 그 자세를 유지하면서 자유롭게 호흡하게 합니다. 그 결과, 음성적, 신체적 그리고 정신적으로 좀 더 유연해질 수 있습니다.

발목 돌리기
발목과 아래 등 그리고 목의 긴장을 릴리스하기 위해서

긴장은 몸에서 퍼져나갑니다. 그래서 발목, 무릎, 골반의 긴장은 몸의 나머지 다른 부위에도 심각한 영향을 줄 수 있고 많은 호흡과 자세 문제는 그 결과입니다. 우리의 몸이 제대로 쉬면서 편안해지기 위해서는 발목, 무릎, 골반의 관절은 느슨하게 풀려 있어야 합니다.

이 간단한 훈련은 발목을 느슨하게 풀어주며 아래 등과 목 부분을 더욱 이완하고 유동적으로 유지하는 데 도움이 됩니다. 발목의 긴장이 등의 많은 부분에 긴장을 불러온다는 것은 놀라운 일입니다. 당연히 여기에서 설명한 대로, 항상 누워서 이 연습훈련을 할 필요가 없습니다. 지하철이나 기차 혹은 버스에 앉아 있을 때도 할 수 있습니다.

○ 알렉산더 자세(60쪽 참조)에서 한쪽 다리를 들어 올려서 다른 쪽 다리에 교차시킵니다. 교차된 다리의 아랫부분이 느슨하게 매달려 있도록 하세요(그림 8 참조).

그림 8

○ 발목 관절에 기름칠을 하고 조금 더 유연하게 만든다고 생생하면서 발목을 천천히 부드럽게 한 방향으로 4번 돌립니다. 숨을 잡고 있지는 않은지 확인합니다.
○ 그런 다음, 다른 방향으로 4번 돌리세요.
○ 다른 쪽 다리를 교차해서 반복합니다.
○ 잠시 알렉산더 자세에서 쉬세요.

골반 돌리기
골반과 아래 등 그리고 목을 자유롭게 하기 위해서

무릎을 풀어주는 방법은 나중에 살펴보도록 하겠습니다. 지금은 골반 전체와 아래 등이 자유롭게 움직이도록 골반을 풀어주는 방법을 알아보겠습니다.

또한, 이 방법은 아래 등과 목 부분을 이완하는 데도 도움이 됩니다. 사실상 이 훈련은 척추 전체에도 아주 좋은 마사지를 해줄 수 있습니다. 이 훈련은 펠든크라이스 훈련7)에 기반을 두고 있습니다.

훈련하는 동안 부드럽게 숨을 내쉬고 턱은 느슨하게 두세요. 특히나 처음에는 호흡을 참거나 이를 앙다물기가 매우 쉽습니다. 근육이 이완될 시간을 충분히 가지도록 가능한 천천히 부드럽게 움직이도록 하세요.

○ 이전 훈련에서처럼 알렉산더 자세로 바닥에 누워서 시작합니다(60쪽 참조). 그러나, 머리 아래에 책을 두지 않고 머리가 바닥 위에서 쉬도록 하세요.

○ 아래 등 바로 아래, 척추의 뼈 기저 부분인 천골에 주의를 기울입니다.

○ 살짝 곡선을 그리는 천골의 곡선 부위를 따라서 위아래로 그리고 옆에서 옆으로 움직여서 골반 전체와 등 아랫부분을 느슨하게 풀어줄 것입니다.

○ 바닥에 체중을 완전히 맡기고 아래 등이 바닥에 평평해질 때까지 골반을 앞쪽 위를 향해 부드럽게 기울입니다(그림 9a 참조).

그림 9a - 골반을 위로 기울여 보세요

---

7) 펠든크라이스: 모세 펠든크라이스는 신체 자각, 유연성, 조정 및 용이함을 구축하는 일련의 훈련을 만들었습니다. 자세한 내용은 그의 저서 『움직임을 통한 자각』을 참조하세요.

○ 그런 다음, 다시 바닥에서 체중을 떼지 않으면서 아래 등(등허리)이 바닥에서 떨어져 완전히 아치형이 될 때까지 골반을 뒤쪽 아래를 향해서 부드럽게 기울이세요(그림 9b 참조).

그림 9b – 골반을 아래로 기울여 보세요

○ 등허리가 평평했다가 아치형 자세로 가도록 여러 번 골반을 앞으로 뒤로 기울여줍니다.
○ 이 움직임이 편안해지면, 배와 엉덩이 근육들 그리고 골반 관절 모두 가능한 느슨하게 풀어두면서 몇 번 더 반복하세요. 숨을 참거나 턱을 악물지 않도록 하세요.
○ 그러고 나서, 알렉산더 자세로 돌아와 잠시 쉽니다.
○ 이제는 천골을 좌우로 흔듭니다. 이것은 좌우로 움직이는 뼈의 아주 작은 흔들거림입니다. 골반 전체를 한쪽에서 다른 쪽으로 움직이는 게 아닙니다.
○ 그런 다음, 다시 알렉산더 자세로 돌아와 잠시 쉬세요.
○ 이제, 척추 뼈 기저 부위인 천골을 원을 그리며 굴려 줄 것입니다. 아래 등이 바닥에서 평평해지도록 이전과 같이 골반을 기울이면서 시작하세요. 그런 다음 한쪽으로 원을 그리며 굴려주세요. 그런 다음 아래 등이 완전히 바닥에서부터 떨어져 아치형이 될 때까지 아래로 원을 그리며 굴려주고 나서 바닥에 아래 등이 평평해질 때까지 다시 원으로 그리며 위로 굴려주세요.
○ 움직임을 이해했다면, 자유롭게 호흡하면서 천천히 부드럽게 한 방향

으로 4번 원을 그리며 굴려주고 다른 방향으로 천천히 부드럽게 4번 원을 그리며 굴려주세요. 힘을 덜 사용할수록 그리고 등 전체를 마사지한다고 상상할수록 좋습니다.

○   끝나고 나서, 알렉산더 자세에서 쉬세요.

어깻죽지 들어 올렸다 떨어뜨리기
어깨 전체 부위를 릴리스하기 위해서

하체를 자유롭게 하는 데 주의를 기울였다면, 이제는 상체를 느슨하게 풀어주는 데 초점을 맞추겠습니다. 어깨와 목 부위의 긴장을 제거하는 데 탁월한 이 연습훈련은 필라테스[8])에 기초하고 있습니다.

○   알렉산더 자세로 바닥에 눕습니다.
○   숨을 쉬면서 어깻죽지를 바닥에 계속 놓아둔 상태로 두 팔이 어깨 바로 위로 올 때까지 떠오르게 합니다. 손은 느슨하게 손목에서 매달리게 두세요(그림 10a 참조).

그림 10a

---

8) 필라테스는 신체의 바른 정렬과 사용을 장려하기 위한 시스템입니다. 요가, 체조, 스키, 호신술, 댄스, 서커스 및 웨이트 트레이닝을 포함한 다양한 접근 방식의 영향을 받은 조셉 필라테스Joseph Pilates에 의해 20세기 초에 개발되었습니다. 기본적으로 필라테스는 몸의 바른 정렬과 사용을 장려합니다. 이 주제에 훌륭한 책은 린 로빈슨Lynne Robinson, 헬지 피셔Helge Fisher, 재클린 녹스Jaqueline Knox 및 고든 톰슨 Gordon Thomson이 쓴 'The Official Body Control Pilates Manual'입니다. 또한 웹사이트를 방문할 수도 있습니다(www.bodycontrol.co.uk).

○ 이 자세에서 쉬면서 숨이 들어오게 두고 숨을 내쉬면서 팔을 부드럽게 곧게 편 상태를 유지한 채로 어깻죽지를 바닥에서 들어 올렸다가 다시 바닥에 떨어뜨립니다(그림 10b, 10c 참조).

그림 10b (위), 10c (아래)

○ 숨을 내쉬면서 어깻죽지가 등 아래로 살짝 미끄러지듯 떨어지는 것을 상상하면서 들어 올렸다가 떨어뜨리기를 여러 번 반복합니다.
○ 들숨에 다시 쉬고 나서 날숨에 어깻죽지를 들어 올렸다 떨어뜨리세요.
○ 이 전체 시퀀스를 두 번 더 반복하고 나서, 세 번째에는 날숨에 양팔을 부드럽게 바닥으로 떨어지게 합니다.

천천히 목 돌리기
목을 릴리스하기 위해서

이제 목과 그 부위의 긴장을 느슨하게 풀어주는 데 조금 더 초점을 맞추겠습니다. 이번 연습훈련은 턱 긴장을 제거하는 데도 유용합니다.

○ 머리 아래 책을 놓고 이전과 같이 알렉산더 자세로 눕습니다.
○ 머리 뒤에 무게추가 있다고 상상해보세요. 무게추가 왼쪽 귀 쪽으로 굴러가면서 머리가 왼쪽으로 따라 굴러간다고 상상해보세요.

○ 그런 다음 무게추가 중앙으로 굴러 돌아갔다가 오른쪽 귀를 향해 굴러간다고 상상하면서 머리가 굴러가게 하세요. 무게추를 따라 머리는 중앙으로 다시 굴러가서 오른쪽까지 계속 굴러갑니다.

○ 좌우로 머리 굴리는 걸 반복하세요. 굴릴 때 숨을 내쉬고 머리가 한 편에서 쉴 때 숨이 들어오도록 합니다.

척추 바닥에서 벗겨내기
척추와 연결되고 척추의 유연성을 증가하기 위해서

이 연습훈련은 척추와 연결되게 하고 척추의 유연성을 증가시키는 데 탁월합니다.

○ 알렉산더 자세에서 시작하세요. 머리 아래에 책을 두지 않습니다.

○ 숨을 내쉬면서 척추 기저 부위인 천골에서 시작해서 척추를 하나씩 하나씩 바닥에서 벗겨내듯 들어 올리세요.

○ 바닥에서 척추의 맨 아랫부분인 꼬리뼈가 떨어져 나갈 때 아래 등은 바닥에 평평해집니다. 그런 다음, 아래 등이 바닥에서 껍질이 벗겨지듯 떨어져 나가면서 당신이 어깨 위에서 쉴 때까지 위 등이 이어서 떨어져 나갑니다(그림 11a 참조).

그림 11a

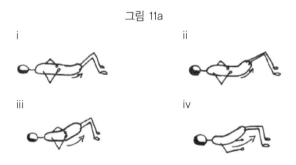

i   ii

iii   iv

○ 어깨 위에서 쉬면서 숨이 들어오게 두고 숨을 내쉴 때 어깨높이에서 시작해서 척추 맨 아래 부위까지 척추를 하나씩 다시 바닥에 놓습니다(그림 11b 참조).

그림 11b

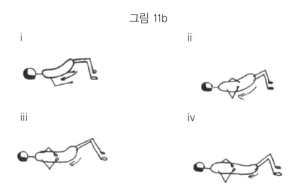

i ii

iii iv

실제로 바닥에서 벗겨지듯 떨어져 나가는 척추를 하나씩 하나씩 마음으로 그려 보면서 이 연습훈련을 천천히 하세요. 또한 숨을 잡고 통제하기보다는 숨을 편안하게 놓아두고 있는지 확인합니다.

노트

이 연습훈련을 할 때 처음에는 당신의 척추를 바닥에서 아주 멀리 떼어내지 못할 수 있습니다. 안전하고 편안하게 할 수 있는 만큼 가볍게 하도록 하세요.

커브/아치curve/arch

척추를 스트레칭하며 긴장을 풀어버리고 유연성을 높이기 위해서

이 연습훈련은 계속해서 척추에 초점을 맞추면서 척추를 스트레칭하고 잡고 있던 긴장을 풀어버리면서 유연성을 증가시킵니다. 또한 골반 옆뿐만 아니라 골반 전체의 긴장을 계속해서 느슨하게 풀어줍니다.

이 연습훈련의 처음 몇 번을 파트너와 함께하면 가장 좋습니다. 아이디어는 실제로 골반에서 모든 움직임이 시작해서 척추를 하나씩 하나씩 이어서 올라간다는 겁니다. 그래서, 머리가 항상 마지막으로 움직이는 부분입니다.

○ 한 번에 알렉산더 자세에서 네 발로 기는 자세가 되도록 몸을 한 방향으로 굴려 손과 무릎 위로 몸이 올라오도록 합니다. 배 위로 몸을 굴린 다음 기어서 네 발로 기는 자세로 가지 않도록 하세요. 양손과 양 무릎 위로 바로 굴러가 네 발로 기는 자세로 갑니다.

○ 무릎은 엉덩이 바로 아래, 팔은 어깨 바로 아래에 둡니다. 팔을 상당히 똑바로 펴지만 팔꿈치는 느슨하고 풀려 잠겨 있지 않습니다.

○ 등이 천장을 향해 곡선을 그려서 등 중앙이 높고 등 아래와 머리가 낮게 오도록 하세요(그림 12a 참조).

그림 12a

○ 파트너가 당신의 골반에 양손을 올려 두게 합니다. 파트너가 골반을 아래 방향으로 기울이면 당신의 꼬리뼈와 천골이 올라오고 아래 등이 내려가도록 하세요. 계속해서 나머지 척추 부위도 그 움직임을 따르도록 두면서 어깻죽지 사이 부위가 바닥을 향해 둥근 아치 모양으

로 내려가도록 합니다. 위쪽 척추와 목은 길어지고 마지막으로 머리가 떠오릅니다(그림 12b 참조).

그림 12b

○ 완전히 바닥을 향한 아치형 자세가 되면, 파트너는 다시 당신의 골반에 양손을 올려두고 이번엔 반대 방향으로 골반을 기울이기 시작합니다. 꼬리뼈와 천골이 떨어지고 아래 등이 위로 올라오도록 하세요. 척추 나머지 부분이 이어서 움직이고 어깻죽지 사이 부위가 곡선을 타며 올라오면서 위쪽 척추와 목이 길어지고 머리는 마지막으로 떨어집니다(그림 12a 참조).

○ 매번 꼬리뼈에서부터 척추가 하나씩 움직일 수 있도록 하면서 당신의 파트너와 함께 여러 번 척추가 아치 모양과 커브 모양으로 곡선을 타도록 합니다. 파트너는 당신이 척추를 하나씩 그려볼 수 있도록 척추 하나하나에 손가락을 놓을 수 있습니다.

○ 이 연습훈련을 하는 동안 당신과 당신의 파트너 모두 숨을 잡지 않고 편안하게 쉬는지 확인하세요.

○ 이 훈련을 끝내고 나면 다시 알렉산더 자세로 한 번에 돌아와 잠시 쉽니다.

척추와 잘 연결되고 꼬리뼈에서부터 시작해서 척추를 하나씩 움직이는 게 쉬워진다면 이 연습훈련을 혼자서 할 수 있습니다.

일어서기
릴리스된 상태를 유지한 채 다시 서는 자세로 돌아옴으로써 오래된 습관으로 되돌아가지 않기 위해서

○ 네 발로 기는 자세에서 시작합니다(알렉산더 자세에서 네 발로 기는 자세로 굴러가는 방법을 보기 위해서 75쪽 참조). 발가락을 바닥에 고리 걸고 손으로 걸어와 무릎 바로 앞까지 오세요(그림 13a 참조).

그림 13a

○ 발 앞꿈치로 몸의 모든 체중이 옮겨질 때까지 손으로 걸어온 후에 다리를 쭈욱 펴서 뒤꿈치가 바닥으로 떨어지게 합니다. 척추 맨 아래, 꼬리뼈가 위로 가고 상체가 거기에 매달리도록 두세요(그림 13b 참조).

그림 13b

○ 그리고 나서, 똑바로 설 때까지 척추 맨 아래, 꼬리뼈에서부터 부드럽게 척추를 하나씩 롤업해서 올라옵니다(그림 13c 참조). 올라오는 동안 목과 어깨 그리고 팔이 이완된 채로 두면서 몸 전체가 설 때까지 턱은 가슴에서 쉬게 두세요.

서 있는 자세 탐험하기 - 1
안정적인 중립이 신체와 호흡 그리고 연기하는 데 도움이 되는 이유

서 있는 것에 대해서는 나중에 더 자세하게 살펴보도록 하겠습니다. 여기
에서는 몇 가지 중요한 사항만 짚어보도록 하죠. 발을 골반 너비로 평행
하게 놓고 서는 것이 가장 안정적입니다. 내가 언급하는 골반은 골반 앞
쪽으로 불룩 튀어나온 부분입니다. 발은 이 뼈와 일직선에 있고 무게는
각 발의 앞꿈치와 뒤꿈치 사이에 고르게 분배하는 게 좋습니다.

○ 위의 방법으로 서 보고 어떻게 느껴지는지 보세요.
○ 그런 다음, 두 발을 모아서 서 보세요. 안정감이 떨어지면서 아랫배
   가 닫히는 게 느껴지나요?
○ 이제, 골반 너비보다 더 넓게 두 발을 벌리고 서 보세요. 이 자세가
   허리에 어떻게 영향을 미쳐서 등허리를 더 아치형으로 만드는지 느
   껴지나요?
○ 이제 다시 골반 너비로 돌아와 섭니다. 좀 더 안정적이고 호흡이 훨
   씬 자유롭다고 느껴지나요?

서 있는 자세를 탐험하기 - 2
자유로운 발목과 무릎 그리고 고관절은 자유로운 호흡과 본능에 중요합니다

이제는 발목과 무릎 그리고 고관절이 느슨하게 풀려 있는지 확인해야 합니다. 이 관절들이 느슨하게 풀려 있다면 몸의 다른 부위도 이완되도록 돕는 반면에 이 관절들이 긴장되어 있다면 몸의 다른 부위까지도 긴장을 불러일으킬 것입니다.

○ 발목과 무릎 그리고 고관절을 꽉 조여서 신체와 호흡에 어떤 영향을 미치는지 인지하세요.
○ 그런 다음, 그 관절을 느슨하게 풀면 몸이 어떻게 느껴지는지 보세요.

평소에 발목이나 무릎 혹은 고관절을 꽉 조이고 있다면 당신은 그 관절 부위를 느슨하게 풀어줬을 때 매우 흔들리고 약하게 느낄 수 있습니다. 만약 그렇다면, 몸의 모든 무게가 다리를 통해 바닥으로 쏟아지는 것을 상상해보세요. 이전의 그 긴장 없이도 강한 느낌이 들 수 있을 거예요.

서 있는 자세를 탐험하기 - 3
몸이 길어지며 넓어지는 것은 무대에서의 존재감을 높이는 데 도움이 됩니다

당신은 바닥에 누워 몸이 길어지고 넓어지는 것을 이미 탐험해봤고, 나는 그 탐험이 몸과 호흡을 편안하게 한다고 언급했었습니다. 서 있는 자세에서 탐험하는 것 또한 당신이 온전히 그 공간에 머물도록 하면서 존재하게 합니다.

○ 척추에 주의를 기울입니다. 꼬리뼈는 바닥으로 떨어지고 척추 맨 꼭대기와 정수리는 천장을 향해 떠오르는 것을 상상해서 척추가 양방향으로 길어지도록 합니다.

○ 그런 다음, 골반과 어깻죽지에 주의를 기울입니다. 척추가 좀 더 길어질 때 골반과 어깻죽지가 등 뒤에서 아래로 부드럽게 떨어지는 것을 상상해보세요.

○ 그런 후에, 골반과 어깨에 주의를 기울여서 골반과 어깨가 열리면서 넓어지는 모습을 마음으로 그려보세요. 척추를 뻣뻣하게 하거나 어깨를 뒤로 당기는 게 아니라는 걸 기억하세요. 단순히 길어지고 넓어진다고 상상하면서 그 상상이 일어날 거라고 믿으세요.

'릴리스와 리디렉션' 섹션 통합하기

분명히, 이 섹션을 처음 하는 몇 번은 시간이 좀 걸릴 수도 있지만, 결국엔 다음과 같이 28분 안에 모두 끝낼 수 있을 거예요.

스트레칭	6분
릴리스와 리디렉션	14분
발목 돌리기	1분
골반 돌리기	1분
어깨 떨어뜨리기	1분
목 돌리기	1분
척추 떨어뜨리기	1분
커브/아치	1분

센터링Centering과 그라운딩Grounding

이제 몸의 긴장을 풀어 이완하기 시작했으므로 몸을 가볍게 지지할 수 있는 방법을 찾는 것이 중요합니다. 당신 자신을 지탱하기 위해서 발목과 무릎 그리고 골반 관절을 단단히 조이고 싶은 유혹에 넘어가지 않도록 말입니다.

센터링과 그라운딩은 잡고 고정시킨다기보다는 놓고 알아서 흘러가게 둠으로써 지지를 찾는 것입니다.

대부분의 시간에 우리는 스스로를 지탱하려고 애를 쓰고 있습니다. 발목, 무릎, 골반, 엉덩이, 명치를 꽉 조이고 가슴과 어깨를 들어 올립니다. 이것은 많은 노력이 들고 또한 우리 몸의 중심을 들어 올려서 몸의 균형을 잃을 가능성이 더 커집니다.

○ 발목과 무릎 그리고 고관절을 꽉 조여보세요. 그런 다음 엉덩이를 타이트하게 조이고 배를 조금 더 당겨보세요. 그리고 가슴을 위로 들어 올리고 어깨를 타이트하게 힘을 줘서 잡아보세요. 느낌이 어떤가요?

상당히 불편하고 편안하지 않을 겁니다. 하지만, 이렇게 불편하고 편안하지 않은 일을 우리는 종종 하고 있습니다.

센터링은 이같은 모든 긴장을 풀어주고 더 낮은 무게 중심을 몸 안에서 느끼게 합니다. 센터링은 우리에게 내적으로 지지받는 감각을 줍니다. 또한 그라운딩은 긴장을 풀어주면서 실제로 서 있는 땅과 연결되어 머무르게 합니다. 이것은 외적으로 지지받는 감각을 느끼게 합니다.

센터링과 그라운딩 하는 방법을 배우면 스트레스가 많은 상황에서조차 최상의 작업을 하는 데 도움이 될 수 있습니다.

센터링 – 1
몸의 중심에 있는 감각과 벗어난 감각을 탐험하기 위해서

센터링과 내적 지지가 받쳐주는 감각을 탐험하면서 시작하겠습니다.

다음 훈련들은 당신 자신이 몸의 중심에 존재할 때와 벗어나 있을 때의 차이점을 스스로 탐험하게 합니다. 주의를 기울이는 곳에 에너지가 있기 때문에 이 차이점에 대한 문제는 주의를 기울이는 문제라고 할 수 있습니다.

이 훈련을 탐험하기 위해서는 파트너가 필요합니다.

○ 파트너와 함께 옆에 섭니다. 무릎이 잠겨 있지 않고 부드러운지 확인하세요. 당신의 모든 주의를 이마에 기울입니다. 오로지 이마에만 초점을 맞추세요. 필요한 만큼 시간을 충분히 가지도록 하세요.

○ 준비가 되면 파트너에게 알리세요. 그런 다음 파트너는 처음에 이마를 한쪽 방향으로 부드럽지만 확실하게 밀어주고 난 후에 다른 쪽으

로도 밀어 봅니다. 두 사람 모두 무슨 일이 일어나는지 간단히 주목하도록 하세요.

○ 그런 다음, 무릎이 닫히지 않고 부드러운지 다시 확인합니다. 모든 주의를 배꼽 바로 아래 부위에 기울이고 그 부위가 편안하게 풀어지도록 하세요. 그 부위에 초점을 맞출 수 있도록 그곳에 손을 올려두는 것도 좋습니다. 또는, 배에서 일어나는 호흡의 부드러운 움직임에 주의를 기울이는 것도 좋습니다. 다시 말하지만, 주의를 기울이기 위해 필요한 만큼의 충분한 시간을 가집니다.

○ 이전과 마찬가지로, 준비가 되면 파트너에게 알려주세요. 파트너는 먼저 한쪽을 부드럽지만 확실하게 밀어주고 나서 다른 쪽을 밀어줍니다. 무슨 일이 일어나는지 다시 간단하게 주목합니다.

○ 어떤 차이가 있나요? 당신의 주의가 배에 있을 때 좀 더 안정적이고 훨씬 유연하다고 느꼈나요? 주의가 배에 있을 때 무게감이 더 느껴졌지만 몸은 더 가볍다고 느꼈나요? 주의 집중이 배에 있을 때 머리가 더욱 비워진 것처럼 느꼈나요? 이 모든 것은 센터링 된 결과이고 배 안쪽에 주의 집중이 기울었을 때 일어나기 시작하는 것들입니다.

○ 당신의 파트너 또한 차이를 알아차렸을 수도 있습니다. 당신의 주의가 배 안쪽 중심에 있을 때 당신이 더욱 안정적이지만 유연하다는 것을요.

처음에 많은 것을 주목하지 않았거나 내가 설명한 것과 완전히 다른 경험을 했더라도 걱정하지 마세요. 단순하게 어떤 변화든 주목해보고 주의를 기울이기 쉬운 곳을 자각해보세요.

이마에 주의집중을 기울이기가 좀 더 쉽다면, 평상시에 당신은 이마에 주의를 집중하는 경향이 있을 수 있습니다. 확실히, 긴장하거나 매우 쉽게 흥분하거나 정신적으로 혹은 신체적으로 쉽게 평정심을 잃는다면, 당신의 주의 집중이 가슴 위쪽으로, 대부분 상체 어디든지 있을 수 있습니다. 어떤 사람들은 자신의 주의가 머리 위나 자신에게서 멀리 떨어진 곳에 기울었다는 사실을 알아차리기도 합니다!

배 안쪽에 주의 집중을 기울이기가 쉽다면, 당신은 이미 어느 정도 센터링을 하고 있다는 얘기입니다. 확실히 긴장할 때도 아주 침착하고 이완된 상태일 수 있고 당신은 평정심을 쉽게 잃지 않을 것입니다. 이것은 당신의 주의가 더 자주 배 안쪽 중심에 있다는 것입니다.

○ 이번엔 당신이 파트너를 밀면서 이 훈련을 해봅니다.

이 훈련은 계속 연습할 필요가 없습니다. 센터 안과 밖에 있는 경험을 해 볼 수 있는 일회성 훈련입니다.

센터링 - 2
에너지와 호흡을 중심에 두어 더 균형 잡힌 중심에서 작업할 수 있도록 하고 스트레스 상황에 대비할 수 있도록

복부 안쪽에 주의를 기울임으로써 중심에 연결된 감각을 느낄 수 있다면 혼자서 연습할 수 있습니다. 이 연습훈련은 어디에서든 할 수 있습니다. 기차나 버스를 기다리며 줄을 서 있을 때 혹은 이동할 때 연습하면 특히 유용합니다. 앉거나 서서 할 수 있습니다. 또한 인터뷰나 오디션 직전에 하기에도 굉장히 좋습니다.

○ 골반 너비로 평행하게 발을 놓고 서거나 앉습니다. 발이 정말로 바닥 위에 놓이게 두고 발바닥이 부드러워지면서 바닥에 펴지도록 두세요. 발목, 무릎과 고관절이 부드러워집니다. 척추가 길어지고 어깻죽지가 부드럽게 등 아래로 떨어지고 골반과 어깨가 넓어지는 것을 상상해 보세요.

○ 배꼽 위에 손을 올려두고 들어오고 나가는 숨의 부드러운 움직임에 살며시 주의를 기울이기 시작하세요.

○ 호흡과 당신의 주의를 억지로 몸 아래로 내려보내려고 애쓰지 마세요. 가슴이나 머리에 에너지와 호흡이 꽉 차서 막혀 있거나 서로 질주하고 있다고 느낄 수도 있습니다. 이 감각을 인식하되 변화시키거나 그 감각에 주의를 기울이지는 마세요. 단순히 손이 놓인 배와 그곳에서 일어나는 호흡의 움직임에 주의를 기울입니다.

○ 한 번에 1분 동안 이 작업을 시작하고 나서 점점 더 시간을 늘려가며 해보세요. 딴생각이 드는 것은 자연스러운 일입니다. 단순히 딴생각을 하고 있다는 것을 자각하자마자 다시 복부 안쪽으로 주의를 가져오면 됩니다.

습관이 되도록 가능한 자주 이 훈련을 연습해봅니다.

그라운딩 – 8자 모양 그리기
발목과 무릎 그리고 고관절의 유연성을 높이고 다리 근육을 훈련하여 신체를 적절하게 지지해줄 수 있도록

이제 내부의 균형과 지지에 대한 감각이 생겼으므로 바닥에 완전히 자신을 내맡기고 외적으로 지지받도록 하는 그라운딩을 살펴보겠습니다.

이 훈련은 당신의 다리를 더 잘 인식하고 다리가 당신을 지탱해주기 위해 어떻게 작동하는지를 더욱 자각하게 할 것입니다. 이 훈련은 나 자신이 그라운딩 되도록 많은 도움이 되었고 내가 함께 작업한 많은 배우에게도 도움이 되었습니다.

○ 이번 훈련을 위해서 발을 골반 너비보다 살짝 넓게 놓고 섭니다. 발목과 무릎 그리고 고관절은 부드럽게 풀어두고 척추는 길어지고 골반과 어깨가 넓어진다고 상상합니다.

○ 그런 다음, 골반에서 느슨하게 상체가 아래로 떨어져 매달리도록 하세요. 고관절과 무릎 그리고 발목관절을 부드럽게 합니다. 팔과 머리도 자유롭게 매달리도록 두세요. 발을 이완하고 발가락은 펴세요.

○ 먼저, 이 자세에서 편안하게 쉽니다. 발과 다리 그리고 어깨와 목을 부드럽게 두면서 긴장이 느껴지면 느슨하게 풀어주세요. 몸의 무게가 다리와 발을 통해 아래 바닥으로 쏟아지는 것을 상상하면서 계속해서 다리는 부드러워지고 발은 바닥에 펴지게 둡니다.

○ 이제 바닥에 평평하게 옆으로 누워있는 8자 모양을 상상해보세요. 발은 8의 각 절반 위치에 놓여 있습니다(그림 14a 참조).

그림 14a

○ 골반에 주의를 기울이고 골반이 8자 모양을 따라 움직이게 하세요(그림 14b 참조). 이때 체중이 한 발에서 다른 발로 이동하도록 하세요.

그림 14b

○ 8자 모양으로 이동할 때 실제로 다리가 몸의 무게를 받는 것을 느낄
거예요. 다리를 부드럽게 유지하고 발이 계속 부드럽게 펴지도록 하
세요. 몸의 모든 무게가 여전히 다리를 통해 바닥으로 쏟아지는 것처
럼 발목과 무릎 그리고 고관절에서 유동성을 유지합니다. 호흡을 잡
고 있기보다는 느슨하게 풀고 있는지 확인하세요.

○ 한 방향으로 네다섯 번 하고 반대 방향으로도 같은 방법을 합니다
(그림 14c 참조).

그림 14c

○ 그런 다음, 천천히 올라오기 전에 잠시 매달린 채로 쉬세요. 다 올라
오고 나서는 다리가 어떻게 느껴지는지 주목하세요. 일반적으로 이
훈련은 당신이 다리를 더욱 감각하면서 훨씬 더 뿌리를 내린 듯한
느낌을 갖게 합니다.

○ 아주 살짝 더 그라운딩 되었다고 느껴지더라도 잠시 그 느낌과 머무
르세요. 정말로 그 느낌을 감각해서 그라운딩이 어떤 느낌인지를 당
신의 몸이 알 수 있도록 하세요. 이 연습훈련을 하면 할수록 그라운
딩 상태로 돌아가 연기하고 일상생활을 할 때도 그 느낌에 더 쉽게

접근할 수 있습니다.

그라운딩 – 밀기, 쪼그리고 앉기, 바운스, 점프
다리 긴장을 풀고 다리를 더 적절하게 잘 사용하여 몸을 지지할 수 있도록 함으로써 그라운딩을 더욱 느낄 수 있도록

이 모든 훈련은 그라운딩을 더욱 느끼도록 해줍니다. 여기 있는 모든 훈련을 해보고 자신에게 가장 유용한 것을 찾으세요.

밀기
몸 뒷부분의 긴장은 우리를 완전히 억누릅니다. 우리가 현재에 존재하는 것을 방해하죠. 시아추Shiatsu와 중국의학철학에 기반을 둔 몸의 뒷부분은 과거, 우리의 과거 경험과 믿음에 연관되었다고 간주하는 반면에 배 부위는 여기 그리고 지금, 우리의 현재 경험과 관련되는 것으로 봅니다. 몸 뒤쪽에 있는 긴장을 풀어서, 다시 말해서 우리를 억제하는 오래된 패턴과 태도를 풀어줌으로써 우리는 우리 몸 안에 존재할 수 있게 되면서 더욱 그라운딩 되고 현존하게 됩니다.

밀기 – 1
등과 다리 뒤쪽의 긴장을 릴리스하기 위해서

이 연습훈련은 등과 다리 뒤쪽에서 잡고 있던 긴장을 완전히 놓아버리면서 에너지를 몸의 중심으로 떨어뜨리는 데 좋은 훈련입니다. 오디션이나 리허설 혹은 공연 전에 빠르고 효과적으로 스스로를 그라운딩 할 수 있습니다. 또한, 약간의 가벼운 스트레칭 후에 하루를 시작하기에 좋은 훈련입니다. 파워풀한 훈련이기 때문에 3~4회 정도만 하면 됩니다.

○ 전처럼, 발을 골반 너비 아래 평행하게 두고 서세요. 발목과 무릎 그리고 고관절은 부드럽게 두고 척추는 길어지고 골반과 어깨는 넓어진다고 상상하세요.

○ 그런 다음, 골반에서 상체가 매달리게 하세요. 이번엔 손가락 끝이 편안하게 바닥에 닿을 때까지 다리를 구부리세요. 잘 되지 않는다면, 블록이나 낮은 의자를 사용해서 손가락을 그 위에 올려놓으세요(그림 15a 참조).

그림 15a – 바닥(좌)이나 박스/의자 위(우)에 손

○ 그러고 나서, 편안하게 숨을 내쉬면서 발뒤꿈치를 바닥으로 밀어서 엉덩이가 천장을 향해 뜨고 다리가 부드럽게 펴지도록 합니다. 등 위쪽과 머리가 살짝 더 아래로 떨어지고 손가락이 바닥에 계속 닿아 있도록 하세요(그림 15b 참조).

그림 15b – 숨을 내쉬면서 스트레치 (좌), 숨이 들어올 때 이완 (우)

○ 다리 뒤쪽에서 약간의 스트레칭을 느끼는 건 괜찮지만 무리하게 힘을 가하거나 과도하게 긴장하지 않도록 하세요.

○ 날숨이 끝나면 무릎이 굽어지면서 처음 자세로 돌아오면서 자연스럽

게 호흡이 들어오도록 두세요. 숨을 억지로 빨아들이지 마세요.

○ 3~4번 정도 이 훈련을 반복하고 나서 천천히 척추를 롤업하면서 섭니다. 다리가 어떻게 느껴지는지 주목하세요.

밀기 – 2
등과 종아리를 릴리스하기 위해서

이 훈련은 어깨에서 발뒤꿈치까지 몸 뒤쪽 전체를 스트레칭하는데 탁월합니다. 특히나 어떤 상황에서 당신 스스로 주저한다거나 막혀서 어떤 진전을 할 수 없다고 느낄 때 유용합니다. 이런 경우, 하루 동안 규칙적으로 이 연습훈련을 반복하는 게 좋습니다. 이 연습으로 며칠 후에는 변화를 느낄 수 있습니다.

○ 벽을 마주 보고 섭니다. 손바닥을 벽에 평평하게 대고 팔을 곧게 폅니다. 쇄늠지는 무드럽게 누세요. 발은 골반 너비 아래 평행하게 놓습니다.

○ 왼발 뒤꿈치를 바닥에 평평하게 놓을 수 있는 그 지점의 바로 뒤쪽에 왼발을 뒤로 곧게 내딛으세요(그림 16a 참조).

그림 16a

○ 왼발 뒤꿈치가 바닥에 닿을 수 있도록 골반에서부터 상체를 아래로

떨어뜨리고 무게를 바닥 쪽으로 편안하게 놓습니다. 왼쪽 종아리가 부드럽게 스트레치됩니다. 무리하게 힘을 줘서 긴장하지 않도록 하세요(그림 16b 참조).

그림 16b

○ 이 자세에서 3~4번 정도 편안하게 숨을 쉬고 나서 다른 쪽 다리로 반복합니다.

○ 훈련을 끝내고 나서는 다시 다리와 신체의 나머지 부분이 어떻게 느껴지는지를 보세요.

쪼그리고 앉기   텍스트 작업을 할 때 쪼그리고 앉는 것은 그라운딩을 위해서 굉장히 도움이 됩니다. 이 자세는 몸의 무게가 완전히 떨어지도록 합니다. 나는 종종 배우들에게 이 자세에서 텍스트를 말해보라고 하고 나서 그라운딩이 잘 되었다고 느끼면 텍스트를 계속해서 말하면서 서는 자세로 천천히 돌아오게 합니다.

쪼그리고 앉기 – Ⅰ
아래 등과 다리의 근육을 릴리스하고 자신의 무게를 더욱 감각할 수 있도록

○ 쪼그리고 앉아 다리를 최대한 편안하게 두면서 고관절을 부드럽게 엽니다. 쪼그려 앉는 자세에 익숙하지 않으면, 당신의 발 전체가 바

닥에 놓여 있지 않고 발가락과 발 앞꿈치로 버티고 있을 수 있습니다. 발가락과 발 앞꿈치가 부드러워지고 펴지도록 합니다. 배도 부드럽게 두세요.

○ 허리가 아닌 고관절에서부터 상체를 숙이도록 가능한 등을 곧게 편 상태를 유지하세요(그림 17 참조).

그림 17

○ 이 자세에서 정말로 쉬세요. 다리, 엉덩이, 배를 계속 부드럽게 두면서 숨과 에너지가 배 안으로 떨어진다고 상상해보세요. 억지로 숨과 에너지를 아래로 밀어 보내지 않아요.

○ 그런 다음, 천천히 일어나세요. 어떻게 느껴지는지에 다시 주목합니다. 다리와 하체에서 당신의 무게를 더 인식할 수도 있을 거예요.

쪼그리고 앉기 - 2
당신이 당신의 몸 중심에 있으면서 자신을 감각하게 하기 위해서

이 연습훈련은 텍스트와 함께하기 좋은 훈련입니다. 견고한 문틀에 튼튼한 손잡이를 가진 견고한 문이 필요합니다.

○ 문손잡이를 잡고 나서 무릎을 구부려서 반 정도 쪼그려 앉는 자세가 되도록 합니다. 척추를 길게 유지해서 허리가 아닌 고관절에서부터

몸을 숙이고 골반과 엉덩이가 문에서부터 멀리 당겨진다고 상상해보세요. 또한 척추가 앞쪽을 향해 위로 길어지는 반면에 골반과 엉덩이는 살짝 앉아 있다고 상상해보세요(그림 18 참조).

그림 18

○ 발이 바닥에 잘 붙어서 발바닥이 펴지게 두고 몸을 좌우로 움직이면서 체중을 발에 실어줍니다. 움직이는 동안 숨을 잡지 않고 쉬고 있는지 확인하세요.

○ 이전과 마찬가지로, 움직임을 멈추고 나서 다리와 몸이 어떻게 느끼는지 자각합니다.

바운스   가벼운 바운스는 당신이 자신의 무게를 더욱 잘 감각하도록 도와주면서 발목과 무릎 그리고 고관절을 느슨하게 유지하는 데 매우 유용합니다. 또한 텍스트와 함께 작업하기에도 매우 유용한 훈련입니다.

바운스
발목과 무릎 그리고 고관절을 느슨하게 풀어주면서 긴장을 완화하기 위해서

○ 골반 너비 정도로 평행하게 발을 두고 섭니다. 발목, 무릎, 고관절이 느슨한지 확인하세요. 척추가 길어지고 골반과 어깨가 넓어지는 것을 상상합니다.

○ 그런 다음, 다리를 살짝 구부렸다 펴면서 가볍게 바운스를 하세요. 엉덩이를 뒤로 내밀거나 골반을 앞으로 내밀지 마세요. 바운스하는 내내 다리 전체를 부드럽게 두고 척추를 길어지게 둬서 몸이 기울어지지 않도록 하세요(그림 19 참조).

그림 19

○ 바운스하는 동안 배와 엉덩이를 느슨하게 두고 발목, 무릎, 고관절에 기름을 바른다고 상상해보세요. 멈추고 나서는, 다시 몸이 어떻게 느끼는지에 주의를 기울입니다.

점프 　　　　바운스와 마찬가지로 점프하는 것은 무게감을 잘 느낄 수 있도록 합니다. 그러나 무릎에 문제가 있다면 이 훈련은 피하는 게 좋습니다. 또한, 콘크리트 바닥 위나 그것과 비슷한 단단한 바닥에서는 하지 마세요. 점프하기 위해서는 나무 바닥이 가장 좋습니다.

점프
편안하게 몸 중심에 자신을 존재하게 하고 자신의 무게감을 감각하기 위해서

○ 발을 골반 너비의 1.5~2배 정도로 벌리고 서세요. 편안한 만큼 무릎을 구부리고 무릎이 발가락 위쪽 라인에 있는지 확인합니다. 이것은 무릎 부상을 방지하는 데 아주 중요합니다. 엉덩이가 뒤로 밀려 튀어나오지 않도록 상체를 곧게 편 상태로 있도록 하세요(그림 20a 참조).

그림 20a

○ 다리를 곧게 펴지 않으면서 작고 부드럽게 가벼운 점프를 하고 굉장히 부드럽게 바닥에 착지해 보세요(그림 20b 참조). 복부, 특히 아랫배 부분과 엉덩이를 부드럽게 유지하세요. 척추는 계속해서 길어지도록 둡니다.

그림 20b - 부드럽게 착지

○ 4~5회 정도 반복합니다. 그러고 나서, 몸이 어떻게 느끼는지 인지하세요.

이 연습훈련 또한 텍스트와 함께 하기에 좋습니다.

그라운딩과 센터링 - 뒤로 향하는 써클

뒤로 향하는 써클The Backward Circle은 태극권의 움직임입니다(그림 21a 참조). 나는 시아추 수련자Shiatsu로 훈련받을 때 이 움직임을 사용하는 법을 배웠습니다. 이것은 자신의 음성에 연결하고 억지로 밀어내거나 긴장하는 것을 방지하는 데 정말 도움이 되는 훌륭한 센터링과 그라운딩 움직임입니다.

그림 21a - 뒤로 향하는 서클

앞을 향하는 써클과 뒤로 향하는 써클을 비교하기
이 두 써클이 어떻게 다른 방식으로 몸과 호흡 그리고 마음에 영향을 미치는지를 감각하기 위해서

○ 전과 같이, 발을 골반 너비로 평행하게 놓고 섭니다. 발목과 무릎 그리고 고관절은 느슨하게 풀어둡니다. 척추는 길어지고 골반과 어깨는 넓어지는 것을 마음으로 그려봅니다.
○ 앞을 향하는 원과 뒤를 향하는 원을 그릴 때 호흡을 잡지 않고 자유

롭게 풀어주고 있는지 확인합니다. 또한 무릎이 계속 느슨하게 있는
지 봅니다.

○ 당신 앞에 커다란 비치볼이 있다고 상상해보세요. 앞을 향해 움직이
는 써클을 만들기 위해서, 먼저 어깨높이 몸 앞쪽으로 손을 가져온
다음에 마치 비치볼 맨 위에 있는 것처럼 팔을 앞쪽으로 뻗으세요.
그런 다음, 비치볼 앞쪽을 지나듯 팔을 아래, 골반 높이까지 내리고
나서 몸쪽으로 다시 가져옵니다(그림 21b 참조). 앞으로 그리는 써클
을 대략 10번 정도 반복한 후에 멈춰서 어떻게 느껴지는지 인지해보
세요.

그림 21b - 앞을 향하는 서클

○ 에너지가 어디에서 느껴지나요? 머리는 어떻게 느껴지나요? 일반적
으로 앞을 향해 그리는 써클은 에너지를 가슴이나 머리로 끌어 올리
거나 심지어는 당신의 앞으로 빠져나가게 합니다. 이것은 머리가 바
쁘게 돌아가고 생각으로 꽉 차게 할 수 있습니다.

○ 이제는 뒤를 향해 그리는 써클을 해보세요. 마치 비치볼 아래에서 손
을 뻗는 것처럼 골반 높이의 몸에서 손을 멀리 보내고 나서 공의 앞
부분을 둥글게 그리면서 어깨높이까지 왔다가 몸쪽으로 손을 가져오
고 골반까지 내려갑니다(그림 21a 참조). 10번 정도 뒤를 향하는 써
클을 반복해서 한 후 가만히 서서 어떻게 느껴지는지 보세요.

○ 지금 에너지가 어디에 있다고 느껴지나요? 머리는 지금 어떻게 느껴

지나요? 일반적으로 뒤를 향하는 써클은 에너지를 몸 중심으로 떨어지게 돕습니다. 당신은 자신의 중심과 더 연결되고 더 뿌리 깊게 땅과 연결되어 있다고 느낄 수 있습니다. 동시에 키가 더 크고 몸이 가벼워졌다고 느낄 수도 있고 머리는 더 맑아지고 고요하게 느낄 수도 있습니다.

노트

앞을 향하는 써클과 뒤를 향하는 써클은 내가 처한 다른 종류의 현재를 생각나게 합니다. 현재에 행복하지 않을 때 우리는 몸을 앞으로 기울이는 경향이 있습니다. 그러나 우리가 현재에 만족하고 있다면 일반적으로 아주 살짝 몸을 뒤로 기대면서 아주 열린 상태로 현재를 마주합니다.

우리가 뒤를 향하는 써클 위에 우리 자신을 두고 작업한다면 편안함과 열린 상태를 느끼면서 우리의 작업과 우리 자신 모두가 더 연결됩니다. 청취자나 관객은 우리의 편안함으로 마음이 놓이면서 그들이 원하는 방식으로 우리를 받아들일 공간을 가집니다. 그렇기 때문에, 밖을 향하는 써클을 규칙적으로 연습하는 게 좋습니다.

뒤를 향하는 써클
에너지를 센터링하고 그라운딩하기 위해서

뒤로 향하는 써클 그리기는 매일 하기에 좋은 훈련입니다. 처음에는 조용하게 써클을 그리다가 나중에는 소리 내거나 대사를 말해보세요. 당신의 음성 작업을 완전히 바꿀 수 있음에도 불구하고 이 훈련은 아주 간단합니다. 에너지와 음성을 센터링하는 리허설과 공연 전이나 도중에도 할 수 있는 굉장히 좋은 훈련입니다. 이 훈련을 할 때마다 항상 온전히 주의를 기울이고 공손한 마음을 가진다면 매우 강하고 긍정적인 효과를 얻을 수 있습니다.

○ 전과 같이 발을 골반 너비로 평행하게 놓습니다. 발목과 무릎 그리고 고관절은 느슨하게 풀어지고 척추는 길어지며 골반과 어깨는 넓어집니다.

○ 팔로 부드럽게 뒤를 향하는 원을 그려보세요. 들어오는 숨에 팔을 몸에서 멀리 보내고 위를 향해 올라갔다 다시 몸쪽으로 가져오고 나가는 숨에 팔을 골반 높이까지 원을 그리며 내려보냅니다. 그런 다음, 팔은 가볍게 몸 옆으로 떨어뜨리고, 다음 들숨이 알아서 들어오도록 하세요.

○ 잠시 서서 에너지가 편안하게 놓이게 두세요.

노트

말할 때 지나치게 흥분하여 서두르면서 의도하지 않은 말들을 하게 된다면 말할 때 손으로 뒤를 향하는 작은 원을 그리는 제스처를 해보면 좋습니다. 내가 흥분했을 때 이 제스처가 나를 안정시키는 데 큰 도움이 된다는 것을 알았습니다. 특히 오디션을 볼 때 쓸데없는 말을 뱉어내는 걸 멈추는 데 아주 유용한 장치가 될 수 있죠!

'센터링과 그라운딩' 섹션 통합하기

이전 섹션과 마찬가지로 이 섹션을 처음 진행할 때는 시간이 걸릴 수 있습니다. 그러나, 이 훈련을 다 하고 나면 하루를 보내면서 언제든 센터링 훈련을 할 수 있으므로 당신이 가장 유용하다고 생각되는 그라운딩 훈련을 하기 위해서 매일 몇 분 정도만 투자하면 됩니다.

나머지 그라운딩 훈련은 필요할 때 언제 어디서든 할 수 있으며 개인 리허설 작업의 한 부분으로 구성할 수 있습니다.

따라서 이 훈련을 릴리스와 리디렉션 작업에 추가하면 30분 세션이 만들어집니다.

톤의 조율과 정렬

센터링과 그라운딩 훈련은 나머지 신체 작업을 구축할 수 있는 안정적인 기반을 제공합니다. 대부분 우리는 여기에서 신체 정렬 훈련을 살펴볼 것이지만, 먼저 톤tone에 대해서 조금 얘기하도록 하겠습니다.

톤Tone

수월하게 서거나 움직이려면 신체적 그리고 정신적 톤이 필요합니다. 톤은 준비됨, 살아있음의 상태입니다. 톤에는 지나친 노력이나 둔함이 없습니다. 신체적인 톤은 정신적 톤보다 이해하기 쉬울 수 있습니다. 잘 조율된 근육은 탄력을 가지고 있고 살아있고 활동적입니다. 꽉 조여있거나 축 늘어진 게 아닙니다. 이렇게 잘 조율된 근육은 강하지만 유연합니다. 그 근육들은 우리가 작업을 완료하는 데 필요한 에너지를 줍니다.

정신적인 톤은 마음의 탄력성입니다. 각성 상태(깨어 있어서 일어나는 모든 일을 알아차릴 수 있는 상태), 주의를 기울이고 집중하고 깨어 있으며 현재에 머무를 수 있는 능력. 어떤 면에서 정신적 톤은 마음 근육의 탄력이나 용수철이라고도 볼 수 있습니다.

신체적 그리고 정신적 톤은 떼려야 뗄 수 없는 관계입니다. 때때로 몸이 축축 늘어질 때 빨리 걷거나 신체적 게임을 하거나 약간의 운동을 통해 우리는 신체적으로 더 살아있다고 느낄 뿐만 아니라 정신적으로 더 깨어있다고 느낍니다. 여기에서 신체적인 톤은 새로운 정신적 톤을 불러옵니다.

반대로 신체 활동에 참여하고 지치기 시작할 때 당면한 임무에 우리의 마음을 집중하고 결의를 강화하면서 신체 에너지를 찾을 수 있습니다.

신체적/정신적 연결은 굉장히 중요하고 강력합니다. 우리가 계속해서 '난 지쳤어', '그건 나한테 너무 버거워', '난 그 정도는 아니야'라고 스스로에게 말한다면, 우리는 우리의 신체적 에너지를 고갈시킬 것입니다. 마찬가지로, 우리가 구부정하고 에너지가 부족한 자세를 취한다면, 이 자세는 정신적 피로감을 불러옵니다.

이게 문제가 될까요? 그렇습니다. 우리가 스스로를 밀어붙이며 지나치게 노력하기 시작하는 것은 에너지가 부족하다고 느낄 때이기 때문입니다. 우리가 일하는 데 필요한 에너지가 없다고 느끼므로 이를 메꾸기 위해 더 애쓰게 됩니다.

나는 이런 일이 로얄 셰익스피어 컴퍼니RSC—Royal Shakespeare Company에서 몇 번이고 반복되는 것을 보았습니다. 저녁 공연을 하러 올 때 배우들은 피곤함을 느낍니다. 분명히 이 피곤함은 배우에게 영향을 끼쳤습니다. 그들이 피곤하고 에너지 없이 공연하길 원하지 않기 때문에 과도하게 더 하려는 경향이 있었고, 때로는 이것이 음성의 긴장을 초래했습니다.

음성의 긴장과는 별도로 지나친 노력은 소리를 내지르며 상당히 과장된 연기를 유발할 수 있습니다. 과장된 연기와 큰소리로 정신없는 공연을 이끌면 관객들이 경험할 수 있는 어떤 여유도 그곳엔 없을 것입니다. 지나친 노력은 우리의 본능으로부터 우리를 떼어놓습니다. 우리가 노력하느라 너무 바빠서 본능을 자각하고 본능이 우리를 인도하도록 내버려두지 않기 때문입니다.

지나치게 애쓰기 시작할 때, 우리는 모든 편안함과 유연성을 잃어버리고 그 일에 쫓겨서 쉽게 방향을 바꿀 수 없습니다. 반면에, 우리가 잘 조율되어 있을 때 우리는 가벼운 에너지, 깨어있는 상태와 준비된 상태를 갖추고 어떤 방향으로든 도약할 수 있는 여유를 가지게 됩니다. 햄릿이 '준비가 전부다'라고 말한 것처럼 말입니다.

그래서 신체적 그리고 정신적인 톤은 필수조건입니다. 사실상, 그것들은 우리의 타고난 권리입니다. 우리는 처음부터 충분히 정신적, 신체적으로 잘 조율되어 있었습니다. 그래서 아이들이 지칠 줄 모르는 겁니다.

신체적 톤　　　　　빠른 걸음, 달리기, 줄넘기, 수영, 조정, 춤, 트램펄린 등. 이 모든 활동에 완전히 참여하면서도 수월하게 한다면 근육 톤을 키우는 데 좋습니다. 힘과 과도한 노력으로는 우리가 추구하는 어떤 톤도 가질 수 없습니다.

최소한의 시간으로 모든 근육을 잘 조율하고 싶다면, 구체적인 조율 훈련들을 하는 것이 좋습니다. 좋은 피트니스 강사가 이 문제를 도와줄 수 있습니다. 신체의 섬세한 균형을 달성하고 유지할 수 있도록 모든 근육 세트를 동일하고 균등하게 작동하도록 해야 합니다. 유연성을 유지하고 훈련에 무리하게 지나친 힘을 가해서는 안 된다는 점을 기억하세요. 훈련하는 내내 정상적으로 숨을 들이쉬고 내쉴 수 있어야 하며 긴장하고 숨을 참는 느낌이 없어야 합니다(무거운 역도를 하는 것은 누구에게나 좋은 생각은 아니지만 특히 배우와 가수에게는 더욱 그렇습니다. 유연성의 손실 외에도 성대는 우리가 긴장할 때 서로를 세게 누르기 때문에 성대가 손상될 수 있습니다. 이것을 피하려면 항상 쉽게 숨을 들이쉬고 내쉴 수 있고 숨을 참지 않도록 하십시오. 만약 쉽게 숨 쉴 수 없다면 무게가 지금 당신에게 너무 무겁다는 것입니다).

요가와 무술 또한 근육 톤을 향상시키고 당신의 흥미를 더 끌 수 있습니다. 비결은 자신에게 맞는 것을 찾는 것입니다.

정신적 톤　　　　　깨어있고 준비된 상태를 발전시키는 법을 살펴보기 전에 당신의 정신적 톤이 어떤 상태인지 실험해 보겠습니다―둔하거나 긴장했거나 혹은 가볍게 깨어있나요?

정신적 톤을 점검하기
정신적 톤의 상태를 발견하기 위해서

○ 의욕이 없는 때를 떠올려보세요. 아마도 지루하거나 우울했을 때, 완전히 무기력했을 때를 회상해 볼 수 있습니다. 신체적으로나 정신적으로 그 감정이 느껴지도록 하세요. 그런 다음 자신에게 질문합니다. '이 에너지는 어떤 느낌이지? 종종 느끼는 친근한 에너지인가 아니면 잘 느끼지 못하는 에너지인가?'

○ 다음으로 신경이 곤두서 있을 때, 긴장될 때, 스트레스를 느낄 때를 떠올려보고, 그때 그 감정이 신체적, 감정적으로 느껴지게 하세요. 다시 자신에게 물어봅니다. '이 에너지는 어떤 느낌이지? 종종 느끼는 친근한 에너지인가 혹은 거의 느끼지 못하는 에너지인가?'

○ 그런 다음, 어떤 사람이나 프로젝트에 아주 흥미를 느끼던 때를 떠올려보세요. 사람과의 관계나 프로젝트에 대한 성공 가능성과 자기 능력에 대해 또한 자신감을 느꼈던 시간입니다. 이전과 마찬가지로 신체적, 정신적으로 그 느낌을 느끼도록 하세요. 다시 자신에게 질문해보세요. '느낌이 어떤지? 친근한지 친근하지 않은지?'

○ 그러고 나서, 세 가지 에너지 중 어느 것이 가장 친숙한지 스스로에게 물어보세요. 습관적으로 약간 무관심하거나 반대로 약간 긴장을 하나요? 혹은 스스로 깨어 있으면서 편안한가요?

바보 같은 질문이라고 느낄 수 있습니다. 당연히 상황이 흥미롭지 않을 때는 의욕을 느끼지 않고, 스트레스가 많은 상황에서는 스트레스를 받고 흥미로운 상황에서는 관심이 생기니까요.

하지만, 종종 우리는 상황에 상관없이 특정 방식으로 상황에 접근하는 습관이 있고 더욱이 자신이 그렇게 접근하고 있는지조차 모릅니다! 그래서 다시 탐험하면서 자신에게 질문해 보세요. 나의 성향은 무엇이지? 내가 가볍게 깨어있는 상태로 의욕을 가지고 상황에 접근하나요 혹은 의욕 없이 긴장감을 가지고 상황에 접근하고 있나요?

여기에서 중요한 점은 이러한 다양한 정신적 접근이 음성 작업에 큰 영향을 미친다는 점입니다. 앞서 지적했듯이, 정신적으로 굼뜸은 신체적으로 둔한 상태를 이끌고 정신적 긴장은 신체적 긴장을 이끕니다. 마찬가지로 정신적으로 깨어있으며 흥미를 가진다는 것은 신체적으로 깨어있게 하고 신체적 참여를 이끌면서 엄청나게 편안한 에너지 저장고를 제공합니다. 그러니 관심 가지는 연습을 하세요!

관심 근육 훈련하기
정신적 그리고 신체적 에너지를 줄 수 있는 정신적 접근법을 발달시키기 위해서

○ 정신적으로 굼뜬 경향이 있다면, 하루 동안 자신이 일이나 상황에 어떻게 접근하는지 봅니다. 지루함, 피곤함, 무관심 또는 두려움을 가지고 접근하는 지점을 자각하고 부드럽게 그 접근 방식을 버리고 대신에 흥미를 가지고 접근한다고 상상해보세요. 이것은 마치 '관심 근육'이 있는 것처럼, 훈련하고 강화할 수 있습니다.

○ 당신이 정신적으로 잘 긴장하는 성향이라면, 관심을 강화하는 연습을 하기 전에 마음이 편안해지도록 센터링을 연습해야 합니다. 그래서, 각 상황에 접근할 때 부드럽게 숨이 나가게 돼서 호흡을 잡지 않고 긴장이 조금이라도 풀리도록 잠깐 편안하게 쉽니다. 그런 다음, 관심을 강화하도록 작업하세요.

정렬

이제 신체적 그리고 정신적 톤을 갖추었으므로 신체를 정렬하고 자연스러운 균형을 회복하는 작업을 시작하겠습니다.

천골 웨이브
척추의 기저부가 어떻게 움직이고 나머지 척추를 지지하여 에너지와 힘을 자유롭게 해방시키는지 탐험하기 위해서

천골은 척추의 기저부 뼈입니다. 이것은 실제로 융합된 5개의 뼈로 구성되어 있습니다. 꼬리뼈 위에 손가락을 대서 약 7cm 정도(3인치 정도) 척추를 따라 위쪽으로 움직여보세요. 손가락이 닿은 그 부위가 천골입니다.

　이 훈련은 상체의 움직임이 천골과 골반에서부터 어떻게 구동되는지를 이해하게 돕습니다. 척추의 나머지 부분이 잘 정렬될 수 있도록 지지대로써의 역할을 하므로 이 아래쪽 부위를 느슨하게 풀어주고 깨우는 것이 중요합니다.

1단계

이 훈련에는 파트너가 필요합니다. 또한, 멈추지 않고 전체 훈련을 할 수 있도록 불렛 포인트를 녹음할 수 있습니다.

○　전과 같이, 발을 골반 너비로 평행하게 놓고 섭니다. 발목과 무릎 그리고 고관절은 부드럽게 두고 척추는 길어지고 골반과 어깨는 넓어집니다.

○　발바닥이 부드러워지고 펴지는 것을 그려보세요.

○　체중이 균등하게 두 발과 각 발의 앞꿈치와 뒤꿈치 사이에 골고루 분포되어 있는지 확인하세요. 확실하지 않은 경우, 체중을 좌우로 그리고 앞뒤로 옮겨보면서 균등한 무게를 느껴봅니다.

○　발목과 무릎 그리고 고관절이 느슨하게 풀려있는지 다시 확인하고 나서 최대한 편안한 만큼 고관절에서 상체가 아래로 매달리도록 떨어뜨리세요. 계속해서 발목, 무릎, 고관절을 느슨하게 둡니다. 발은 계속 골반 너비로 평행하게 놓고 부드럽고 펴도록 하세요.

○　상체와 팔, 머리와 목 모두 부드럽게 매달리게 하세요.

○　그런 다음 당신의 파트너가 한 손은 당신의 천골 위에 다른 팔은 배에 가로질러 놓습니다(그림 22a 참조).

○ 파트너가 배를 가로질러 놓은 팔을 그대로 두고 단단하지만 지나치게 힘을 주지 않으면서 천골을 아래쪽으로 그리고 앞으로 밀어주면서 뒤를 향하는 원을 그리게 합니다(그림 22b 참조). 당신은 계속해서 발목과 무릎 그리고 고관절이 부드럽게 이 움직임을 허용하면서 허벅지가 앞을 향해 움직이도록 주의를 기울입니다. 그 결과로, 당신이 바로 서 있는 자신을 발견하길 바랍니다.

그림 22b

○ 파트너가 당신을 움직일 수 없다면, 발목, 무릎 혹은 고관절의 긴장 때문이므로 이 관절들을 느슨하게 풀어주세요.

○ 몸에서 무엇이 일어나고 있는지 느껴지도록 세 번 정도 반복해서 해봅니다.

○ 당신의 파트너가 천골을 밀 때 당신이 긴장을 풀고 있으면 자동으로 똑바로 서게 되는 것을 주목했나요?(그림 22c 참조) 천골을 제자리로 가져오는 것이 척추의 나머지 부분을 어떻게 제자리로 이동시키

는지 알아차렸나요? 또한 어떻게 느껴지는지 알아챌 수 있나요? 일
반적으로 이 훈련은 에너지를 가져와 당신을 더욱 깨어있고 열린 상
태에 존재하게 합니다.

그림 22c

○ 움직일 수 없다면, 발목, 무릎 또는 고관절의 긴장 때문일 것입니다.
다음 단계로 넘어가면, 이 관절들에 있는 긴장과 그 긴장들이 어떻게
신체의 자유로움과 유연성에 영향을 끼치는지를 탐험할 수 있습니다.

2단계

○ 이전과 같이 상체가 골반에 거꾸로 매달립니다. 그러나 이번에는 파
트너가 천골을 아래 앞쪽으로 밀어내면서 뒤로 원을 그릴 때, 마음으
로 발목, 무릎, 고관절을 꽉 잡아둔다고 생각하면서 파트너의 움직임
에 몸이 따라가지 않게 합니다.

○ 정말로 그 관절들을 잡고 있다면, 당신의 파트너는 당신을 움직일 수
없을 것입니다. 그런데도 이것은 당신의 지나친 신체적 노력이 필요
하지 않습니다. 이것이 우리가 종종 긴장을 자각하지 못하는 이유이
고 긴장이 우리를 가둬버리는 방법입니다.

이게 왜 문제가 될까요? 자, 신체의 어떤 관절이든 잡혀있다면 아무리 정

도가 가볍더라도 자유로운 신체 흐름을 멈추게 합니다. 더 이상 단순히 충동에 반응할 수 없게 됩니다. 움직이려면 먼저 관절을 풀어줘야 하고 풀리는 그 시점에 충동은 지나갈 수 있을 것입니다. 또한 거기서 끝나지 않습니다. 이 신체적 무반응은 정신적 무반응으로 이어집니다. 본능으로 날 수 있으려면, 관절을 풀어야 합니다!

분명히, 이 책의 모든 작업을 할 때처럼 무대나 심지어 리허설에서는 느슨하게 풀린 관절에 대해 생각할 수 없습니다. 그렇기 때문에 일상생활에서 관절 모두를 느슨하게 풀도록 습관을 들이는 것이 굉장히 중요합니다. 그러고 나면, 캐릭터를 위해서 관절 안에 약간의 긴장을 가져야 할 때도 완전하게 관절을 잠가버리는 일은 없을 것입니다.

3단계

○ 그럼, 이제 다시 천골 웨이브를 해봅니다. 이번에는 발목과 무릎 그리고 고관절을 가능한 부드럽고 느슨하게 풀어진 채로 두세요.

○ 관절에서 정말로 무슨 일이 일어나는지를 탐험하면서 몇 번 시도해 보세요. 모든 관절을 잡는 성향을 가지고 있나요 혹은 발목, 무릎이나 고관절만 잡는 경향이 있나요? 관절 안이 넓어지고 더 유동적이라고 상상하면서 다시 시도해보세요.

○ 전체 움직임이 더 자유롭고 흐름을 타고 있다고 느껴지나요?

○ 마치고 나서, 서 있는 자세로 돌아와 어떻게 느껴지는지 보세요. 더 깨어있는 상태인가요? 더 열린 상태로요? 나는 천골을 수반하는 것이 정말로 나를 깨어있는 상태로 만든다는 것을 알게 되었습니다.

파트너와 함께 작업한 후에는 '천골 웨이브'를 직접 해 볼 수 있지만 재미는 아주 많이 없습니다. 위에서 설명한 대로 골반에 상체가 매달린 자세에서 시작하세요. 손등을 천골에 대고 부드럽게 밀어줍니다.

나는 조금 굼뜨거나 피로를 느낄 때 이 훈련을 세 번 정도 하는 것이 유용하다는 걸 발견했습니다.

척추 롤
척추에 대한 자각력을 높이고 척추 가장 아래 기저부에서부터 척추가 하나씩 하나씩 쌓이는 걸 느끼기 위해서

천골이 적절하게 수반될 때 위에서 연습한 것처럼 척추의 나머지 부분을 지지합니다. 이제는 그 지지를 탐험해 보았으니 척추를 하나씩 하나씩 위로 쌓아가면서 척추의 나머지 부분을 정렬하는 부분을 살펴보겠습니다.

처음에는 파트너와 함께하면서 당신이 각각의 척추뼈와 연결됨을 느낄 수 있습니다. 그래서 척추뼈의 어떤 부분도 놓치지 않고 꼬리뼈에서부터 시작해서 척추 하나씩 하나씩 목 가장 꼭내기까지 더 쉽게 올라올 수 있습니다.

다시 한번 불렛 포인트를 녹음해서 하는 게 유용할 수 있습니다.

○ 전과 같이 발을 골반 너비로 평행하게 놓고 발목, 무릎, 고관절을 부드럽게 둡니다. 척추는 길어지고 골반과 어깨는 넓어집니다. 발바닥이 부드러워지고 바닥에 펴지는 것을 그려보세요.

○ 체중이 균등하게 두 발과 각 발의 앞꿈치와 뒤꿈치 사이에 분포되어 있는지 보세요. 다시, 체중을 좌우로 그리고 앞뒤로 옮겨보면서 균등한 무게를 느끼도록 합니다.

○ 가능한 한 편안하게 골반에 상체가 거꾸로 매달리게 하세요. 발목,

무릎, 고관절이 느슨하게 풀려있는지 발은 부드럽게 폈는지 다시 확인합니다.

○ 몸통, 팔, 머리와 목 모두 부드럽게 매달리도록 하세요.

○ 발목, 무릎, 고관절을 부드럽게 유지하면서 이전 연습훈련에서 했던 것처럼 천골을 아래쪽과 앞쪽을 향해 밀면서 뒤로 원을 그리세요.

○ 그런 다음, 서는 자세로 올 때까지 척추뼈를 하나씩 하나씩 천천히 롤업하기 시작하세요. 이때 파트너는 척추뼈를 하나씩 하나씩 충분히 손으로 눌러주면서 아래 척추뼈 위에 다른 척추뼈를 쌓아 올라오도록 합니다(그림 23 참조).

그림 23

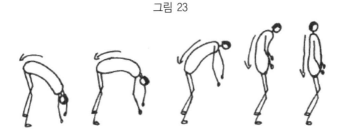

○ 파트너는 척추 일부를 놓치지 않았는지를 체크하고 몸 전체가 똑바로 설 때까지 턱이 가슴 위에 머무는지 확인하세요.

○ 척추에 정말로 연결될 수 있도록 여러 번 반복합니다.

○ 파트너와 함께 척추 롤을 탐험하면서 척추에 잘 연결되고 척추뼈가 하나씩 하나씩 올라오는 걸 느꼈다면, 척추뼈 위에 다른 척추뼈가 쌓이는 것을 그려보면서 혼자서 연습할 수 있습니다.

○ 연속으로 이 훈련을 3~4번 하면서 정말로 척추에 관심을 기울이는 게 좋습니다. 센터링과 그라운딩을 마친 후에 이 훈련을 규칙적으로

해보세요.

정렬
몸의 정렬을 찾고 지속 가능하게 하는 연습을 위해서

이것은 지하철이나 기차, 버스 같이 서서 기다려야 하는 모든 곳에서 연습하기에 매우 좋은 훈련입니다. 사실상 잘 정렬된 자세가 습관이 되어 자세를 신경 쓰지 않길 원하기 때문에 실생활에서 연습하는 게 훨씬 좋습니다.

순서를 마음속으로 확실히 알 수 있도록 처음에는 아래 불렛 포인트를 녹음해서 집에서 연습해보는 게 좋을 수 있습니다. 그러면 언제 어디서나 기다리면서 연습할 수 있습니다.

각 척추뼈가 아래 척추뼈 바로 위에 놓이도록 전체 몸을 정렬할 것입니다.

○ 발을 골반 너비로 평행하게 두고 서세요. 체중이 균등하게 두 발과 각 발의 앞꿈치와 뒤꿈치 사이에 분포되었는지 보세요. 발목, 무릎과 고관절이 느슨하게 풀려있는지 확인합니다.
○ 가능하다면 눈을 감습니다.
○ 발목, 무릎, 고관절이 부드러워지고 몸의 무게가 다리를 통해 발로 쏟아지는 것을 상상해보세요. 발은 부드러워지고 바닥으로 펴집니다.
○ 발목 바로 앞다리 위에 골반이 놓여 있다고 상상하세요.
○ 골반이 열리면서 넓어진다고 상상해봅니다.
○ 엉덩이가 부드럽게 아래를 향해 떨어집니다.
○ 척추 아래 기저 부분이 바닥을 향해 떨어지고 척추의 나머지 부분은

위를 향해 길어지는 것을 그려봅니다.

○ 특히 어깻죽지 뼈 사이 척추에 주의를 기울입니다. 엉덩이와 척추 기저부는 계속해서 떨어지는 반면에 그 부위 척추는 위를 향해서 조금 더 길어지는 것을 상상해보세요. 등허리 부위가 길어지는 느낌이 생길 거예요.

○ 골반 바로 위로 떠오르는 갈비뼈를 그려보세요.

○ 갈비뼈 바로 위로 떠오르는 어깨를 상상해봅니다.

○ 목이 몸 밖으로 길어지면서 어깨가 열리고 넓어지고 어깻죽지 뼈는 등 아래로 부드럽게 떨어지는 것을 상상해보세요.

○ 팔이 자유롭게 매달려 있도록 두세요.

○ 머리가 목의 맨 위, 어깨 바로 위쪽으로 떠 있고 정수리가 살짝 들어올려져 있다고 상상해보세요.

○ 호흡을 잡지 않고 자유롭게 두면서 이 자세로 2~3분간 편안하게 쉬세요. 자세를 가볍고 편안하게 유지하세요. 여전히 당신 자신의 존재를 느끼며 쉬세요.

팔을 넓게 벌리기 – 상체가 무너져 구부정해지거나 머리를 앞으로 내밀지 않는 연습훈련

가슴을 열고 척추 윗부분을 길어지게 하며 머리를 몸과 일직선에 두기 위해서

이 연습훈련은 정말로 가슴 윗부분을 열어줍니다. 또한 등 위쪽이 무너져서 구부러지고, 어깨가 말리고 머리를 앞으로 내미는 것을 멈추게 하는, 내가 아는 훈련 중에서 가장 최고의 훈련입니다. 또한, 갈비뼈를 자유롭게 움직이고 에너지와 힘을 쌓고 호흡을 발달시키는 데 아주 좋습니다.

이 연습훈련도 불렛 포인트를 녹음해서 할 수 있습니다.

○ 전과 같이 발은 평행하게 놓고 부드럽게 펴지게 서세요. 발목, 무릎, 고관절이 부드럽고 발목 앞, 위쪽으로 골반이 있습니다. 엉덩이와 천골은 부드럽게 떨어지고 척추는 길어지고 엉덩이 위쪽으로 갈비뼈가 있습니다. 갈비뼈 위쪽으로 어깨가 있고 어깻죽지는 부드럽게 떨어집니다. 머리는 갈비뼈와 어깨 위에 있습니다.

○ 어깻죽지 뼈가 조금 더 아래로 떨어지는 것을 상상하면서 팔을 어깨 높이까지 양옆으로 떠오르게 합니다. 어깨를 편안하게 이완하고 올라오지 않도록 유지한 채 손바닥은 앞을 향하도록 합니다(그림 24 참조). 팔을 들어 올린다기보다는 몸의 양옆으로 펼치고 있다고 생각해보세요. 팔이 덜 피곤할 거예요. 또한 어깻죽지가 등 아래로 계속 부드럽게 떨어지게 두세요.

그림 24

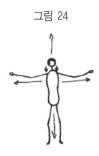

○ 팔을 어깨와 일직선에 두고 몸의 앞뒤가 똑같이 열리게 하세요.
○ 발목, 무릎, 고관절이 느슨하게 풀려있고 등을 뒤로 젖히고 있지 않은지 확인하세요. 척추의 기저 부위는 바닥을 향해 떨어지고 척추 맨 꼭대기는 천장을 향해 들어 올린다고 상상하세요.

○ 이제 계속해서 척추가 길어지고 골반과 어깨는 넓어지고 엉덩이와 어깻죽지는 떨어지면서 팔이 펼쳐지는 것을 그려봅니다. 몸의 나머지 부분도 부드럽게 두세요.

○ 팔은 매우 빠르게 피로해지지만 자신을 괴롭히지 않고 편안하게 할 수 있는 만큼 오랫동안 팔을 그 상태로 유지해보세요. 마음으로 척추가 길어지고 어깨가 넓어진다고 상상할수록 팔을 더 쉽게 벌릴 수 있습니다.

○ 그런 다음, 어깨가 넓어지고 팔이 넓게 펼쳐지는 것을 상상하면서 팔을 낮추고 가슴 전체가 열린 것을 느껴보세요.

○ 이 연습훈련을 세 번 반복합니다.

'조율과 정렬' 섹션 통합하기

이전 섹션과 마찬가지로 처음에는 이 연습훈련을 모두 하는 데 시간이 걸릴 수 있습니다. 하지만, 당신이 첨가할 수도 있겠지만 신체 조율 훈련을 제외하면 5분 이내로 훈련이 가능합니다. 따라서, 이전 두 섹션을 더해서 35분 세션이 만들어집니다.

센터링과 그라운딩 훈련을 끝내자마자 세 개의 천골 웨이브로 바로 넘어가세요. 그리고 세 번 척추 롤 훈련을 하고 나서 세 번 팔 넓게 벌리기를 하고 1분 정렬하는 훈련으로 끝냅니다.

심혈관 운동

배우들은 왜 건강해야 할까요? 건강함은 에너지를 가져옵니다. 앞에서 언급했던 것처럼 에너지가 없으면 우리는 억지로 힘을 들이게 됩니다. 이것은 우리 몸과 음성을 피곤하게 하고 연기의 모든 미묘함을 빼앗을 수 있습니다. 또는 에너지가 부족하여 작업이 둔해질 수 있습니다.

에너지를 가지고 굉장히 들떠 정신없는 활동을 말하는 게 아니라는 점을 분명히 하겠습니다. 그것은 에너지로 분장한 노력이며 하는 것뿐만 아니라 보는 것도 매우 피곤합니다. 나는 매우 다양하고 미묘하고 재치 있고 창조를 부르는 가벼운 생동감에 대해 이야기하고 있습니다.

심혈관 운동은 당신을 건강하게 하고 당신이 에너지를 너무 많이 가지고 있든 적게 가지고 있든지에 상관없이 도움이 됩니다. 당신이 너무 많은 에너지를 가지고 있다면, 에너지 일부를 소모해야 합니다. 너무 적은 에너지를 가지고 있다면 신체 시스템을 자극하고 그것의 일부를 찾아야 합니다.

분명히 안전한 정도와 비율로 운동하는 것이 중요합니다. 이런 운동을 해도 되는지 의심스러운 경우 의사에게 문의하세요. 빠른 걸음은 수영과 마찬가지로 훌륭합니다. 달리기를 할 때 신발이 좋은지를 확인해서 무릎을 보호해야 합니다. 단단한 표면에서 달리기는 다칠 수 있습니다. 나는 미니 트램펄린 같은 바운서[9] 위에서 달려서 무릎에 훨씬 덜 무리가 가게 합니다.

조종은 종합운동이고 체육관에서 정말로 즐겼던 유일한 기구입니다. 댄스도 아주 훌륭한 운동입니다. 중요한 점은 당신이 실제로 즐길 수 있어야 한다는 점입니다. 나는 운동을 위해 운동하는 게 너무 힘들어서 일찍 집을 나서서 30분 정도 걷고 나서 버스나 기차를 타기 시작했습니다.

이 장에서 언급한 모든 연습훈련과 마찬가지로, 당신에게 맞는 것을

---

9) 이것은 '리바운더'라고도 알려진 작은 트램펄린입니다. 트램펄린을 가지고 하는 운동은 균형을 찾는 데 탁월합니다. 따라서 더 많은 균형을 찾으면 더 많은 긴장을 풀어줄 수 있기 때문에 음성 작업에도 탁월합니다.

선택해야 합니다. 심혈관 운동의 중요한 점은 심박수를 높이고 20~40분 동안 안전하게 증가된 수준을 유지할 수 있을 만큼 충분히 길게 할 수 있어야 한다는 점입니다(일부 운동 전문가들은 한 번의 운동을 10분 세션으로 나눌 수 있으며 하루 중 다양한 시간에 할 수 있다고 말합니다). 무엇이 안전한지 확실하지 않으면 의사나 스포츠 전문가에게 문의하세요. 훈련할 때 호흡을 억지로 쉬지 않는 게 좋고 현기증이 나거나 혹은 어지럽거나 아프지 않아야 합니다. 이러한 느낌이 든다면, 즉시 중단해야 합니다.

지나친 야망은 생산적이지 못합니다. 원하는 결과를 얻기 위해 할 수 있는 최소한의 작업을 하세요. 그렇게 하는 것이 원하는 결과를 가질 가능성이 더욱 높아집니다.

노트

한동안 운동을 하지 않았다면 걷기나 수영 같이 부드러운 운동으로 시작하세요.

노트

다음 챕터로 넘어가기 전에 몇 주 동안 규칙적으로 신체 훈련을 하는 것이 좋습니다. 그것이 앞으로 나머지 작업을 해 나갈 수 있는 훌륭한 기반이 되어줄 겁니다.

전체 챕터 통합하기

원하는 경우엔 모든 훈련을 하거나 혹은 나눌 수도 있습니다. 아래에 연습훈련 순서를 제시해 놓았습니다. 점선은 훈련을 나눌 수 있는 위치를 보여줍니다. 또한 연습훈련마다 시간에 대해 몇 가지 안내를 포함했습니다.

전체 세트는 한 세션에서 수행하거나 두세 개의 개별 세션에서 수행할 수 있습니다. 이러한 방법은 실용적이며, 훈련에서 얻은 에너지로 하루 동안 더 많은 일을 잘 수행할 수 있습니다. 따라서 결국엔 시간을 절약할 수 있죠.

그러나 아래에 제시된 것이 어려워 보인다면, 할 수 있는 연습훈련으로 묶어 작업하세요. 강요하거나 자신에게 부담을 주는 것은 의미가 없습니다. 이 챕터는 당신이 시작하는 데 발판으로 마련되었습니다. 어떤 작업이 필요하고 왜 필요한지에 대한 이해를 돕기 위해 마련된 것입니다. 바라건대, 당신에게 구체적으로 필요한 작업을 결정할 수 있는 프레임 워크를 제공했길 바랍니다. 작업마다의 목적을 이해한다면 당신 자신의 길을 찾을 수 있습니다. 항상 자신의 본능을 믿으세요.

○ 웜업 스트레치   2분
○ 심혈관 운동을 위한 준비운동   4분
○ 심혈관 운동   20/40분
    총시간   26~46분

....

○ (이 세션을 따로 수행하는 경우 2분의 웜업 스트레치 추가)

○ 신체 조율 훈련	20분
○ 정리 운동	3분
총시간	23~25분

....

○ 릴리스와 리디렉션	28분
○ 그라운딩 훈련	2분
○ 정렬 훈련	5분
총시간	35분

3

호흡과 지지

몸의 모든 관절이 느슨하게 풀리고 척추가 길어지고, 골반과 어깨가 열리고 넓어지면서 몸이 좀 더 편안해지면, 호흡하기가 훨씬 더 쉬워지고 호흡을 지지하는 근육들이 효과적으로 일하게 됩니다.

자유로운 호흡과 강한 지지는 힘과 에너지 그리고 수월함을 가져옵니다. 나는 이 작업이 굉장히 즐겁고 신나는 일이라고 생각합니다. 특히 지지에 대한 작업은요.

연습훈련을 시작하기 전에 호흡과 지지가 어떻게 작동하는지를 살펴보겠습니다. 그래서 당신이 무슨 일이 일어나고 있는지, 결과적으로 무엇을 훈련하고 있으며 왜 하고 있는지를 명확히 이해하길 바랍니다.

들숨

횡격막과 갈비뼈는 들숨을 담당합니다. 그것들은 흉강의 벽과 바닥을 이루죠(그림 1). 횡격막은 아래로 내려가고 갈비뼈는 바깥쪽으로 움직입니다(그림 2).

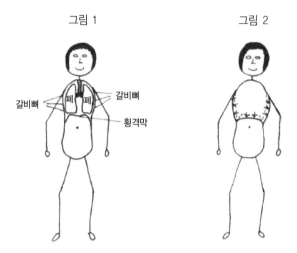

그림 1   그림 2

횡격막과 갈비뼈의 내벽과 폐의 외벽은 수분막으로 붙어 있어서 서로 떨어지지 않고 미끄러져 움직이도록 해줍니다.

결과적으로, 횡격막이 아래로 내려가고 갈비뼈가 밖을 향해 움직일 때, 폐는 아래와 밖을 향해 늘어나게 됩니다. 다르게 말하면, 아래와 밖을 향해 폐가 확장되고 열린다고 할 수 있습니다.

그때 폐 안의 압력은 폐의 바깥보다 낮아지면서 공기가 압력을 맞추기 위해 밀려 들어오게 됩니다.

거의 텅 비어 있는 플라스틱 세제병을 생각해보세요. 당신이 세제 마지막 한 방울을 떨어뜨리려고 플라스틱병을 쥐어짭니다. 그런 다음, 쥐어짜는 걸 멈추면 병은 팽창되고 액체는 다시 들어오게 되겠죠. 이와 같은 방식으로 폐는 팽창하고 공기는 들어옵니다.

그래서 숨을 들이마실 필요가 없습니다!

사실, 우리 몸은 갈비뼈와 횡격막 근육들이 작동해서 이 작업을 수행하도록 설계되어 있기 때문에 얼굴과 목 그리고 어깨 부위에 추가로 힘을 가하는 것은 도움이 되지 않습니다.

우리에게 필요한 것은 횡격막과 갈비뼈를 움직이는 근육을 강화하는 것이고 이를 위한 훈련을 뒤에서 살펴볼 것입니다.

횡격막은 들숨에 어떻게 작동할까요?

앞에서 언급했듯이 횡격막은 아주 큰 근육이고, 흉곽의 바닥을 이룹니다. 그리고 흉곽의 아래쪽 가장자리에 붙어있어요.

뇌가 숨을 쉬어야 한다는 메시지를 보낼 때, 횡격막은 아래로 내려가면서 수축되고 어느 정도 평평해집니다(그림 2).

횡격막은 호흡에서 가장 중요한 근육입니다. 들숨의 60~80%를 담당하기 때문에 이 근육이 적절하게 잘 움직일 수 있도록 하는 것이 굉장히 중요합니다.

횡격막을 돕는 것과 방해하는 것

횡격막이 평평해지고 숨이 폐 아래쪽 깊이 들어올 수 있도록 들숨에 복부와 골반 바닥 근육이 이완되는 것은 중요합니다. 복부와 골반 바닥 근육은 흉곽 아래 있는 복부의 벽과 바닥을 형성하고 있어요(그림 3a, 3b, 3c). 들숨에 복부와 골반 바닥 근육이 이완되지 않는다면, 복부 내부에 있는 장기들이 아래로 내려오는 횡격막으로 움직일 수 없게 되어 완전하게 깊은 호흡을 쉴 수 없습니다.

그림 3a

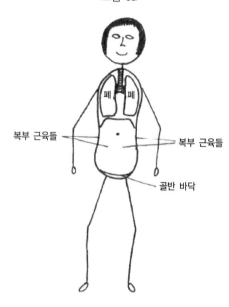

폐 | 폐

복부 근육들 복부 근육들

골반 바닥

○ 최대한 타이트하게 배를 조이면서 숨이 들어오도록 히세요. 깊게 숨을 쉬는 게 정말로 불가능하다는 걸 알게 될 거예요. 모든 숨이 가슴으로 밀려들어 가게 됩니다.

○ 배를 느슨하게 두고, 이제는 골반 바닥을 꽉 조입니다. 치골부터 항문까지 다리 사이의 근육을 쥐어짠다고 상상해보세요.

○ 다시 숨을 들이마셔 보세요. 배 전체가 타이트했을 때보다 좀 더 큰숨을 들이쉴 수 있지만, 아랫배는 물론이고 목과 목구멍이 경직되는걸 느낄 수 있습니다.

그림 3b 　　　　　　　　　　　그림 3c

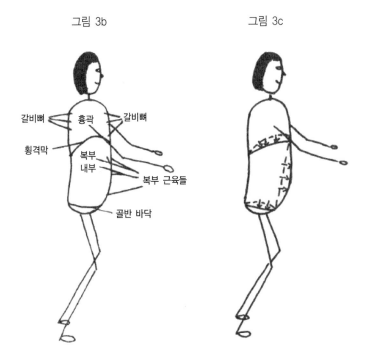

갈비뼈　　흉곽　　갈비뼈

횡격막

복부
내부

복부 근육들

골반 바닥

횡격막이 완전히 자유롭게 움직이고 호흡이 수월하게 깊이 들어왔다 나갈
수 있도록, 복부와 골반 바닥의 근육을 이완하는 법을 배우는 것은 중요
합니다.

들숨에 갈비뼈들은 어떻게 작동할까요?

호흡이 효율적으로 움직일 때, 아래쪽 갈비뼈는 양동이의 손잡이처럼 바
깥쪽과 위쪽을 향해 움직입니다(그림 4 참조).

그림 4

> ## 노트
>
> 가슴 호흡이나 쇄골 호흡: 호흡이 덜 효율적으로 작동할 때, 위쪽 갈비뼈가 더 움직이는 경향이 있어 가슴이 위로 들리게 됩니다. 이렇게 호흡하는 것을 '위쪽 가슴 호흡'이라고 부르죠. 들숨이 들어올 때, 가슴이 위로 올라가고 배가 안쪽으로 당겨진다면, 위쪽 가슴 호흡을 하고 있을 가능성이 큽니다. 또한, 이런 종류의 호흡은 요통을 일으키는 원인이 됩니다.

척추와 등 갈비뼈 사이에 있는 등의 짧은 근육들(갈비 올림근)은 갈비뼈를 움직이는 데 중요한 역할을 합니다. 나는 확실히 갈비뼈 뒤쪽에 더 많은 주의를 기울일수록 더욱 쉽게 효율적이고 효과적인 갈비뼈 움직임이 일어난다는 것을 알게 되었습니다.

갈비뼈를 도와주는 것과 방해하는 것

갈비뼈가 수월하게 완전히 움직일 수 있으려면, 날숨이 완전히 풀려나가고 자세는 길고 넓게 이완되어야 합니다.

몸에 긴장이 있어 날숨이 충분히 풀려나가지 못하거나 자세가 구부정하고 지나치게 꼿꼿이 세워져 있다면, 갈비뼈 근육이 움직이는 데 방해받게 됩니다.

○ 등에 있는 근육을 긴장시킨 다음 숨이 들어오도록 하세요. 등의 긴장으로 갈비뼈가 어떻게 닫히는지 느껴지나요?

○ 이제는 척추를 구부정하게 하고, 숨을 쉬어 보세요. 갈비뼈 움직임이 거의 일어나지 않고 모든 숨이 배 안으로 억지로 밀려드는 것처럼 느껴지지 않나요?

○ 이번엔 등을 젖히고 가슴을 내밀고 숨을 쉬어 보세요. 등 갈비뼈가 전혀 움직일 수 없고 숨이 가슴 위쪽으로 들어오는 게 느껴지나요?

몸이 원하지 않는 자세를 해보는 것은 굉장히 좋습니다. 몸이 어떻게 작동하는지를 좀 더 자각하고 이해하게 하니까요.

날숨

날숨에 횡격막은 위로 이완되고 갈비뼈는 아래쪽과 안쪽을 향해 이완되면서 폐가 수축하고 공기가 빠져나가게 됩니다(그림 5 참조).

이것은 완전히 자연스럽게 일어나기 때문에 숨을 억지로 밀어낼 필요가 없어요.

그러면, 어떤 근육이 날숨에 유용하게 작동할 수 있을까요?

근육이 온전히 잘 연결되어 진심을 다해 말할 때는 복부와 골반 바닥 근육이 부드럽지만 확실하게 움직입니다. 복부 근육이 안쪽 위를 향해 움직이는 반면에 골반 바닥 근육은 위로 움직입니다. 이 움직임은 횡격막이 이완되었을 때 위를 향해 움직이는 데 도움을 줍니다(그림 6 참조).

그림 5   그림 6

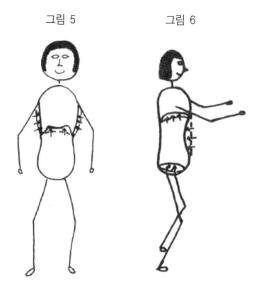

몸을 치약 튜브로, 숨을 치약으로 상상하는 것이 도움이 됩니다. 날숨에
관여하는 복부와 골반 바닥 근육을 수반하는 것은 치약을 얻기 위해 튜브
아래쪽을 부드럽게 짜는 것과 같습니다. 이 경우에는 숨이 튜브의 상단으
로 나옵니다.

　복부와 골반 바닥 근육을 억지로 펌핑하거나 밀어낼 필요가 없습니
다. 복부와 골반 바닥 근육이 설계된 일을 하도록 격려하려는 생각으로
그 근육들을 참여하게 하는 문제입니다.

　복부와 골반 바닥 근육이 어떻게 적절하게 관여하는지는 이 챕터 뒷
부분(146~150쪽 참조)에서 자세히 설명하겠습니다. 일단 시작하고 나면
이 부분은 전혀 어렵지 않고 굉장히 재미있을 것이고 진정한 힘과 연결되
는 것을 느낄 겁니다.

　여기에서 기억해야 할 중요한 포인트는 복부와 골반 기저근(골반 바

닥 근육들)이 완전히 발화된 말connected speech(일반적인 대화에서 들을 수 있는 계속 발화되는 말. 단어가 모두 연결되어 있고 하나의 소리가 다음 단어로 연결되기 때문에 연결되어 있는 발화된 말이라고 합니다)과 노래할 때 날숨에 관여해야 하지만 과하게 일할 필요는 없다는 것입니다.

충분한 호흡을 위해서

당신의 몸이 어떤 자세로 있든 척추는 길게 골반과 어깨는 넓게 유지하는 건 몸이 무너지는 것을 막고 숨이 더 천천히 풀어지도록 도와줍니다. 갈비뼈를 잡거나 목구멍을 좁혀 숨을 저지하면서 천천히 나가게 할 필요가 없습니다.

노트

무대에서 혹은 실제로 리허설 중일 때는, 척추를 길게 그리고 골반과 어깨는 넓게 유지하는 것을 생각해선 안 됩니다. 그 생각은 끔찍하고 말도 안 되는 일입니다. 이 챕터 뒷부분에서 다루는 연습훈련에서는 이 길이와 너비를 어떻게 연습훈련에 통합할 수 있는지를 보여주면서 몸을 길고 넓게 유지하는 일이 자연스럽고 자동적으로 몸에서 일어나도록 합니다.

길게 그리고 넓게 두는 것 외에, 복부 근육에도 호흡을 유지하는 데 도움이 되도록 주의를 기울일 수 있는 포인트들이 있습니다. 나는 이 포인트를 가지고 연습훈련하는 것이 날숨을 다스리는 감각을 주고 목구멍의 모든 긴장을 느슨하게 풀어버리는 데 탁월하다는 걸 발견했습니다.

이 포인트를 어떻게 훈련하는지는 호흡을 유지하는 섹션에서 설명할
게요(180~186쪽 참조). 우선은, 단순히 어떤 제지 없이 수월하고 자유롭
게 날숨이 나가게 그냥 둔다는 걸 기억하세요. 그리고 그 숨이 얼마나 길
지 혹은 짧을지도 걱정하지 않길 바랍니다.

노트

갈비뼈 유지하기는 숨을 쉬고 내쉴 때 갈비뼈를 열어 둔 채로 횡격막과 배를
움직이는 훈련입니다. 보다 빠르고 유연한 날숨이 들어오게 하고 유지하는 힘
과 풍부한 음색을 제공하는 것으로 여겨지죠. 어떤 배우들에게 이 훈련은 효과
가 있습니다.

갈비뼈 유지하기의 문제는 긴장을 일으킬 수 있다는 겁니다. 대체로 평소에 긴
장이 문제가 되고 호흡을 잡는 경향이 있는 사람은 그런 경향이 개선될 때까지
이 훈련을 확실히 피하는 게 좋습니다.

긴 척추와 함께 골반과 어깨가 열린 좋은 자세는 자연스럽게 갈비뼈 사이이 늑
간 근육을 수반합니다. 이때, 활발하게 수반된 복부와 골반 바닥 근육은 갈비뼈
가 좀 더 열려있도록 조장해서 좀 더 유기적이고 유연하게 갈비뼈를 유지할 수
있게 만듭니다. 그리고 우리는 당연히 이 챕터 안에서 이 모든 것을 탐험할 겁
니다.

위와 아래가 아닌 밖과 안을 향해서

몸에서 너무 빠르게 빠져나가 버리는 호흡의 주된 원인 중 하나는 내가
'업 앤 다운 호흡'이라고 부르는데, 가슴이 들숨에 올라가고 날숨에 떨어
집니다.

이것은 치약 튜브의 상단에서 치약을 짜려는 것과 같습니다.

이런 경우라면 두 가지 일이 일어납니다. 첫 번째는 가슴에 있는 많은 뼈를 지탱하기가 매우 어려워지면서 폐의 가장 위쪽에 있는 공기가 아주 빠르게 나가게 됩니다. 두 번째는 많은 양의 공기가 안에 갇히게 되어 빠져나갈 방법이 없습니다.

자연스러운 호흡은 바깥과 안으로 향하는 호흡으로 거의 모든 움직임은 겨드랑이 높이 정도의 아래에서 일어납니다.

폐는 쇄골 바로 아래 두 번째 갈비뼈가 있는 곳까지 움직이기 때문에 가슴이 부드럽게 팽창되는 느낌이 있습니다. 그러나, 날숨과 들숨 어느 것도 가슴에서 시작되지 않습니다. 또한, 어깨와 가슴뼈 그리고 쇄골은 들숨에 올라가지도 날숨에 떨어지지도 않은 상태로 부드럽게 자신이 있는 곳에 편안하게 머물러 있습니다.

지지

그렇다면 지지는 도대체 무엇일까요? 지지는 음성에 힘을 제공하기 위해 날숨을 다루는 방식입니다. 더 높고 더 큰 소리를 내기 위해서는 증가된 공기압력과 일정한 압력에서의 일정한 공기 흐름이 필요합니다.

이 지속적인 압력은 배와 골반 바닥 근육으로 생성되고, 성대 접촉과 함께 일어납니다.

공기 기둥 위에 놓인 탁구공을 상상해보세요. 그 공을 계속 떠 있게 하려면 일정한 공기 압력이 있어야 합니다. 그 압력이 줄어든다면, 그 공은 땅 가까이 떨어질 거고, 그 압력이 완전히 멈추면 공기 기둥은 없어지고 붙은 땅으로 떨어지게 됩니다. 공을 높이 올리고 싶다면, 압력을 증가해야 합니다.

위 예시의 공기 압력은 오직 복부와 골반 바닥 근육 활동으로 생성되고, 지속되고, 증가합니다.

그러나 음성의 경우에는 성대가 함께 붙어서 위로 올라오는 공기 기류에 대한 저항력을 생성합니다. 그렇게 공기 압력을 생성하고 지속하고 증가시키는 데 도움이 됩니다.

여기서 이해해야 할 중요한 포인트는 날숨이 단독으로 호흡 압력 근육을 컨트롤하지 않는다는 겁니다. 따라서 복부와 골반 바닥 근육이 참여한다는 감각을 가지는 게 중요한 반면, 심하게 그 부위를 쥐어짜 내면 시간을 낭비하는 일이 됩니다.

노트

호흡과 지지하는 시스템은 복잡하고 갈피를 잡기 힘들어 보일 수 있습니다. 그러나, 당신의 몸은 이 시스템에 알아서 움직이도록 설계되었습니다. 필요한 모든 것은 이를 상기하는 겁니다. 당신이 할 일은 그동안 쌓아온 도움이 안 되는 습관들을 놓아주고, 본래 가지고 태어난 그 시스템을 강화하는 것입니다. 그럼 호흡과 지지는 쉽고 자연스러워질 겁니다. 숨 쉬는 것만큼요!

그럼 시작해보죠

신체 작업 챕터에서처럼 당신이 실제로 무엇을 할 것인지를 살펴봅니다. 이건 나중에 많은 실망과 좌절감을 덜어 줄 거예요.

호흡 점검하기
어떻게 호흡하는지 알아보기 위해서

누워서, 앉아서, 서서 그리고 걸으면서 다음 질문들을 탐험해봅니다.

　　판단하려는 태도보다는 탐험가의 호기심을 가지고 이 훈련에 접근해 보세요. 당신이 하는 걸 비판하려 하기보다는 그것에 매료되어 보세요. 이 방식으로 훨씬 더 많은 걸 발견하게 될 겁니다.

○　들숨은 어디에서 시작하나요? 몸의 중간인가요 혹은 가슴인가요?

○　날숨은 어디에서 시작하나요? 배에서부터 혹은 가슴에서부터인가요?

○　숨이 들어올 때 몸의 어느 부분이 긴장되나요? 가슴이나 어깨인가요? 목이나 머리 혹은 등에서 긴장이 느껴지나요?

○　숨이 나갈 때 몸의 어느 부분이 긴장되나요? 목구멍이나 어깨인가요? 목이나 머리에서 긴장이 느껴지나요?

○　숨이 들어올 때 척추나 쇄골이 올라오거나 숨이 나갈 때 떨어지나요?

○　숨이 나가고 들어오는 사이에 숨을 참고 있나요?

○　다음 들숨이 자연스럽게 들어오는 걸 기다리나요 혹은 숨이 나가자마자 즉시 숨을 들이마시나요?

하고 있는 걸 깊이 생각하거나 걱정할 필요가 없습니다. 단순히 무슨 일이 일어나고 있는지 알아차리고 그 자각을 훈련에 적용하세요. 자각은 그 자체가 변화를 일으킨다는 것을 기억하세요.

이제 작업을 하기 위해서

이 챕터에서는 음성은 전혀 다루지 않고 호흡만 다룰 거예요. 다음 챕터에서 음성을 더하니 인내심을 가지세요—결국 그럴 만한 가치가 있을 겁니다!

마찬가지로, 필요한 모든 영역을 탐험할 때까지 한 번에 한 영역씩 천천히 해 나갈 거예요.

만약 초보자라면　　　편안해질 때까지 각 부분을 연습하고 나서 다음 부분으로 넘어가세요. 어떤 연습훈련도 처음 할 때 20분 이상 걸릴 필요가 없고 일단 그 훈련에 익숙해지면 일반적으로 5분 이하로 작업을 줄일 수 있습니다.

챕터 마지막에는 다음 챕터의 작업을 탐험하기 전에 웜업으로 사용할 수 있도록 모든 훈련을 짧은 세션 안에 두었습니다. 이러면 계속해서 확장되는 세션을 마주하지 않을 겁니다.

각 훈련을 한 번 탐험한 후에는 설명을 다시 꼼꼼히 읽고 나서 전체 훈련을 요약하는 간단한 그림이나 도표를 스스로 그려보면 좋습니다. 학습을 좀 더 유기적으로 하는 데 도움이 될 거예요. 또한 모든 훈련을 한두 페이지의 그림이나 도표로 정리하면 좀 더 보기 쉽고 휴대하기 훨씬 더 편안할 겁니다.

더 많은 경험이 있다면　빠르게 챕터를 읽고 도움이 된다고 생각하는 훈련에 집중하세요.

각 세션의 제목은 그 세션의 훈련이 성취해야 할 목표가 무엇인지를 알려줍니다.

호흡을 자유롭게 하고 센터링하기

이 부분은 굉장히 중요합니다. 호흡을 방해하는 습관으로부터 몸과 마음을 해방시켜주니까요. 이 부분에 있는 훈련을 탐험하기 위해서 시간을 할애한다면, 나중에 호흡과 지지에 대한 모든 훈련의 속도를 높일 수 있습니다. 다시 말하지만, 느린 것이 빠른 것입니다.

호흡의 자연스러운 에너지를 사용하기

호흡의 자연스러운 에너지를 사용하지 못하면 호흡하는 데 많은 긴장과 노력이 야기됩니다. 우리는 몸이 호흡할 준비도 되기 전에 숨을 쉬기 시작합니다. 그리고 나서는 숨이 들어오는 게 끝나기도 전에 날숨을 쉬기 시작합니다. 마치 서핑을 하러 가서 탈 수 있는 큰 파도를 기다리지 않는 것과 같습니다.

억지로 힘을 쓰지 않으면서 완전히 날숨을 내쉬고 몸이 숨이 들어오길 원할 때까지 제지하는 것 없이 온전히 기다린다면, 수월하게 몸이 숨을 쉬게 할 에너지가 있다는 걸 알게 될 거예요. 마찬가지로, 들숨이 날숨으로 넘어가길 원할 때까지 몸이 계속 숨을 쉬게 놔둔다면 날숨이 자연스럽게 방출된다는 걸 알게 됩니다.

이건 길게 숨을 내쉬거나 크게 숨을 들이쉬는 문제가 아니에요. 몸을 괴롭힌다기보다는 몸이 숨을 쉬도록 허용해 주는 것에 관한 겁니다. 처음엔 허용해 주는 게 어렵다고 생각될 수 있어요. 그렇지만, 스스로를 믿고 연습해 나간다면 어느새 점점 더 쉬워질 거예요. 다시 말하지만, 궁극적으로는 많은 시간과 에너지와 노력을 절약할 수 있습니다.

호흡을 자유롭게 하기
호흡을 참거나 호흡에서 긴장하는 걸 릴리스하기 위해서

이 훈련은 호흡을 자유롭게 하는 데 탁월해요. 숨을 참는 걸 멈추게 하기 때문에, 이 훈련으로 시작합니다. 전체 호흡 시스템을 작동시키고 많은 긴장을 풀어줘서 다음에 오는 바닥에서 하는 훈련을 훨씬 쉽게 할 수 있도록 합니다.

계속해서 이 훈련으로 돌아올 수 있으며 텍스트 작업을 할 때 음성을 자유롭게 하는 훌륭한 방법입니다.

○ 어깨 관절에서 자유롭게 팔을 스윙하고 골반 관절에서 다리를 들어 올렸다 떨어뜨리면서 가볍지만 상당히 활기차게 행군하듯이 걸어보세요. 긴장하거나 지나치게 노력하고 있진 않은지 확인하세요.

○ 행군하듯 걸으며 팔을 스윙할 때 척추가 길어지고 골반과 어깨가 넓어지고, 엉덩이와 어깻죽지는 부드럽게 떨어지며 관절이 느슨하게 풀리는 걸 상상하면서 몸통을 똑바로 세우고 안정적으로 유지하세요 (그림 7 참조).

그림 7

○ 계속해서 척추가 길어진다고 상상하면서 팔과 다리를 자유롭게 스윙하며 편안하고 느슨한 프(fff)를 불어보세요. 숨이 편안하게 끝날 때까지 억지로 힘으로 미는 것 없이 지속적으로 불어보세요. 그런 다음, 스윙을 계속하면서 새로운 호흡이 필요하다고 느껴질 때 들어오도록 하세요.

○ 호흡을 너무 빠르게 다 써버린다고 느낄 수도 있어요. 괜찮습니다. 숨이 나갈 때 당신의 척추가 계속해서 길어지고 있는지 확인합니다.

○ 이 훈련을 2~3분 동안 한 후, 알렉산더 포지션(세미수파인-60쪽 참조)에서 잠시 쉬고 나서 다음 훈련으로 넘어가세요.

노트

바닥에서 하는 훈련: 우리의 신체는 누워 있을 때와 서 있을 때 호흡과 지지의 측면에서 다르게 작동합니다. 따라서, 일부 사람들은 바닥에서 하는 훈련이 별로 도움이 되지 않는다고 주장하기도 합니다. 하지만 바닥에 누워있을 때 이완하기도, 긴장하고 구부정한 자세 습관을 없애기가 더 쉽습니다.

호흡하면서 편안하고 안정된 자세를 유지하는 새로운 습관이 바닥에서 확립되면, 이 자세 습관을 앉고 서는 자세로 옮기기가 수월해집니다. 몸이 더욱 균형 잡히고 편안해지면서 호흡과 지지의 변화는 자연스럽게 일어나게 됩니다.

호흡을 센터링하기
몸의 중심에 호흡의 닻을 내리기 위해서

이번 연습훈련은 호흡을 안정되게 하고 당신의 중심에 다시 놓이게 합니다. 모든 사람에게 중요한 기본 토대가 되는 훈련이고, 특히 '쇄골 호흡'

(위쪽 가슴 호흡 설명을 위해 126쪽 참조)을 하는 사람에게 도움이 될 것입니다.

배꼽 바로 위 부위에서 채워지고 비워지는 호흡에 주의를 기울일 거예요. 이곳이 호흡이 시작되는 중심지 또는 중심입니다.

여기에서 우리는 몇 가지 이미지를 가지고 작업할 거예요. 그 이미지가 당신의 자연스러운 호흡과 다시 연결되며 억지로 힘을 들이지 않게 도와줄 겁니다.

○ 배꼽 바로 위, 몸속 깊숙한 곳에 큰 콧구멍이 있는 코가 있다고 상상해보세요. 그것을 통해 숨이 수월하고 자유롭게 흐릅니다.
○ 이 코는 날숨에 열린 입으로 바뀌고 그 입을 통해 숨이 수월하고 자유롭게 흐른다고 상상해보세요.

노트

코를 통해 숨쉬기: 나는 항상 '코를 통해 숨을 쉬는 게 좋을까요 아니면 입을 통해서 숨을 쉬는 게 좋을까요?'라는 질문을 받습니다. 당신이 코를 통해 숨을 쉴 때 두 가지 일이 일어납니다. 첫 번째는 공기가 정화되고 따뜻해지며 촉촉해집니다. 두 번째로 갈비뼈가 움직이도록 자극됩니다. 그래서, 코를 통해 숨을 쉬는 것은 유익합니다. 그렇지만, 말하기 위해서 숨을 쉴 때 코를 통해 호흡하는 건 말을 지지하기에 충분히 빠르지 못합니다. 그래서 호흡훈련을 할 때는 코를 통해 숨을 쉬는 게 도움이 되지만, 말하기 위해서는 입을 통해 숨을 쉬는 게 좋습니다.

이 이미지들이 바보스러워 보일 수 있지만, 도움이 될 것입니다. 그 이미

지는 당신의 주의를 몸 중심에 기울이게 하고 횡격막의 움직임과 다시 연결하는 가장 빠른 방법을 제공할 것입니다.

누워서 하는 훈련을 연습해보겠습니다.

○ 알렉산더 포지션(60쪽 참조)으로 누워 배꼽 바로 위쪽에 손을 올려 놓습니다. 손이 놓인 곳에 주의를 기울이세요.

○ 그런 다음, 천천히 다시 배꼽 바로 위 정도, 몸속 깊숙한 곳에 있는 코를 상상하면서 그 코를 통해 숨이 들어오도록 합니다. 수월하게 공기가 흘러 들어올 수 있도록 콧구멍이 크다고 상상해보세요.

○ 몸속 깊이 있는 콧구멍이 열린 입으로 바뀌고 그 입을 통해서 자유롭게 한숨으로 나가는 숨을 그려보세요. 이미지를 가볍고 간단하게 가지도록 하세요. 콧구멍과 입을 자세하게 상상할 필요가 없습니다.

○ 상상의 열린 입을 통해서 들어온 어떤 숨도 부드럽게 한숨으로 내쉬어 보세요. 그런 다음, 숨을 쉬고 싶다는 충동이 들 때까지 가만히 기다립니다. 당신은 숨 쉬는 것을 절대 놓칠 수 없습니다. 단순히 믿고 기다려 보세요.

○ 숨을 쉬고 싶다는 충동이 느껴질 때 의식적으로 숨을 들이쉬려는 '일을' 할 필요가 없습니다. 단순하게 배꼽 바로 위, 몸 깊은 곳에 있는 콧구멍을 통해 흘러 들어오는 숨을 상상하면서 그 숨이 몸을 움직이게 두세요.

○ 그런 다음, 숨이 흘러들어오자마자 그 숨이 배꼽 바로 위 몸속 깊은 곳에 있는 열린 입을 통해서 편안한 한숨으로 흘러 나간다고 상상합니다.

○ 숨을 쉬고 싶은 충동을 진짜로 기다리고 나서 '몸 중심에 있는 콧구

멍'을 통해 들숨이 들어오고 그 숨이 '중심에 있는 입'을 통해서 한 숨으로 나가게 두면서 이 연습훈련을 1분간 해봅니다.

노트

호흡 훈련을 할 때마다 호흡이 거의 없다고 느껴지더라도 항상 숨을 내쉬면서 시작하는 것이 좋습니다. 숨을 내쉬면서 시작하면 숨을 쉬고 싶은 충동을 기다려서 몸이 숨을 수월하게 쉴 수 있도록 하는 반면에, 숨을 들이쉬면서 시작하면 억지로 숨을 들이마실 가능성이 높아집니다.

호흡 릴리스하기 – 1
자연스러운 호흡에 다시 연결되고 호흡을 자유롭게 해방시키기 위해서

마치 파도가 형성되고 부서지는 것처럼, 들숨이 절정에 이르고 그 끝이 매끄럽게 날숨으로 넘어가는 순간이 있습니다. 그러나, 우리는 종종 숨이 다 들어오기도 전에 숨을 내쉬기 시작하면서 호흡의 자연스러운 방출을 잃습니다.

그래서, 우리는 들숨이 자신의 자연스러운 리듬을 찾아갈 수 있는 연습을 하면서 날숨이 완전히 자연스럽게 해방되도록 할 것입니다.

노트

많은 배우가 호흡의 자연스러운 리듬을 찾을 수 있도록 허용하는 걸 걱정합니다. '나는 무대에서 무작정 호흡을 기다릴 시간이 없어요. 나는 계속 숨을 쉬어

숨을 내쉬고 싶은 충동을 기다리는 게 중요하지만 들숨과 날숨 사이에는
숨을 참거나 숨을 죽이며 기다리는 순간이 없습니다. 들숨이 절정에 이르
면 멈춤 없이 날숨으로 바로 흘러 나가게 됩니다. 그 전환은 마치 '서서
히 녹는 것'처럼 천천히 일어나지만, 완전한 정지는 전혀 없습니다.

　　호흡을 참는 것은 호흡뿐만 아니라 몸과 마음의 흐름도 방해합니다.
언제 숨을 참는지 생각해보세요−두려울 때, 불안할 때, 놀랄 때, 지나치
게 집중할 때−이 모든 순간이 숨을 죽이거나 숨을 참는 순간들이고 더
진도를 나가기 전에 이 순간에 생기는 긴장부터 풀어줄 필요가 있습니다.

　　많은 사람이 많은 시간 동안 숨을 참는 습관을 들이고 이로 인해 상
당히 많은 음성 문제뿐만 아니라 연기 문제가 발생해요. 호흡이 잡혀있을
때는 즉흥성이나 아이디어, 이미지, 본능의 흐름이 거의 일어날 수 없습니
다.

노트

숨 참기 훈련: 요가나 다른 전통에서 들숨과 날숨 사이를 멈추는 호흡훈련이
있고, 그 훈련이 에너지의 균형을 잡는 데 사용된다는 것을 알고 있습니다. 나
는 당신이 그런 훈련을 가르칠 수 있는 완전한 자격을 갖춘 사람에게서 적절하

게 배우기만 한다면 이런 훈련에 불만이 없습니다.

숨을 참는 것은 목구멍을 조이지 않고 갈비뼈를 열고 횡격막을 평평하게 유지하면서 달성되는 게 중요합니다. 일부 화술과 노래 선생님은 숨 참는 훈련을 갈비뼈와 횡격막을 강화시키고 날숨이 처음에 천천히 풀어지도록 북돋우기 위해 사용하고 있으며 이것은 효과적인 방법일 수 있습니다. 따라서, 이런 훈련이 당신에게 효과가 있다면, 좋습니다. - 목구멍이 완전히 자유로운지 체크하세요. 그렇지 않으면 나중에 문제가 될 것입니다.

○ 이전 훈련을 반복합니다. 숨을 쉬고 싶다는 충동을 기다리고 숨이 배꼽 위 높이 정도 몸속 깊숙한 곳의 '중앙 콧구멍'을 통해 자유롭게 흘러 들어오도록 하세요. 숨이 원하는 만큼 계속 흘러 들어오게 하면서 들숨이 날숨으로 '녹아나는' 그 순간을 바라보기만 하세요.

○ 그런 다음, 전과 같이 열린 '중앙 입'을 통해 날숨이 자유롭게 한숨으로 나가게 합니다.

○ 1~2분 동안 위에 설명한 대로 연습하세요. 항상 들숨의 길이가 같을 거라고 생각하지 마세요. 매번 들숨의 길이는 바뀔 수 있습니다. 그저 들숨이 날숨으로 녹아내리기로 선택한 그 순간을 기다리세요.

호흡을 자유롭게 릴리스하기 - 2
날숨을 더 완전히 자유롭게 방출해서 전체 호흡 시스템을 자유롭고 활기차게 하기 위해서

날숨을 완전히 자유롭게 풀어버리는 건 전체 호흡 시스템에 활력을 줘서 들숨이 들어오는 게 훨씬 쉬워집니다. 또한, 숨을 완전히 풀어낼수록 음성뿐만 아니라 당신이 연기하고 있는 캐릭터의 생각과 감정도 완전히 자유롭게 풀어낼 수 있습니다. 숨을 참는 건 당신의 연기를 방해하고 음성의 피로와 긴장을 유발할 수 있습니다.

숨을 내쉴 때 알아서 나가게 두는 느낌이나 녹아내리는 느낌 혹은 부드러워지는 느낌을 가지고 작업하면 숨이 완전히 풀려나가게 하고 호흡을 잡거나 억지로 밀어내는 것을 방지하는 데 도움이 됩니다.

○ 이전 훈련을 다시 반복합니다. 숨을 쉬고 싶은 충동을 기다리세요. 충동이 느껴지면 숨이 날숨으로 녹아내리길 원할 때까지 '중앙 콧구멍'을 통해 흘러 들어오게 합니다. 그리고 나서, '중앙 입'을 통해서 완전히 알아서 나가게 두는 느낌(부드러워지는, 녹아내리는, 비워지는 느낌)으로 한숨을 쉬세요.

마지막 세 가지 연습훈련을 개별적으로 해보고 각 훈련에 만족한다면, 앞의 두 훈련을 통합하고 있는 세 번째 훈련 '호흡 릴리스하기-2'만 간단히 연습할 수 있습니다.

목구멍 열기
입 뒤쪽과 목구멍의 공간을 열기 시작하여 더욱 자유롭게 호흡을 해방시키기 위해서

이 훈련은 알렉산더 테크닉의 '위스퍼 아' 훈련을 기반으로 하고 있습니다. 호흡을 더욱 자유롭게 해방시킬 수 있도록 목구멍과 턱부위를 열기 위한 시작훈련으로 훌륭합니다.

목을 긁는 듯한 소리 없이 가능한 한 가벼운 호흡을 유지하는 것이 아주 중요합니다. 그래야 목구멍이 열려있는지 알 수 있어요. 조용한 호흡을 하는 게 어렵다면, 안경을 닦기 위해 안경에 숨을 분다고 상상해보세요. 보통 이렇게 하면 효과가 있습니다.

또한, 미소 짓는 것은 광대뼈를 들어 올리고 턱 뒤쪽에 더 큰 공간을 만드는 데 도움이 되기 때문에 매우 중요합니다. 날숨이 나가는 동안 턱이 열린 상태를 유지하는 데도 도움이 됩니다. 따뜻하고 진실한 미소를 유지하는 것은 얼굴 근육이 경직되는 걸 막을 수 있습니다.

○ 알렉산더 자세 안에서 손은 배꼽 바로 위에 올려둡니다. 아랫니를 윗니와 수평이 되도록 앞으로 미끄러지듯 보내세요. 이때, 목뒤가 길어진다고 상상해보세요.

○ 입술을 가볍게 다문 상태로 따뜻하고 진심 어린 미소를 지으면서 '중앙 콧구멍'을 통해 숨이 들어오도록 합니다.

○ 미소를 유지하면서 위아래 치아 사이가 손가락 너비만큼 떨어지도록 입을 열고 중앙 입에서 거의 소리 없이 숨을 내쉬세요.

○ 들숨이 막힘 없이 날숨으로 매끄럽게 흘러가는지 봅니다.

○ 따뜻하게 미소 지으면서 4~5번 이 훈련을 반복하세요. 입을 열 때 이빨 사이의 공간으로 거의 소리 없이 날숨이 나가도록 합니다.

'호흡 자유롭게 하기' 섹션을 '호흡 센터링하기' 섹션과 통합하기

처음에는 충분히 시간을 내서 이 섹션을 진행하는 게 중요합니다. 그러나, 이 훈련들에 익숙해지면 호흡 자유롭게 하기, 호흡 릴리스하기-2, 목구멍 여는 훈련만 하면 됩니다. 각 훈련은 2분 이상 걸리지 않으므로 전체 세션을 하는 데 6분이면 충분합니다.

날숨을 발전시키기

지금까지 우리는 호흡을 자유롭게 하는 훈련과 몸 중심에 연결된 자연스럽고 편안한 호흡을 방해하는 긴장을 풀어주는 연습훈련들을 살펴보았습니다. 이 작업은 다소 중립으로 돌아가서 도움이 되지 않는 습관을 제거하고 앞으로 쌓아갈 것을 위한 탄탄한 기반을 다집니다.

이제는 날숨을 효과적으로 사용하는 방법을 알아보겠습니다. 우리는 복부와 골반 바닥 근육에 초점을 맞추면서 우리가 더 역동적으로 숨을 내쉴 때 그 부위의 근육이 어떻게 자연스럽게 움직이는지 탐험할 것입니다. 그런 다음, 언제든지 그 근육에 엑세스할 수 있도록 그 근육의 자연스러운 활동을 어떻게 사용할 수 있는지도 살펴볼 것입니다.

이 작업은 목구멍에 쏠린 주의와 노력을 없애는 데 탁월합니다. 또한, 앞에서 언급한 대로 날숨을 완전히 해방시킬수록 숨이 들어오는 게 훨씬 쉽습니다.

우리가 서 있을 때 복부와 골반 바닥 근육이 가장 효과적으로 관여하지만, 나는 바닥에서 알렉산더 자세로 훈련을 시작하는 게 가치가 있다고 생각합니다. 복부 근육이 참여하고 자유롭게 풀어지는 동안 척추는 길게 골반과 어깨는 넓게 유지될 수 있기 때문입니다. 이 습관이 구축되면서 있는 자세 안으로 가져오기도 훨씬 쉬워집니다.

이제 우리는 좀 더 역동적으로 작업하기 위해서, 한숨을 쉬기보다는 부드럽지만 지그시 지속적으로 숨을 내쉬겠습니다.

이것은 자연스럽게 하복부가 참여하게 하고 나중에 살펴볼 골반 바닥 근육을 관여시키기 시작할 겁니다. 참여한다는 건 적절한 근육 활동을 의미하죠. 근육이 적절하게 일할 때는 긴장이나 억지로 힘을 들이지 않습니다. 근육이 그저 제 할 일을 하는 것뿐이에요.

또한, 복부와 골반 바닥 근육은 호흡을 지지하도록 디자인되었지만, 도움이 되지 않는 자세 습관과 긴장은 이 근육과의 연결을 끊을 겁니다. 호흡은 그 근육의 지지를 받지 못하기 때문에 우리는 배꼽 바로 아래 부위로 우리의 주의를 옮겨 그 부위에서부터 숨을 분다고 상상할 거예요. 배꼽 바로 아래 부위에서 숨을 부는 이미지를 가지고 작업하면서, 하복부와 골반 바닥 근육과 다시 연결되고 그 근육은 호흡과 소리에 다시 관여하고 지지하게 될 것입니다.

복부 근육을 수반하기
복부 근육이 다이내믹한 날숨에 어떻게 작동하는지를 탐험하고 그 근육과 연결되고 참여시키는 습관을 들이기 위해서

복부 근육에만 주의를 기울이면서 시작하겠습니다.

○ 알렉산더 자세로 누우세요. 이번에는 배꼽 바로 아래에 양손을 올려 둡니다. 다시 말하지만, 손이 있는 곳에 주의를 집중하세요.

○ 그런 다음, 당신이 숨을 배꼽 바로 아래에서부터 분다고 상상하면서 부드럽지만 지그시 지속적으로 불어보세요. 분명히 당신의 입술을 통해 불고 있겠지만, 입술이 알아서 일하게 두세요. 계속 배꼽 아래에 주의를 기울이며 그곳에서부터 불고 있는 이미지에 주의를 기울입니다. 지나치게 애쓰지 않으면서 호흡이 편안하게 끝날 때까지 완전히 전념해서 계속 붑니다.

○ 날숨이 끝나면 늘 그렇듯 배 부위를 이완하고 숨을 쉬고 싶은 충동을 기다리세요. 이 충동은 더욱 역동적으로 숨을 내쉬기 때문에 좀 더 빨리 올 수도 있지만, 그렇지 않을 수도 있으므로 예상하지 마세

요. 단지 숨을 쉬고 싶은 충동에 주의하고, 그런 다음 이전처럼 숨이 알아서 흘러 들어오도록 두세요.

○ 이 훈련을 몇 번 반복하면서 배꼽 바로 아래 부위에서 무슨 일이 일어나는지 느껴보세요.

숨을 불 때 배꼽 바로 아랫부분이 당겨지면서 살짝 위로 올라가는 게 느껴지나요? 당신이 힘을 들여 억지로 부는 거 없이 확신과 전념하는 마음으로 숨을 불수록, 그리고 배꼽 바로 아래 그 부위에 더욱 주의를 기울일수록, 더욱 '자연스러운 당김'이 일어날 가능성이 높아집니다.

○ 여섯 번 더 숨을 불면서 이 연습훈련을 해보세요. 진짜로 배꼽 바로 아래에서부터 지속적으로 확실하게 숨을 분다고 상상하세요. 숨이 다 나가면 새로운 들숨을 쉬고 싶은 충동을 기다리면서 해봅니다.

몸을 길고 넓게 유지하면서 다이내믹하게 숨을 내쉬기 위해서
복부 근육이 참여하는 동안 몸을 안정적이고 편안하게 유지하기 위해서

복부 근육과 다시 연결되기 시작했으므로, 숨을 내쉬는 동안 척추는 길게 골반과 어깨는 넓게 두기 위해 주의를 기울일 것입니다. 넓어지게 두는 것은 이 챕터 앞부분에서 이야기했던 '업 앤 다운 숨쉬기'를 피하게 합니다. 또한 복부 근육을 자유롭게 해서 더욱 효과적으로 참여할 수 있도록 하므로 매우 중요합니다. 역동적으로 숨이 나가는 동안 길고 넓게 몸을 유지할 수 있는 습관을 기르면 수많은 문제를 해결할 수 있으므로 이 부분을 건너뛰지 마세요.

○ 다시, 알렉산더 자세로 누워 배꼽 바로 아래 손을 올려놓고 손 아래에 주의를 기울입니다.

○ 다시 한번, 배꼽 아래 손이 있는 그 부위에서부터 숨을 부는 이미지를 가지고 부드럽지만 확실하게 지속적으로 숨을 불어주세요. 다시, 완전히 전념하지만 애는 쓰지 않으면서 호흡이 끝날 때까지 편안하게 계속 불어봅니다. 그런 다음, 배를 이완하고 숨을 쉬고 싶다는 충동을 기다리세요. 충동이 느껴질 때 들숨이 알아서 들어오도록 합니다.

○ 숨을 불 때, 척추가 계속 길어지는 것을 상상하면서 세 번 반복하세요. 그러고 나서는, 골반이 넓어지는 것을 상상하면서 이 훈련을 세 번 반복합니다. 마지막으로 어깨가 넓어지는 것을 상상하면서 세 번 반복하세요.

규칙적으로 이 훈련을 반복하다 보면, 숨을 내쉴 때 몸이 길어지고 넓어지는 습관이 생겨서 저절로 몸이 그 상태가 될 것입니다. 그때 당신은 호흡을 잡는다기보다는 자유롭게 놓아줌에도 불구하고, 호흡이 훨씬 더 오래 지속되는 것을 발견하게 될 것입니다.

골반 바닥 근육을 추가하기
다이내믹한 날숨에 골반 바닥 근육이 어떻게 작동하는지를 탐험하고 그 근육과 연결되고 근육을 수반하는 습관을 기르기 위해서

이제, 복부 근육이 참여하기 시작했으므로 골반 바닥 근육에도 주의를 기울일 겁니다.

○ 다시, 알렉산더 자세로 등을 대고 누우세요. 배꼽 바로 아래에 손을 놓고 손이 있는 곳에 주의를 기울입니다.

○ 이전처럼 완전히 지속적으로 숨을 붑니다. 호흡의 전반부에서는 이전과 같이 배꼽 아래 부위에서 숨이 불어오는 이미지에 주의를 기울이세요. 그러고 나서, 호흡의 후반부에서는 더 많은 숨을 위해 아랫배와 다리 사이에 있는 몸의 바닥 아래까지 깊이 내려간다고 상상해보세요. 마치, 상상으로 푹 들어가 그 부위에서 숨을 풀듯이요.

○ 늘 그렇듯이 날숨이 끝날 때 복부를 이완하고 저절로 들숨이 들어올 때까지 기다리세요.

○ 이 훈련을 몇 번 더 반복하면서 무슨 일이 일어나는지 주목하세요.

아랫배와 골반 바닥 근육이 수반되는 것이 느껴지나요? 그 근육의 움직임은 매우 미묘하고 신체의 외부에서보다는 내부 깊은 곳에서 일어납니다. 우리는 신체 그 부위에 주의를 두는 것에 익숙하지 않기 때문에 잘 알아차리지 못합니다. 실제로 어떤 것도 느낄 수 없는 경우에는 아래 질문들을 확인해보세요.

○ 겨드랑이 위 어딘가 긴장을 하고 있나요? 그렇다면, 다시 시도해보세요. 겨드랑이 위가 부드러워지면서 열린다고 상상하면서 숨을 불며 마음으로 몸속 깊이 아래까지 내려가 보세요.

○ 완전히 전념해서 확실하게 불고 있나요? 그렇지 않다면, 머리와 몸이 덜 다이내믹하게 참여하게 되므로 몸 아래쪽 근육도 덜 작동하게 됩니다. 다시 시도해보세요. 호흡이 편안하게 끝날 때까지 강한 확신을 가지고 숨을 불어보세요.

○ 당신은 정말로 아랫배와 골반 바닥에 주의를 기울이고 있나요? 종종 우리는 몸을 미묘하게 인식하는 데 익숙하지 않아서 무엇이 일어나고 있는지를 놓칩니다. 필요하다면, 아랫배와 골반 바닥 근육을 쥐었다가 풀어주는 게 그 부위에 주의를 집중하는 데 도움이 될 것입니다.

이 훈련은 다음에 나올 훈련과 짝을 이루며 다음 훈련 안에 포함되어 있습니다. 따라서, 다음에 나오는 훈련 안에서 함께 연습할 수 있습니다. 현재는 이 작업이 복잡하고 부자연스럽다고 느껴질지도 모르지만, 아랫배와 골반 바닥 근육은 앞에 설명했던 대로 알아서 작동하도록 설계되어 있습니다. 그래서, 몸 깊은 곳에서 숨을 푼다고 생각하면서 재미있게 연습해 나간다면, 결국 그 근육은 참여하게 되고 당신은 그 참여를 자각할 것입니다.

하복부와 골반 바닥 근육을 릴리스하기
복부와 골반 바닥 근육을 풀어서 들숨이 수월하게 들어오게 하고 그 근육이 날숨에 다시 참여하도록 하기 위해서

마지막 훈련에서, 날숨이 끝날 때 복부를 풀어버리라고 제안했습니다. 어떤 사람에게는 이 생각이 아랫배와 골반 바닥 근육을 풀어주는 데 충분할 수 있습니다. 그러나, 특히 무의식적으로 대부분의 시간에 자기 아랫배와 골반 바닥 근육을 타이트하게 잡고 있는 사람들의 경우 완전한 이완을 위해서 조금 더 구체적으로 작업할 필요가 있습니다. 이 부위의 이완은 두 가지 이유로 중요합니다. 첫 번째로, 깊고 완전한 들숨이 수월하고 빠르게 들어오도록 합니다. 두 번째로, 그 근육이 바로 날숨에 다시 참여할 수 있게 합니다. 배우의 호흡이 너무나 자주 리허설이나 공연 중에 제대로 작동하지 못하는 이유는 아랫배와 골반 바닥 근육이 이완되지 못해서입니다. 필요한 만큼 숨이 들어오는 게 어려워지고 지지하는 느낌이 점점 줄어들기 때문이죠. 그래서 이러한 아랫배와 골반 바닥 근육을 이완하는 법을 배우는 건 굉장히 중요하고 엄청난 자유와 수월함을 갖게 합니다.

○ 알렉산더 자세로 누워 손을 배꼽 바로 아래 둡니다. 다시 손이 놓여 있는 곳에 주의를 기울이세요.

○ 전과같이 완전히 지속적으로 숨을 불어봅니다. 날숨의 전반부에서는 배꼽 바로 아래에서 불어오는 숨의 이미지에 집중해보세요. 그러고 나서, 날숨의 후반부엔 다시 더 많은 호흡을 퍼올리듯이 아랫배와 골반 바닥 아래로 내려간다고 상상해보세요.

○ 날숨이 끝날 때 아랫배와 골반 바닥에서 자연스럽게 수축된 근육 부위를 느낄 수 있도록 잠시 정지했다가 그 부위를 풀어지게 놓아버리세요.

○ 이 연습훈련을 몇 번 더 하면서 날숨이 끝에서 잠시 멈추어 수축된 아랫배와 골반 바닥 근육을 몸으로 감각하고 그 근육과 연결되도록 하세요. 이 근육을 감각하고 연결되면 될수록 뇌는 이 근육을 자유롭게 풀어버리기 위해 필요한 메시지를 보내야 하는 신경을 더욱 쉽게 파악할 수 있습니다.

이 근육을 느슨하게 풀어버릴 수 있다면, 새로운 숨이 즉시 쏟아져 들어오는 걸 알 수 있습니다. 만약 그렇지 않더라도 걱정하지 마세요, 괜찮습니다. 아랫배와 골반 바닥 근육과 실제로 연결되고 그 근육이 완전히 풀릴 때까지는 시간이 걸릴 수도 있습니다. 몸속 깊숙한 곳에 초점을 맞추어 몸의 표면보다는 몸속 깊숙한 곳의 근육이 자유롭게 풀어지는 것을 상상하는 게 가장 좋습니다. 또한, 그 근육과 연결되기 위해 날숨이 끝나는 그 순간에 잠시 멈추는 것은 굉장히 도움이 됩니다.

이 챕터의 뒷부분에서는 서 있는 자세로 이 훈련을 살펴볼 것입니다. 누워서 하는 것은 중력의 도움을 받기 때문에 일반적으로 훨씬 쉽습니다. 앞서 언급했듯이, 바닥에 누워서 훈련하는 이유는 아랫배와 골반 바닥 근육이 참여하고 자유롭게 풀어지는 동안 몸이 길게 그리고 넓게 머무를 수 있는지를 확인하기 위해서입니다.

노트

그렇지만, 충동을 기다리는 건 어떤가요? 날숨을 더 다이내믹하게 사용했기 때문에 숨을 쉬고 싶다는 충동이 훨씬 빠르게 일어날 수 있습니다 – 사실상 아랫배와 골반 바닥 근육을 이완하자마자 일어날 수 있습니다. 그래서, 모든 일이 훨씬 더 빠르게 일어날지라도, 원칙은 변하지 않습니다. 숨은 여전히 숨 쉬고 싶어질 때 들어오는 것입니다.

이완의 결과로 자연스럽게 들숨이 일어나는지, '아, 이완했으니까 이제 숨을 들이쉬어야지'라는 생각이 들지는 않은지 확인하는 게 중요합니다. 들숨은 항상 알아서 들어옵니다.

'날숨을 발달시키기' 섹션 통합하기

이 섹션의 훈련에 익숙해지면, 아래와 같이 '길게 그리고 넓게–수반하기와 릴리스하기'를 하나의 훈련으로 통합할 수 있습니다.

○ 알렉산더 자세로 누워 배꼽 바로 아래에 양손을 올려놓습니다.

○ 먼저, 몸이 길어지고 넓어진다고 상상하세요.

○ 그런 다음, 배꼽 바로 아래에서부터 숨을 붑니다. 날숨의 후반부에 오면 더 많은 공기를 위해 몸 아래쪽으로 더 푹 뻗어나간다고 상상해보세요.

○ 그런 후에, 날숨이 끝나면 아랫배와 골반 바닥 근육을 풀어줘서 날숨이 스스로 들어오게 합니다.

○ 2분 동안 통합된 이 훈련을 하세요.

이전 섹션의 훈련을 추가하면 8분 길이 세션이 만들어집니다.

들숨을 발전시키기

이제 우리는 날숨을 탐험하고 발전시켰으므로, 들숨으로 돌아와 날숨을 발전시키는 걸 살펴볼 겁니다. 들숨에 대한 훈련은 효과적이며 억지로 힘을 들여 이루지 않아야 합니다. 과도한 노력과 긴장을 동반한 횡격막과 갈비뼈의 큰 움직임을 얻는 것은 아무런 의미가 없습니다. 따라서, 우리는 다시 간단한 이미지를 사용해서 원하는 움직임을 유도하고 자극하여 불필요한 모든 노력을 피하면서 더 큰 확장을 이끌 것입니다.

들숨에 대한 작업을 할 때는 이미지에 집중하며 간단하게 이미지가 들숨을 움직이게 하는 동안에 실제로 들숨이 알아서 들어오는지를 확인하는 게 중요합니다. 그래서, 우리는 다이내믹하게 부는 날숨보다는 한숨으로 나가는 날숨을 사용할 거예요. 모든 날숨이 끝날 때마다 호흡이 자연스러운 에너지를 타도록 숨을 쉬고 싶은 충동을 기다리세요. 숨을 쉬고 싶은 충동이 느껴지면 단순하게 그 충동을 받는다고 상상하면서 숨이 알아서 들어오게 하세요.

센트럴 호흡 확장하기
횡격막과 갈비뼈가 더 크게 움직이도록 자극하기 위해서

호흡을 센터링하는 연습훈련에서와 같이 횡격막과 갈비뼈의 주요 움직임을 느낄 수 있도록 배꼽 위 부위에 주의를 기울일 겁니다. 이 연습훈련은 실제로 횡격막과 갈비뼈의 움직임이 바른 위치에서 바른 방법으로 시작되도록 도와줍니다. 그리고, 이것은 나머지 횡격막과 갈비뼈 작업을 구축하기 위한 훌륭한 토대를 형성합니다.

○ 이전과 같이, 알렉산더 자세로 바닥에 눕습니다.
○ 호흡을 센터링하는 훈련에서 했던 것처럼 배꼽 바로 위에 양손을 올려둡니다.
○ 배꼽에시 가슴뼈 높이까시 몸 선제를 감싸는 넓은 벨트를 상상해보세요. 숨을 쉴 때 힘이 들어가는 것을 방지하기 위해 벨트 안쪽에 집중하는 게 좋습니다.
○ 숨을 한숨으로 뱉어내면서 벨트가 안쪽으로 이완되는 모습을 상상해보세요. 그런 다음, 숨을 쉬고 싶은 충동을 기다립니다. 그리고 나서, 벨트 뒤쪽이 먼저 팽창되면서 양옆 그리고 마지막으로 앞부분이 팽창되는 모습을 상상하면서 숨이 알아서 들어오게 하세요. 그런 다음, 다시 한숨을 쉬면서 벨트가 안쪽으로 부드럽게 풀린다고 상상합니다.
○ 벨트의 뒷부분이 먼저 늘어나기 시작하는 것에 주의를 기울이면서 이 훈련을 1~2분 동안 반복하세요.

등의 갈비뼈 근육들을 수반하기
갈비뼈가 효과적으로 수월하게 움직일 수 있도록

이제 중심이 확장되었으므로 갈비뼈 뒤쪽의 움직임에 집중할 거예요.

앞서 언급했듯이, 등의 갈비뼈 근육은 흉곽을 움직이는 데 큰 역할을 합니다. 그 근육이 움직이면 흉곽의 나머지 부분도 따라 움직이게 될 거예요.

이 연습훈련에서는 타월을 가지고 작업할 겁니다. 타월은 갈비뼈가 붙어있는 척추 부분을 길게 그리고 이완된 채로 유지하면서 등이 열려 있게 도와줍니다. 따라서, 갈비뼈 움직임을 탐험할 때 등에 긴장을 하지 않습니다.

○   수건을 가지고 팔목에서 팔꿈치까지의 아래팔 길이로 접습니다(그림 8a 참조). 가능한 타이트하게 그 타월을 말아서 눌리지 않게 하세요. 그런 다음, 말림이 풀리지 않도록 고무 밴드로 타월을 감아주세요.

그림 8a

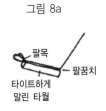

팔목
팔꿈치
타이트하게
말린 타월

○   갈비뼈가 연결된 척추 부위 아래 타월을 놓고 그 위에 누우세요. 타월은 등허리나 목 아래가 아닌 '흉추' 아래에만 놓여야 합니다(그림 8b 참조). 이것이 타월의 길이가 중요한 이유이죠.

목뒤 부위 아님   등허리 부위 아님

○ 다리는 바닥에 평평하게 두고 머리는 책 위보다는 바닥 위에서 쉬게
하세요. 늘 그렇듯, 손은 배꼽 위에서 쉬게 합니다.

○ '흉추' 움직임에 주의를 기울여 보세요. 허리 높이 바로 위에서부터
어깨높이 바로 아래까지 이어집니다. 허리에서 어깨높이까지 척추의
양쪽으로 쭈욱 한 줄로 늘어선 코가 있다고 상상하세요. 잠시 이 이
미지를 그리면서 쉬세요.

○ 그런 다음, 한숨을 쉬고 숨을 쉬고 싶은 충동을 기다리세요. 들숨이
들어오기 시작할 때 허리에서부터 위로 코를 통해 들어오는 숨을 상
상합니다. 늘 그렇듯이, 의식적으로 할 필요가 없습니다. 단순히 그
이미지에 주의를 기울이고, 그 이미지가 근육을 움직이게 두세요.

○ 또한, 항상 그렇듯이 처음에 그 움직임이 작아도 걱정하지 마세요.
움직임에 주의를 기울이고 그 이미지가 몸을 움직이게 두면 둘수록
움직임은 더 커질 것입니다.

○ 약 1분 동안 연습하세요.

허리에서 겨드랑이 높이까지 척추 양옆으로 쭈욱 늘어선 코를 상상하면서
이 훈련을 반복합니다.

'n' 호흡
횡격막 호흡을 강화하고 확장시키기 위해서

등에 있는 근육이 자유롭고 효과적으로 참여하기 시작했으므로 이제는 횡

격막 움직임에 좀 더 초점을 맞추겠습니다.

몸의 아랫부분(횡격막을 중심으로 상체를 나눴을 때 아랫부분) 내부에 입체적인 'n'의 이미지가 있다고 상상할 거예요. 배꼽 바로 위쪽 몸의 중심을 가로질러 'n'의 윗부분이 뻗어있고 엉덩이 아래까지 쭈욱 내려오는 'n'의 다리를 상상해보세요(그림 9 참조)

그림 9

호흡 센터링과 센터 호흡을 확장하는 연습훈련에서 했던 것처럼 배꼽 위 몸의 중심 안쪽 깊숙한 곳에서 시작하는 호흡에 주의를 기울일 겁니다.

○ 이전과 같이, 알렉산더 자세로 누워 양손을 배꼽 위에서 쉬게 두세요. 나는 'n'의 이미지가 바깥을 향해서뿐만 아니라 아래쪽으로도 팽

창되는 감각을 가지게 하면서 배의 중심이 지나치게 돌출되는 것을 방지할 수 있다는 걸 알았습니다.

○ 몸 안쪽 깊은 곳에 주의를 기울이고 윗부분이 몸의 센터를 가로질러 뻗어 있고 다리가 엉덩이 아래까지 쭈욱 내려오는 입체적인 'n'을 상상해보세요.

○ 한숨을 쉬고 이전처럼 숨을 쉬고 싶다는 충동을 기다리세요. 충동이 느껴지면서 호흡이 들어오기 시작할 때, 호흡이 'n'의 윗부분을 가로질러 채워진 다음 '다리'를 따라 쭈욱 채워지는 것을 상상해보세요.

○ 처음에는 아래로 거의 채워지지 않을 수 있지만, 이미지를 가지고 정말로 연습해나간다면 결국은 엉덩이 아래로 쭈욱 채워지는 느낌을 가지게 될 겁니다.

○ 정말로 의식적으로 '하는 일'이 아니라는 것을 기억하세요. 당신의 상상이 움직임을 이끌어 가도록 두세요.

○ 항상 날숨을 가볍게 한숨으로 내쉰 다음, 숨을 쉬고 싶은 충동을 기다리는 걸 기억하면서 1~2분 정도 연습해보세요. 항상 날숨에 가볍게 한숨을 내쉰 다음 숨을 쉬고 싶은 충동을 기다리는 걸 잊지 마세요.

'u' 호흡
갈비뼈 호흡을 강화하고 확장하기 위해서

이제 우리는 'n' 호흡의 파트너인 'u' 호흡을 사용하면서 갈비뼈 움직임에 주목할 겁니다.

몸의 윗부분 깊숙한 곳에 있는 'u'를 상상해보세요. 'u'의 바닥은 배꼽 바로 위 몸의 중심을 가로지르며 뻗어있고 'u'의 팔 부분은 어깨 바로 아래까지 상체를 따라 쭈욱 뻗어있습니다(그림 10 참조). 'n' 호흡과 마찬가지로, 'u' 호흡도 바깥을 향해 팽창하는 데 도움이 됩니다. 또한, 숨이 들어오는 동안 가슴뼈를 들어 올리는 경향도 피할 수 있습니다.

그림 10

다시 말하지만, 'n' 호흡으로 연습할 때와 마찬가지로 몸속 깊숙이 있는 배꼽 바로 윗부분에서 시작하는 호흡에 주의를 기울일 것입니다.

○ 이전과 같이 알렉산더 자세로 누워 양손을 배꼽 바로 위에 둡니다.
○ 배꼽 바로 위 몸속 깊은 곳에 주의를 기울이면서 입체적인 'u'를 상상해보세요. 'u'의 바닥은 몸의 중앙을 가로질러 아래로 뻗어가고 'u' 팔 부분은 갈비뼈를 통해 어깨높이 바로 아래까지 쭈욱 뻗어 올라갑

니다.

○ 이전처럼 한숨을 쉬고 나서 다시 숨을 쉬고 싶은 충동을 기다리세요. 충동을 느끼고 숨이 흘러 들어오기 시작할 때, 숨이 'u'의 바닥을 가로질러 채워지고 나서 'u의 팔'을 따라 채워지는 모습을 그려보세요.

○ 처음에는 거의 채워지지 않을 수 있지만, 당신이 정말로 이 이미지를 가지고 연습해나간다면, 결국엔 호흡이 겨드랑이 높이까지 그리고 심지어 어깨 아래까지 쭈욱 차오르는 느낌이 들기 시작할 겁니다.

○ 다시 말하지만, 정확하게는 의식적으로 '하지 않는다'라는 것을 기억하세요. 단순하게 호흡이 'u' 안으로 차오르는 것을 상상하고 그 상상이 움직임을 이끌게 내버려 두세요. 몸 위쪽에는 어떤 긴장이나 애쓰는 게 없어야 하며 특히 어깨는 넓고 부드럽게 떨어져 있어야 합니다.

○ 날숨이 가볍게 한숨으로 나가게 두고 나서 숨을 쉬고 싶은 충동을 기다리는 것을 기억하면서 1~2분 정도 연습하세요.

'H' 호흡
횡격막과 갈비뼈 움직임을 균형 있게 하고 강화하며 확장하기 위해서

'n'과 'u' 호흡이 똑같이 강화되었다고 느껴지면 이 둘을 합친 'H' 호흡을 만들어보세요(그림 11 참조).

그림 11

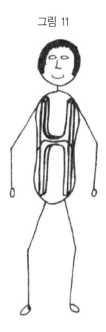

○ 알렉산더 자세로 누워 양손을 배꼽 바로 위에 두세요.

○ 배꼽 바로 위의 몸속 깊은 곳에 주의를 기울이고 입체적인 'H'를 마음으로 그려보세요. 'H'의 중앙 부분이 몸의 중앙을 가로질러 뻗어가서 'H의 다리'는 엉덩이까지 쭈욱 내려가고 'H'의 팔은 흉곽을 통해 쭈욱 위로 뻗어갑니다.

○ 이전처럼, 한숨을 쉬고 나서 숨을 쉬고 싶은 충동을 기다리세요. 충동이 느껴지면서 들숨이 흘러 들어오기 시작할 때, 호흡이 먼저 'H'의 중앙을 가로질러 채워진 다음 '다리' 아래가 채워지고 그러고 나서 '팔' 위쪽으로 채워진다고 상상해보세요.

○ 처음에는 '내 차례 너 차례' 기반으로 다리를 조금 채우고 나서 위쪽을 조금 채우는 식으로 작업해야 할 수도 있습니다. 호흡이 멈추고

시작되더라도 걱정하지 마세요. 뇌가 횡격막과 갈비뼈 움직임을 다시 조정하는 데 시간이 걸릴 수 있습니다. 특히, 한쪽이 거의 지배적으로 움직이려는 습관이 있다면 더욱 시간이 필요합니다.

○ 1~2분 동안 연습하세요. 날숨을 가볍게 한숨으로 쉬고 나서 숨을 쉬고 싶은 충동을 기다리는 걸 항상 잊지 마세요.

이미지가 횡격막과 갈비뼈의 원하는 움직임을 자극한다는 걸 믿고 신체적으로 밀어붙이지 않으면서 참을성을 가지고 이 이미지와 함께 연습해나간다면, 결국 몸의 중심에서부터 완전하게 채워지는 것이 습관이 될 거예요. 그래서, 지지를 받은 말을 할 때처럼 더욱 다이내믹하게 호흡을 사용하게 될 겁니다. 날숨이 끝날 때 아랫배와 골반 바닥 근육을 느슨하게 풀어버리면, 들숨이 수월하게 그리고 자연스럽게 몸 전체를 채울 거예요.

들숨을 발달시키는 섹션을 통합하기

갈비뼈와 횡격막이 균형 있게 작동한다고 생각된다면, 이제 이 세션 안의 마지막 훈련만 2분 동안 하세요. 이전 섹션의 연습에 이 훈련을 추가하면 총 10분짜리 세션이 만들어집니다.

바닥에서 일어나 작업하기

이제 호흡을 자유롭게 하고 센터링하며 바닥에서 날숨과 들숨 모두를 발달시키는 걸 탐험했으니, 바닥에서 일어나 그 연습훈련을 하겠습니다. 우리는 전반적으로 누워있는 채로 연기하지 않기 때문이죠!

몸을 길게 그리고 넓게 두는 습관을 계속 길들일 수 있도록 벽에 기대서 작업할 거예요. 이 자세 안에서는 등이 무너지거나 좁아지지 않는지 더 쉽게 확인할 수 있습니다. 연습훈련을 할 때 벽에 닿아있는 등 부분, 특히 위등이 벽에 기대어 쉬도록 합니다.

바닥에 누웠을 때 등허리가 평평하지 않은 것과 같은 방식으로 벽을 향해서도 평평해지지 않고 자연스럽게 곡선을 이룹니다. 지나친 곡선을 피하기 위해서 척추의 맨 아랫부분이 바닥을 향해 떨어지는 반면에 척추 나머지 부분이 천장을 향해 길어진다고 상상해보세요.

벽에 기대서 근육을 참여시키고 릴리스하기
서 있는 자세에서 아랫배와 골반 바닥 근육이 참여하고 릴리스하는 연습을 하기 위해서

○ 벽에 등을 대고 서세요. 발은 벽에서 약 2.5cm 정도(1인치쯤) 떨어진 곳에 둡니다. 두 발은 골반 너비만큼 떨어뜨려 평행하게 두세요. 무릎은 아주 살짝 구부리고 마치 바닥에 누워있는 것처럼 등이 벽을 향해 쉬게 두세요. 바닥에 누워 있을 때 머리 아래에 많은 책을 대었다면 목뒤가 짧아지지 않도록 벽에 기댈 때 머리 뒤에 쿠션이 필요할 겁니다(그림 12 참조).

그림 12

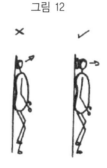

○ 이전의 참여시키기와 릴리스 연습훈련에서처럼, 배꼽 바로 아래에 양손을 올려 두세요. 그런 다음, 척추가 길어지고, 골반과 어깨는 넓어진다고 상상해보세요. 엉덩이와 어깻죽지는 등 아래로 부드럽게 떨어지고 발목과 무릎, 골반 관절이 느슨하게 풀어지는 걸 상상합니다.

○ 이전과 같이, 배꼽 바로 아래에서 숨을 완전히 지속적으로 불어줍니다. 날숨의 전반부에서 다시 배꼽 바로 아래 부위가 살짝 안쪽 위로 당겨지는 것을 느끼고, 날숨의 후반부에는 더 많은 숨을 퍼올리기 위해 아랫배와 골반 바닥까지 깊게 내려간다고 상상해보세요.

○ 날숨이 끝날 때 잠시 멈춰 아랫배와 골반 바닥에 자연스럽게 수축된 근육을 느끼고 나서 그 근육을 풀어버리세요. 이전과 마찬가지로, 들숨은 알아서 자연스럽게 들어올 겁니다.

○ 의식적으로 들숨을 '들이쉬는 것'이 아니라 들숨이 알아서 들어오게 둔다는 걸 기억하면서 1~2분 동안 연습합니다.

'H' 호흡 추가하기
서 있는 자세에서 완전하고 균형 잡힌 횡격막과 갈비뼈 움직임을 연습할 뿐만 아니라 아랫배와 골반 바닥 근육을 참여하게 하고 릴리스하기 위해서

이제 위의 훈련에 'H' 호흡을 더해서 다이내믹한 호흡의 전체 청사진을 만들 거예요.

○ 벽에 기대서서 배꼽 바로 아래 양손을 올려둡니다.

○ 다시 배꼽 아래 그 부위에서 완전히 지속적으로 숨을 불어줍니다. 이전과 같이, 날숨의 전반부에서는 배꼽이 안쪽 살짝 위로 당겨지는 걸 느끼고 날숨의 후반부에는 더 많은 호흡을 위해 아랫배와 골반 바닥

까지 깊이 내려간다고 상상해보세요.

○ 날숨이 끝날 때, 다시 잠시 정지해서 아랫배와 골반 바닥에서 자연스럽게 수축된 근육을 느끼고 나서 그 근육을 풀어버리세요.

○ 숨이 들어오기 시작할 때 배꼽 바로 위 몸속 깊숙한 곳에 주의를 기울입니다. 입체적인 'H'가 먼저 중간을 가로질러 채워진 다음 'H의 다리'로 그리고 'H의 팔'로 올라가며 채워지는 것을 마음으로 그려보세요—바닥에 누워서 'H'가 채워졌던 걸 상상했던 것처럼요. 물론 의식적으로 숨을 채우는 '일을 하는 것'이 아니라 횡격막과 갈비뼈 움직임을 자극하기 위해 이미지를 사용한다는 걸 기억하세요.

○ 훈련 과정의 각 부분을 수행할 시간이 충분하다고 생각하면서 1~2분 동안 차분히 해보세요. 이러한 방식으로 작업하면 이 호흡 패턴은 몸에 프로그래밍 되어 결국엔 습관이 될 겁니다.

아랫배와 골반 바닥의 근육을 풀어주는 데 만족감을 느낀다면, 날숨이 끝날 때 잠시 정지하는 것을 생략하고 숨이 다 나가자마자 그 근육을 풀어버리세요. 이때, 아랫배 부위를 밖으로 밀어내지 않고 실제로 그 부위를 놓아주는지 확인합니다.

벽에서 떨어져 나와서 'H' 호흡을 수반하고 릴리스하기
벽에서 떨어져 나와 전체 다이내믹한 호흡 과정을 결합하기 위해서

이제 벽에서 떨어져 나와 위의 훈련을 해보겠습니다. 등이 무너지고 몸이 좁아지는 걸 방지하기 위해서, 머리 위로 의자를 들고 하면 좋을 거예요! 머리 위로 의자를 들면 위쪽 척추가 세워지고 가슴이 들어 올려집니다. 또한, 상체 전체는 의자를 계속 들고 있기 위해 균형과 살아있는 정지

stillness를 찾게 됩니다(그림 13 참조). 그 결과, 복부는 이미 설계된 대로 자유롭게 수반되며 해방됩니다. 당연히, 허리를 다치지 않도록 쉽게 들리고 머리 위로 계속 들고 있기에 힘들지 않은 가벼운 의자를 가지고 작업하는 게 중요해요!

그림 13

○ 머리 위로 의자를 올린 후에, 두 발은 평행하게 골반 너비 아래 둡니다. 무릎이 부드러운지 확인합니다. 척추가 길어지고 골반과 어깨는 넓어지고 엉덩이와 어깻죽지는 등 아래로 부드럽게 떨어집니다. 발목, 무릎, 골반 관절이 느슨하게 풀리는 모습을 상상해보세요. 팔꿈치도 부드럽게 둡니다.

○ 이전과 같이, 배꼽 바로 아래 그 부위에서부터 완전하고 형태가 있는 숨을 완전하게 지속적으로 길게 불어보세요. 다시 날숨의 전반부에서 배꼽 아래 그 부위가 안쪽 살짝 위를 향해서 당겨지는 걸 느끼고 나서, 호흡의 후반부에 이르면 더 많은 숨을 찾기 위해 아랫배와 골반 바닥까지 깊이 뻗어 내려간다고 생각해보세요.

○ 날숨이 끝날 때 잠시 멈추면서 아랫배와 골반 바닥에 자연스럽게 수축되어 있는 근육을 느끼고 나서 그 근육을 풀어버리거나, 또는 날숨이 완전히 끝에 이르자마자 그 근육을 풀어버리세요. 당신에게 더 쉽

고 도움이 되는 방법으로 하세요.

○ 숨이 들어오기 시작할 때 배꼽 바로 위 몸속 깊숙한 곳에 주의를 기울이고 입체적인 'H'가 먼저 중간을 가로질러 채워진 다음 'H의 다리' 그리고 'H의 팔'로 올라가며 채워지는 걸 상상합니다―바닥에 누워서 'H'가 채워졌던 것을 상상했던 것처럼요. 물론 의식적으로 숨을 채우는 '일을 하는 것'이 아니라 횡격막과 갈비뼈 움직임을 자극하기 위해 이미지를 사용한다는 걸 기억하세요.

○ 1~2분 정도 연습합니다.

'바닥에서 떨어져 나와 작업하기' 섹션 통합하기

수반하기와 이완하기 그리고 채우는 훈련 전체를 3분 동안 하는 걸 제안합니다. 알렉산더 자세로 1분, 그러고 나서 벽에 기대서 1분, 마지막으로 머리 위에 의자를 들어 올린 채로 1분간 작업하세요. 이전 섹션에서 했던 훈련과 함께 총 13분 세션이 만들어집니다.

지지에너지 구축하기

이제 우리는 역동적인 호흡의 청사진을 마련했으므로 정말로 재미있는 작업에 들어가 보겠습니다. 내가 가장 좋아하는 거죠. 나는 배우를 이완하는 것만으로는 효과적이지 않다는 걸 오래전에 깨달았습니다. 공연하는 건 노력을 요구합니다. 그럼, 어떤 종류의 노력일까요? 그 대답은 아주 잘 훈련된 운동선수들이 사용하는 종류의 노력입니다. 억지로 밀어붙이고 긴장하는 것과는 반대되는 좋은 근육의 노력입니다. 첫 번째 챕터에서 정신적 그리고 신체적 바운스 사이의 연관성에 대해서 이야기했습니다. 이제 우리는 그 지지하는 근육에 신체적 바운스를 만들기 위해 정신적 바운스를 사용할 겁니다. 자 이제 시작해봅시다!

'횡격막 바운스'
정신적 그리고 신체적 바운스 사이의 연관성을 경험하고 횡격막이 지지하는 감각과 에너지를 발전시키기 위해서

횡격막의 '바운스' 잠재력에 대해서 나를 처음으로 흥분하게 만든 사람은 크리스틴 링크레이터였고 그녀의 저서 『자유로운 음성을 위하여』에서였습니다. 그녀는 책에서 횡격막이 트램펄린 같다고 말했죠. 나는 그 이미지가 아주 훌륭하다고 생각했고, 그 이후로 계속 그 이미지를 사용해오고 있습니다.

횡격막 아래의 몸속 지지 시스템을 둘러보기 위한 첫 시작으로 우리는 횡격막을 살펴보겠습니다. 횡격막의 에너지가 부족하거나 과도할 때 횡격막이 어떻게 느껴지는지를 탐구하면서 시작해보죠.

1단계 – 조용한 헐떡임 탐험하기

○ 발을 평행하게 골반 너비로 놓고 섭니다. 척추는 길어지고 골반과 어깨는 넓어지고 모든 관절이 느슨하게 풀리는 걸 상상합니다.

○ 척추가 계속 길어지는 것을 마음으로 그려보면서 가볍게 숨을 헐떡입니다. 헐떡임이 아주 규칙적이지 않더라도 걱정하지 마세요. 헐떡일 때 척추가 무너지지 않는 한 가벼운 연습을 통해 헐떡임이 더 규칙적으로 되는 걸 알게 될 거예요.

○ 헐떡일 때, 가슴뼈 바로 아래 몸 내부에 주의를 기울이세요.

○ 숨을 헐떡일 때 횡격막이 위아래로 움직이는 게 느껴지나요? 지금

당장 아주 많이 느껴지지 않더라도 걱정하지 마세요. 확신할 수 없지만 느껴지는 게 있다면 어떤 것이든 느껴보세요.

○ 이제 가능한 조용히 헐떡여 보세요. 당신의 목구멍을 열려있게 할 거예요. 이 조용하게 헐떡이기가 모든 헐떡이는 훈련에서 우리가 사용하는 겁니다.

헐떡일 때 공기와 이산화탄소가 적절히 교환되지 않기 때문에 한 번에 1분 이상 헐떡이지 마세요. 또한, 너무 오래 헐떡이면 횡격막이 긴장될 수 있습니다.

2단계 – 정신적 에너지가 어떻게 근육 활동에 영향을 미칠까

이제 우리는 다양한 정신적 상태가 횡격막이 작동하는 방식에 어떻게 영향을 미치는지 탐구할 겁니다.

○ 헐떡이는 것에 대해서 아주 자신감이 없고 조심스러우면서 머뭇거리는 느낌이 든다고 상상하면서 이 태도를 가지고 헐떡여 보세요. 헐떡임에 무슨 일이 일어나는지, 얼마나 불규칙해지고 에너지가 작은 게 느껴지나요?

○ 이번엔 헐떡거리는 것에 대해 여전히 자신 없거나 헐떡이기에는 너무 피곤하다고 상상해보세요. 그리고, 그만큼 부족한 에너지를 보충하기 위해 매우 열심히 노력할 거라고 상상하며 이 태도를 가지고 헐떡여 보세요. 지금 헐떡임에 무슨 일이 일어났는지 눈치챘나요? 횡격막이 얼마나 더 타이트해지고 몸의 다른 부분이 긴장하기 시작하는지 알아차렸나요?

○ 이번엔 헐떡이는 것에 대해 차분한 자신감을 느끼고 헐떡이는 데 관심이 있다고 상상해보세요. 이 태도로 헐떡여 봅니다. 지금 당신의 헐떡거림에 무슨 일이 일어나는지 눈치챘나요? 헐떡이는 게 더 쉽고 몸이 이완되고 자유롭다는 걸 느낄 수 있나요? 또한 움직임 안에서 더 많은 에너지나 바운스가 느껴지나요?

분명히, 헐떡이는 훈련에서뿐만 아니라 모든 지지 훈련에서 구축하고 싶은 것은 마지막 버전의 헐떡거림입니다.

3단계 – 신체적 바운스를 높이기 위해서 정신적 바운스 키우기

○ 이제 우리는 정신적인 바운스를 키우면서 어떻게 신체적 바운스를 높일 수 있는지를 탐구할 겁니다. 다시 헐떡일 때 다음의 태도들을 시도해보고 어떤 태도에서 가장 많이 바운스가 느껴지는지 주목하세요.
   – 마치 굉장한 비밀을 가지고 있는 듯이 장난기 많고 놀리는 태도
   – 마치 나를 좋아한다는 것을 아는 사람이면서 내가 정말로 좋아하는 사람에게 추파를 던지는 태도
   – 마치 스스로에 대해 확신에 차 있고 만족하는 쿨한 자신감에 차 있으면서도 동시에 느긋함을 가진 듯한 쿨한 자신감이 있는 태도
○ 가장 바운스를 느끼게 하는 태도를 사용하세요. 규칙적으로 1분 정도 헐떡이기를 연습하면서 몸의 중심에서 느껴지는 이 에너지에 익숙해지도록 합니다.

노트

높은 에너지를 요구하는 장면을 준비하기 위해서 '횡격막 바운스'를 사용하기:
이 훈련은 높은 에너지를 요구하는 장면이 있는 경우, 무대에 오르기 바로 직
전에 할 수 있는 훌륭한 훈련입니다. 긴장 없이 상당히 많은 에너지를 찾게 해
줍니다.
약 30초간 편안함과 확신을 가지고 조용히 헐떡거립니다. 그런 다음, 무대에
올라가기를 바라는 마음을 헐떡이는 부위 중앙에 놓고 약 30초간 계속 헐떡여
보세요. 헐떡이는 동안 몸의 나머지 다른 부위는 편안하게 유지합니다.

목구멍에 쏠린 주의를 돌리기 위해서 '횡격막 바운스'를 사용하기:
헐떡이는 훈련은 목구멍에 있는 주의를 돌리는 데도 탁월합니다. 헐떡거림을
느끼는 곳에 주의를 기울이고 그 부위에서 말한다고 상상해보세요. 당신은 당
신의 호흡과 실제로 연결되기 시작하고, 그 호흡은 음성을 적절하게 지지해 줄
겁니다. 당신이 생각하는 것보다 더 쉽고, 훨씬 더 유용하고 훨씬 덜 이상할 거
예요! 특히 몸의 중심과 지지 근육에 주의를 기울이게 하므로 이 훈련은 배우
가 감기에 걸렸을 때 많은 도움이 됩니다.
다시, 편안하게 확신을 가지고 조용하게 헐떡여 봅니다. 헐떡이는 부위에 당신
의 목구멍이나 입이 있어서 그곳에서 말한다고 상상해보세요.

공연과 리허설을 위한 에너지를 위해서 '횡격막 바운스'를 사용하기:
피곤하거나 리허설이나 공연 전에 워밍업할 기회가 없는 경우에도, 억지로 에
너지를 올리려는 것보다는 이 방법으로 에너지를 찾는 게 훨씬 좋습니다. 내가
보이스오버voiceover 작업을 할 때, 때때로 그 세션은 아침 일찍 잡히기도 합니다.
그래서, 나는 항상 그곳으로 가는 길에 30초~1분 정도 조용하게 헐떡이는 훈
련을 합니다. 장난기 많거나 추파를 던지거나 혹은 쿨한 자신감을 가진 태도
중에서 그 시간에 가장 나에게 도움이 될 듯한 태도를 가지고요.

언급했듯이, 횡격막 바운스는 목구멍에 쏠린 주의를 다른 곳으로 돌리고 몸 안의 바운스에 대한 감각을 키우는 데 매우 유용합니다. 그러나, 이제는 호흡과 음성을 지지할 복부 근육에 초점을 맞추겠습니다.

복부 바운스 1 - 아랫배 바운스
배꼽 바로 아래 배 부위를 수반하고 그 부위에서 지지하는 감각을 느끼기 위해서

우리는 횡격막에서 사용했던 것과 같은 '멘탈 바운스mental bounce'를 복부에서 사용할 겁니다. 복부 지지는 건강하고 다이내믹한 음성을 사용하기 위해 필수적입니다. 우리는 지난 챕터에서 복부와 연결하는 방법을 탐험하기 시작했습니다. 지난 연습에서 사용했던 장난하듯이, 놀리듯, 추파를 던지듯 혹은 쿨한 자신감을 가진 태도를 사용하면서 확신과 흥미를 가지고 작업한다면 복부는 자연스럽게 작동할 겁니다.

○ 양발은 평행하게 골반 너비 아래 두고 서세요. 척추가 길어지고 골반과 어깨가 넓어지며 모든 관절이 느슨해진다고 상상합니다. 다시, 양손을 배꼽 바로 아래에 놓습니다.

○ 누군가에게 조용히 하라고 하는 것처럼 단호하게 '쉬'를 말하세요. 단호하면서도 자신감 있게 그리고 조금은 날카롭게 몇 차례 반복합니다.

○ 무슨 일이 일어났는지 알아챘나요? 배꼽 바로 아래 복부 부위가 안으로 당겨지고 심지어 살짝 위로 올라가는 것을 느낄 수 있나요? 의식적으로 그 부위를 잡아당길 필요는 없습니다. 척추를 길게 유지하면서 충분하게 단호함을 가지고 '쉬'를 말하면 자동으로 복부 근육이

수반될 겁니다. 움직임이 작더라도 걱정하지 마세요. 다시 말하지만, 우리는 그 작은 움직임을 기반으로 키워나갈 수 있습니다.

○ 어떤 움직임도 느껴지지 않는다면, 이번 챕터 앞부분에서 했던 것처럼 의자를 머리 위로 들고 이 연습훈련을 해보세요. 이 자세는 보통 효과가 있습니다.

○ 복부가 안으로 당겨지는 느낌이 들면 '쉬'를 말할 때 더 크게 바운스가 일어나도록 하세요. 다시 말하지만, 도움이 된다면 추파를 던지는 듯하거나 놀리는 듯한 태도를 가지고 합니다. 또한, 배꼽 바로 아래 그 부위에서 말을 한다고 상상도 해보세요. 마치 입이 배꼽 바로 아래 있고 매번 '쉬'가 그곳에서 튕겨 올라오듯이요. 이상하게 들릴 수 있지만, 효과가 있습니다—다음 챕터에서는 이 아이디어를 좀 더 자세히 살펴보겠습니다.

○ 헐떡이기 연습훈련과 마찬가지로 1분 이내로 규칙적으로 연습하세요.

노트

당겨지는 대신에 밀어내는 복부에 대해서: 가끔 복부가 다른 방향으로 움직이는데 '쉬'를 할 때 밖을 향해서 밀어내는 경우입니다. 내 경험상 두 가지 이유로 일어납니다. 첫 번째는 무너진 척추이고, 두 번째는 과도한 노력입니다. 척추가 무너지면 복부 부위가 수축되면서 그 부위의 근육이 적절하게 작동하지 못합니다. 또한 배를 움직이려는 의식적인 노력이 있다면, 메시지가 종종 잘못된 근육으로 전달되어 복부가 당겨지는 대신에 밀어내게 됩니다.

따라서 척추가 길어지게 두고서 모든 의식적인 신체적 노력을 충분한 양의 멘탈 바운스로 대체해야 합니다.

복부 바운스 2 – '파워 포인트' 바운스
복부의 각기 다른 포인트를 탐험해보고 연결하고 강화시키기 위해서

이 훈련은 수년 전에 함께 작업했던 훌륭한 노래 선생님인 제니스 챕맨의 연구와 티칭을 기반으로 하고 있습니다.

배 중앙을 둘러싸고 있는 다이아몬드 모양을 상상해보세요. 다이아몬드의 탑 포인트는 가슴뼈 바로 아래에 있습니다. 아래 지점은 치골 바로 위에 있으며 몸을 어느 정도 감싸는 측면 포인트는 옆구리와 허리 뒤쪽에 있습니다(그림 14 참조).

그림 14

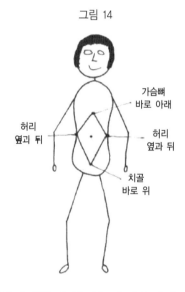

가슴뼈
바로 아래

허리
옆과 뒤

허리
옆과 뒤

치골
바로 위

배꼽 바로 아래 부위인 복부의 중심은 우리가 숨을 내쉬거나 소리를 낼 때 안을 향해 움직이지만, 다이아몬드 포인트들은 바깥을 향해 움직입니다. 보컬 해부학 전문가인 메리베스 번치[10]는 다음과 같은 훌륭한 비유를

---

[10] 메리베스 번치는 보컬 해부학에 대해 더 자세하게 알고 싶은 사람들을 위한 훌륭한 책 『노래하는 보이스의 역동성』의 저자입니다.

사용하면서 무슨 일이 일어나고 있는지를 명확하게 설명합니다. 풍선을 상상해보세요.

풍선의 한쪽 면을 안쪽으로 누르면, 누른 부위의 위아래 그리고 양옆이 불룩해집니다. 풍선이 막혀 있어서 그 안의 공기가 빠져나가지 못하고 밀려나기 때문이죠. 복부 부위 또한, 막혀있는 공간이기 때문에 그 안의 내용물이 다른 곳으로 밀려 움직이는 겁니다.

나는 다이아몬드의 각 포인트가 음성에 에너지, 파워 그리고 힘을 주기 때문에 '파워 포인트'라고 부릅니다. 그 지점들에 초점을 맞추면 당신에게는 정말로 지지받을 수 있는 곳이 생기면서 목구멍에서 애쓰는 모든 긴장을 제거할 수 있을 거예요.

우리는 각 지점을 차례로 살펴보고 어떻게 작동하는지 발견할 겁니다. 여기에선 간단하게 호흡으로 작업하고 다음 챕터에서는 이 부위의 근육이 소리와 말을 지지하기 위해 어떻게 작동하는지를 살펴보겠습니다.

○   이전 훈련과 마찬가지로 각 포인트를 가지고 작업할 때, 양발을 평행하게 골반 너비에 두고 섭니다. 척추는 길어지고 골반과 어깨는 넓어지는 걸 마음으로 그려보세요. 엉덩이와 어깻죽지는 가볍게 떨어지고, 발목과 무릎 그리고 골반 관절은 느슨해집니다.

노트

풍선의 내용물이 공기인 반면, 복부의 내용물 또한 공기처럼 느껴질 때도 있지만 공기가 아닙니다! 복부의 내용물은 다양한 장기와 혈관 등입니다.

다이아몬드의 탑 포인트 바운스

○ 주의를 집중할 첫 번째 포인트는 가슴뼈 바로 아래입니다. 그 포인트
에 엄지손가락을 지그시 대고 고양이를 쫓아내듯이 굉장히 자신 있
게 '프쉬-프쉬'라고 소리 내보세요. 몇 번 더 반복하세요.

○ 엄지손가락 아래 그 부위가 튕겨 나오는 게 느껴지나요? 늘 그렇듯
이, 움직임이 아주 작더라도 걱정하지 마세요—시작하기에 충분하니
까요.

○ 움직임이 느껴지지 않는다면, 먼저 엄지손가락이 가슴뼈 바로 아래
부드러운 그 부위에 있는지 확인하세요. 그런 다음, 충분히 단단하게
그 지점에 손가락을 대고 있는지 확인합니다. 또한, 척추가 구부정하
게 무너진 부분은 없는지 확인하고 마지막으로 충분한 확신과 바운
스를 가지고 '프쉬-프쉬' 소리 내는지도 확인합니다.

○ 그 포인트를 인식하고 그 부위가 움직이는 게 느껴진다면, 30초간
'프쉬-프쉬'를 소리 내면서 이 연습을 해보세요. 충분한 멘탈 바운스
와 가능한 많은 장난기와 편안함을 가지고 합니다.

노트

목구멍에 많은 긴장을 가지고 있다면, 가슴뼈 바로 아래인 다이아몬드의 탑 포
인트는 당신에게 아주 좋은 지점이 됩니다. 목구멍에 집중된 주의를 다른 곳으
로 돌려 목을 열어주는 데 많은 도움이 됩니다.

다이아몬드 아래 포인트 바운스

○ 두 번째 포인트는 치골 바로 위입니다. 다시 단단하게 그곳에 손가락을 대고 이전과 같이 '프쉬-프쉬'를 여러 번 소리 냅니다.

○ 손가락 아래쪽 부위가 살짝 튕겨 나오는 게 느껴지나요? 다시 말하지만, 움직임이 작더라도 걱정하지 마세요.

○ 아무것도 느껴지지 않는다면 다시 일반적인 체크리스트를 통해 확인합니다. 손가락이 치골 바로 위 그 부위에 놓여 있나요? 척추는 길게 있나요? 충분한 바운스를 가지고 '프쉬-프쉬'를 소리 내고 있나요?

○ 그 지점을 인식하고 그 부위가 움직이는 게 느껴지면, 30초간 '프쉬-프쉬'를 소리 내면서 이 연습훈련을 합니다. 충분한 정신적 바운스와 가능한 많은 장난기와 편안함을 가지고 해보세요.

다이아몬드의 측면 바운스

이미 언급했듯이, 다이아몬드는 평평하지 않습니다. 대신에, 둥글게 곡선을 타면서 측면 포인트들은 허리 양옆과 척추 양옆 큰 근육 위인 허리 뒤쪽에 위치해 있습니다. 옆과 뒤쪽의 포인트는 따로 살펴보겠습니다.

허리 양옆 바운스

○ 손을 허리 양옆에 두세요. 단단하게 그 부위에 손을 두되 어깨는 편안하게 유지합니다. 다시 여러 번 확실하고 단호하게 '프쉬-프쉬'를 소리 내보세요.

○ 각 손 아래 부위가 튕겨 나오는 게 느껴지나요? 항상 그렇듯이, 움직임이 작더라도 걱정하지 마세요.

○ 다시 말하지만, 아무것도 느껴지지 않는다면 일반적인 체크리스트를 통해 확인합니다. 손이 올바른 위치에 있나요? 살짝 높거나 낮은 곳이 아닌 허리 위에 손을 대고 있나요? 충분히 단단하게 허리 옆에 손을 대고 있나요? 척추는 길게 두었나요? 충분한 바운스를 가지고 '프쉬-프쉬'를 소리 내고 있나요?

○ 움직임이 일어나는 곳을 인식했다면 30초간 '프쉬-프쉬'를 소리 내면서 이 연습훈련을 합니다. 여기에서도 충분한 멘탈 바운스를 가지고 가능한 한 아주 장난스럽고 편안하게 해보세요.

허리 뒤 바운스

○ 손등을 허리 뒤에 놓습니다. 단단하게 그 부위에 접촉하되 어깨는 편안하게 이완된 채로 두고 등을 둥글게 말지 마세요. 다시 '프쉬-프쉬'를 확실하고 단호하게 여러 번 소리 내봅니다.

○ 각 손 아래 부위가 튕겨 나오는 게 느껴지나요? 항상 그렇듯이, 움직임이 작더라도 걱정하지 마세요.

○ 다시 말하지만, 아무것도 느껴지지 않다면 기본적인 체크리스트를 통해 살펴보세요. 손이 올바른 위치에 있나요? 정확하게 허리 뒤쪽에 손을 대고 있나요? 충분히 단단하게 허리 뒤에 손을 대고 있나요? 척추는 길게 두었나요? 충분한 바운스를 가지고 '프쉬-프쉬'를 소리 내고 있나요?

○ 여전히 움직임이 잘 느껴지지 않는다면 등을 둥글게 하고 골반에서부터 앞으로 몸을 기울여보세요(그림 15 참조).

그림 15

○ 종종 등의 움직임이 있음에도 불구하고 더욱 강하게 안쪽을 향하는 복부 움직임이 등의 움직임을 감각하는 걸 방해할 수 있어요. 그러나, 계속해서 등에 주의를 집중하고 상당한 정신적 바운스를 가지고 '프쉬-프쉬' 소리를 낸다면, 결국엔 등에서 움직임을 감지하게 될 겁니다.

○ 움직임을 인식했다면, 30초간 '프쉬-프쉬' 소리를 내며 이 연습훈련을 합니다. 다시 말하지만, 많은 멘탈 바운스를 가지고 가능한 한 아주 장난스럽고 편안하게 하세요.

'지지에너지 구축하기' 섹션 통합하기

다이아몬드의 모든 포인트와 연결되어 있다고 느끼면 각 지점에서 30초에서 1분 이내로 규칙적으로 작업하여 이러한 포인트들과 연결을 구축하고 그 지점이 확실하면서도 활기차게 참여하도록 하는 게 중요합니다. 이렇게 되면, 전체 섹션을 2분 30초에서 5분 안에 연습할 수 있어요.

이 연습훈련은 이전 섹션의 훈련과 함께 18분 이하의 세션으로 통합할 수 있습니다.

지지와 호흡을 지속하기

위의 작업은 첫 지지를 다룹니다. 가장 건강한 방법으로 가장 건강한 장소로부터 호흡이 나가기 시작하는 걸 지지하는 것. 분명한 건, 지지는 호흡 내내 지속되어야 한다는 겁니다. 지지가 차츰 호흡을 약하게 하는 게 아니라 일관된 압력으로 지속적으로 호흡을 공급하기 때문입니다.

우리는 이미 호흡을 유지하기 위해서 일부 지지 근육을 참여시키는 한 가지 방법을 살펴보았습니다. 호흡의 후반부에 몸속 저 아래로 뻗어 다다르는 생각이 아랫배와 골반 바닥 근육을 작동시키는 것처럼 그 근육이 수반되었죠('길고 넓게―수반하고 릴리스하기' 152~153쪽 참조). 이제 우리는 다이아몬드의 포인트가 지지를 계속하기 위해 어떻게 작동하는지를 살펴보겠습니다.

'파워 포인트' 지지 지속하기
숨이 나가는 동안 다이아몬드 포인트를 계속 참여시키기 위해서

다이아몬드 탑 포인트의 지지 지속하기

○ 항상 그렇듯이, 양발을 평행하게 골반 너비로 벌리고 서세요. 척추는 길어지고 골반과 어깨는 넓어집니다. 엉덩이와 어깻죽지는 가볍게 떨어지고 발목, 무릎, 골반 관절이 느슨하게 풀립니다.

○ 다시 엄지손가락을 가슴뼈 바로 아래에 두고 '프쉬-프쉬'를 확실하고 단호하게 여러 번 소리 내면서 다이아몬드 포인트와 재연결합니다.

○ 다시 '프쉬-프쉬' 소리를 내는데, 이번엔 호흡이 끝날 때까지 마지막 '쉬' 소리를 길게 냅니다.

○ 엄지손가락 아래 부위가 어떻게 되나요? 그 부분이 밖을 향해 머물렀나요 아니면 몸 안쪽을 향해 움직이나요? 종종, 처음에는 안으로 다시 이완되는데, 괜찮습니다. 그러나 지지를 유지하는 데 도움이 되기 때문에 호흡이 끝날 때까지 그 지점이 밖을 향해 머무르는 걸 탐험해 보길 바랍니다.

○ 따라서, 다시 시도해보는데 이번에는 '쉬' 소리가 계속해서 나갈 때, 엄지손가락 아래 부위가 밖을 향해 계속 움직인다고 상상해봅니다. 꼭 좀 더 밖을 향해 이동하진 않겠지만, 그 부위가 밖으로 움직인다고 상상하는 건 안쪽으로 무너지는 걸 막을 수 있습니다. 분명히 항상 그렇듯이, 의식적으로 그 지점을 밖을 향해 밀어내지 않는 게 중요합니다. 단순히 여러분의 상상이 원하는 결과를 가져온다고 믿으세요.

○ 날숨이 끝날 때, 엄지손가락 아래 그 부위가 풀어지게 두세요.

○ 1분 이내로 연습합니다. 숨을 내쉴 때마다 엄지손가락 아래 부위가 밖으로 움직이는 걸 상상하고 날숨이 끝나면 그 부위를 풀어버리세요.

다이아몬드 아래 포인트의 지지 지속하기

○ 다시 양발을 평행하게 골반 너비로 벌리고 서세요. 척추는 길어지고 골반과 어깨는 넓어집니다. 엉덩이와 어깻죽지는 가볍게 떨어지고 발목, 무릎과 골반 관절이 느슨하게 풀어집니다.

○ 다시 손가락을 치골 바로 위에 두고 '프쉬-프쉬'를 확실하고 단호하게 여러 번 소리 내면서 다이아몬드의 포인트와 재연결하세요.

○ 이제 다시 '프쉬-프쉬'를 소리 내지만 이번에는 호흡이 끝날 때까지 마지막 '쉬'를 길게 내봅니다.

○ 손가락 아래 부위가 어떻게 되나요? 그 부분이 밖을 향해 머물렀나요 아니면 몸 안쪽을 향해 움직이나요?

○ 다시 시도해보세요. '쉬' 소리를 계속 내보낼 때, 손가락 아래 부위가 밖을 향해서 계속 움직인다고 상상하면서 합니다. 꼭 좀 더 밖을 향해 이동하진 않겠지만, 그 부위가 밖으로 움직인다고 상상하는 건 안쪽으로 무너지는 걸 막을 수 있습니다. 분명한 건 이전과 같이, 의식적으로 그 지점을 밖으로 밀어내지 않는 게 중요합니다. 오히려 그 지점을 계속 참여하도록 상상하면서 작업하세요.

○ 날숨이 끝날 때, 손가락 아래 그 부위를 이완하세요.

○ 1분 이내로 연습합니다. 숨을 내쉴 때마다 손가락 아래 부위가 밖으로 움직이는 걸 상상하고 날숨이 끝날 때 그 부위를 이완하세요.

허리 양옆 지지 유지하기

○ 다시 손을 허리 양옆에 두고 '프쉬-프쉬'를 확실하고 단호하게 여러 번 소리 내면서 다이아몬드 포인트와 재연결하세요.

○ 이제 다시 '프쉬-프쉬'를 소리 내는데 이번에도 호흡이 끝날 때까지 마지막 '쉬'를 계속 내봅니다.

○ 허리 양옆이 어떻게 되나요? 그 부분이 밖을 향해 머물렀나요 아니면 몸 안쪽을 향해 움직이나요?

○ 다시 시도해봅니다. '쉬'를 계속 소리 내면서 허리 양옆이 밖을 향해 계속 움직인다고 상상하면서 하세요. 이전 포인트들에서처럼, 좀 더 밖을 향해 꼭 이동하진 않겠지만, 그 부위가 밖으로 움직인다고 상상하는 것은 안쪽으로 무너지는 걸 막을 수 있습니다. 분명한 건, 다시 말하지만 의식적으로 아무것도 하지 않는 게 중요합니다. 오히려, 당신의 상상이 알아서 일하게 두세요.

○ 날숨이 끝날 때, 손 아래 그 부위를 느슨하게 풀어버리세요.

○ 약 1분 동안 연습해봅니다. 날숨마다 손 아래 부위가 밖으로 움직이는 걸 상상하고 날숨이 끝날 때 그 부위가 이완되도록 하세요.

허리 뒤의 지지를 지속하기

○ 다시 양발을 평행하게 골반 너비로 벌리고 서세요. 척추는 길어지고 골반과 어깨는 넓어집니다. 엉덩이와 어깻죽지는 가볍게 떨어지고 발목, 무릎과 골반 관절이 느슨하게 풀립니다.

○ 다시 손등을 허리 뒤에 두고 '프쉬-프쉬'를 확실하고 단호하게 여러 번 소리 내면서 다이아몬드 포인트와 재연결합니다.

○ 이제 다시 '프쉬-프쉬'를 소리 내는데 이번에도 호흡이 끝날 때까지 마지막 '쉬'를 계속 내봅니다.

○ 허리 뒤쪽이 어떻게 되나요? 그 부분이 밖을 향해 머무르나요 아니면 몸 안쪽을 향해 움직이나요?

○ 다시 시도해보세요. 계속해서 '쉬'를 소리 낼 때, 허리 뒤가 밖을 향해 계속 움직인다고 상상합니다. 반드시 밖을 향해 꼭 이동하진 않겠지만, 이전처럼 그 부위가 밖으로 움직인다고 상상하는 것은 안쪽으로 무너지는 걸 막을 수 있습니다. 분명한 건, 다시 한번 말하지만 의식적으로 아무것도 하지 않는 게 중요합니다. 오히려, 당신의 상상이 알아서 일을 하게 두세요.

○ 날숨의 끝날 때 손 아래 그 부위를 느슨하게 풀어버리세요.

○ 약 1분간 연습하세요. 숨을 내쉴 때마다 손 아래 부위가 밖으로 움직이는 걸 상상하고 날숨이 끝나면 그 부위를 느슨하게 풀어버리세요.

'지지와 호흡을 유지하기' 섹션 통합하기

이 섹션의 훈련에 익숙해지면, 각각 1분 이상 걸리지 않으므로 5분 섹션이 만들어집니다. 따라서, 이 섹션은 이전 섹션과 함께 약 23분의 섹션으로 구성될 수 있습니다.

전체 챕터 통합하기

아래는 더 짧은 15분 세션의 개요입니다. 이 챕터의 각 훈련에 만족한다면 이 짧은 세션으로 훈련하는 게 좋습니다. 그러나, 이것은 단순히 가이드라인일 뿐입니다. 이것을 따르지 않고 당신의 방식으로 이 챕터 안의 훈련을 자유롭게 통합할 수 있습니다. 나의 조언은 세션을 20분 이내로 짧게 유지하라는 것입니다. 그렇게 하면 연습할 수 있는 더 많은 기회를 가지게 됩니다.

노트

페이지 번호는 당신이 기억을 되살리기를 원하는 경우를 대비해서 기존의 훈련이 있는 곳을 나타냅니다. 훈련을 탐색하는 부분은 매번 다시 할 필요가 없고 단순히 관련 훈련이나 섹션의 끝에 제안한 것을 작업해 나가면 됩니다.

웜업 (1분)

○ 호흡 자유롭게 하기 (136쪽)

바닥에서의 훈련 (4분)

○ 호흡 릴리스하기-2 (142쪽)
○ 목구멍 열기 (143쪽)
○ 길고 넓게-수반하고 릴리스하기 (144쪽)
○ 'H' 호흡 (160쪽)

서서 하기 (10분)

○ 벽에 기대서 수반하고 릴리스하기 (163쪽)

○ 벽에 기대서 'H' 호흡 추가하기 (164쪽)

○ 의자를 머리 위로 올리고 수반하고 릴리스하기 'H' 호흡 (165쪽)

○ 횡격막 바운스 (168쪽)

○ 복부 바운스 1 - 하복부 바운스 (172쪽)

○ 복부 바운스 2 - '파워 포인트' 바운스 (174쪽)

○ '파워 포인트'의 지지 유지하기 (180쪽)

4

호흡을 소리로: 음성 지지하기

지난 챕터에서는 호흡과 지지를 탐험했습니다. 호흡과 지지가 가장 효과적으로 일어나는 위치와 방법을 살펴보았죠. 이번 챕터에서는 호흡이 소리와 말로 바뀌는 것과 소리와 말을 효과적으로 지지하는 방법에 대해 알아보겠습니다. 우리는 연결되고 건강한 방식 안에서 소리와 말을 시작하고 지속하는 법을 탐험함으로써, 음성의 힘과 유연성 그리고 미묘함을 발전시킬 겁니다.

소리가 만들어지는 방법

이번 작업을 시작하기 전에 소리가 어떻게 만들어지는지를 간단하게 설명할게요.

우리가 소리를 내기로 결정하면 뇌는 성대에게 메시지를 보내서 후두를 가로질러 가벼운 닫힘을 형성하기 위해 서로 만나게 합니다. 폐로부터 올라오는 호흡의 압력은 가볍게 닫힌 성대 아래에서 그 성대를 열기에 충분할 때까지 쌓이게 됩니다. 성대가 열리고 성대 사이를 호흡이 흐르면서 압력이 줄어들고 성대는 다시 붙게 됩니다.

성대의 닫힘과 열림은 매우 빠르게 일어나며, 그 결과로 성대는 진동합니다. 성대의 진동 활동은 성대 사이를 빠져나가는 호흡을 진동하게 하고 그 결과로 소리가 생성됩니다.

목구멍이 알아서 잘 작동할 거라고 믿기

위의 모든 활동은 의식적으로 지시할 필요 없이 일어납니다. 앞에서 언급했듯이, 소리가 목구멍에서 만들어진다는 생각은 쓸모없는 주의를 목구멍에 기울이게 하여 애쓰게 합니다. 목구멍을 열기 위해 목구멍 부위에 기울여 도움이 되는 주의에 대해서는 다음 챕터에서 이야기하겠습니다. 이번 챕터에서는 당신의 목구멍이 알아서 잘 작동할 것을 믿으면서 목구멍을 완전히 잊어버리고 각 연습훈련에서 다루고 있는 몸의 부위에 주의를 기울이도록 하세요.

멘탈 바운스 기억하기

이전 챕터에서 설명한 것처럼 멘탈 바운스를 가지고 작업(35, 165~167쪽 참조)하면, 지지 근육이 참여하게 될 거예요. 따라서, 신체의 자연스러운 지지 활동에 활력을 주기 위해서 확신과 흥미, 장난기, 추파를 던지는 그리고 놀리는 듯한 느낌을 사용하는 걸 기억하세요.

첫소리

이번 모든 훈련은 서 있든 앉아 있든 몸을 바로 세운 자세에서 하는 게 가장 좋습니다. 이 자세에서 지지 근육이 훨씬 더 잘 작동하기 때문이죠.

구부정한 자세로 있거나 머리를 앞으로 내밀거나 혹은 뒤쪽 허리를 지나치게 휘고 있다면(허리 뒤 지나친 S라인) 이전 챕터에서 했던 것처럼 벽에 기대서 작업을 하세요. 긴장하지 않고 머리와 등을 확인하는 데 도움이 됩니다(그 자세를 상기하려면 163쪽 그림 참조).

앉아서 한다면, 발이 바닥에 평평하게 있고 아래 등이 지나치게 안쪽으로 휘어지지 않고 척추가 서 있는지를 확인하세요. 지나치게 휘지 않도록 엉덩이와 천골이 살짝 아래를 향해 떨어진다고 상상해보세요(그림 1 참조).

그림 1

우리는 지난 챕터에서 탐험해 보았던 각각의 지지점에 소리를 더할 것입니다. 그리고, 주의를 집중하고 있는 지지점에서 말한다는 상상을 가지고 작업해 나갈 것입니다. 이것은 다소 이상하게 들릴 수 있지만, 특정 지지점에서 말하고 있다고 상상하는 것은 그 지지 부위와 연결되어 그곳의 근육이 효과적으로 참여하게 하면서 호흡과 소리의 협응이 쉽고 매끄럽게 이어지게 합니다.

처음에는 각각의 지지점과 연결되고 지지받는 느낌이 들도록 소리 그리고 간단한 단어와 구phrases를 가지고 작업할 겁니다. 이 챕터 뒷부분에는 텍스트를 가지고 연습하는 법을 살펴볼게요.

횡격막에서 소리와 단어 그리고 구phrases 바운스하기
소리 내거나 말할 때 횡격막과 연결되는 감각을 형성하기 위해서

다시, 횡격막에서 시작하겠습니다. 횡격막 초점을 맞추는 것이 목구멍에 쏠린 주의를 돌리고 음성 연결과 에너지의 감각을 불러일으키기 시작하는 훌륭한 방법이기 때문입니다.

1단계 – 횡격막에서 소리를 바운스하기

○ 전과 같이 발을 평행하게 골반 너비 아래 두고 서세요. 척추는 길어지고 골반과 어깨는 넓어집니다. 엉덩이와 어깻죽지는 가볍게 떨어지고 발목, 무릎 그리고 골반 관절이 느슨해집니다.

○ 좋은 멘탈 바운스를 가지고 이전처럼 소리 없이 헐떡거리면서 횡격막과 다시 연결되도록 하세요.

○ 이제, 헐떡거리는 부분에 입이 있고, 그 입에서 말한다고 상상하세요. 잠시 동안 그 이미지를 가지고 헐떡입니다.

○ 이제, 헐떡이는 것을 멈추고 강한 확신과 멘탈 바운스로 헐떡거리는 그 부분에서 말하고 있다고 다시 상상하면서 '후 후'라고 말해보세요. 항상 그렇듯이, 의식적으로 횡격막을 움직이려고 할 필요가 없습니다. 단순히 주의를 그곳에 두고 충분한 멘탈 바운스로 작업한다면, 횡격막이 알아서 필요한 일을 할 거예요.

노트

소리 낼 때 횡격막은 헐떡일 때와는 조금 다른 방식으로 작동하므로 헐떡거리

는 느낌을 재현하려고 노력할 필요가 없습니다. 단순히 헐떡거리는 부분에서 소리가 나온다는 상상에 집중하세요.

○ 다시 여러 번 반복하세요. 조용하지만 바운스를 많이 느끼면서 속삭이지 않고 '후 후'가 완전히 소리로 나오게 하세요.

○ 이제 같은 방식으로 횡격막에서 다음 소리의 시퀀스를 바운스합니다. '후 후 - 호 호 - 허 허 - 하 하 - 하이 하이 - 헤이 헤이 - 히 히'

노트

한 쌍의 소리 사이마다 살짝 복부를 이완한다면, 새로운 호흡이 들어옵니다(복부 이완에 대한 훈련은 150쪽 참조). 이것을 크게 생각할 필요가 전혀 없습니다 – 가능한 한 단순히 호흡이 알아서 하게 두세요.

○ 두세 번 정도 소리 전체 시퀀스를 가지고 놀이하듯 해보세요. 매번 횡격막 부위에서 말한다고 상상하면서 바운스와 편안함을 증가시켜 보세요.

노트

'후 후 에서 히 히' 시퀀스: '후 후 에서 히 히' 시퀀스는 혀와 입술의 다양한 위치와 함께 입의 모든 부분에서 만들어지는 모든 범위의 소리를 지지하기 때

문에 자주 사용하게 될 시퀀스입니다. 이렇게 하는 게 왜 중요할까요? 우리는 종종 자연스럽게 다른 소리에 비해서 일부 소리에 더 쉽게 연결되고 지지할 수 있다는 걸 알게 됩니다. 소리의 다양한 영역에 걸쳐 작업하면 이 연결과 지지를 균일하게 다양한 영역에서 할 수 있으므로 모든 소리가 지지됩니다. 또한, 당신에게 연결되고 지지되는 소리를 찾으면서 다른 소리를 가지고 작업할 때 가이드로써 그 소리를 사용할 수 있습니다.

예를 들어서, 당신에게 '하이'가 가장 연결되고 지원되는 소리임을 발견했다면 '하이'부터 시작해서 차례로 시퀀스를 이어갈 수 있습니다. 시퀀스의 다른 지점에서 시작하더라도 항상 그 지점에서부터 시퀀스를 순서대로 하도록 하세요.

이제 횡격막 부위에서 말하는 감각이 어느 정도 느껴지길 바랍니다. 그러나, 아직까지 잘 느껴지지 않는다고 생각되더라도 걱정하지 마세요. 편안하게 소리 내고 목구멍이 자유롭다면, 괜찮습니다. 실제로 무슨 일이 일어나고 있는지 걱정할 필요는 없습니다. 단순히, 횡격막 부위에 주의를 기울이고 거기에서 말한다는 상상에 계속 초점을 맞추고 횡격막이 알아서 일하게 두세요.

여전히 목구멍에서 말하고 있는 것 같더라도 역시나 걱정할 필요가 없습니다. 조용하게 힘을 들이지 않고 작업하고 있기 때문에 목이 상하지 않을 거예요. 횡격막 부위에 주의를 기울이며 그곳에서 말하는 상상에 계속 집중하세요. 이 방법으로 횡격막 부분과 연결을 구축할 수 있습니다. 이 챕터 마지막까지 목구멍이 문제가 되더라도 걱정하지 마세요. 다음 챕터에서 목구멍을 풀어주는 훈련을 살펴볼 겁니다.

2단계 - 횡격막에서 킥킥거리기

○ 킥킥 웃는 것은 목구멍을 여는 데 도움이 됩니다. 횡격막에 주의를
기울이고 킥킥거리면서 '후 후 에서 히 히' 시퀀스를 반복하세요. 각
소리를 킥킥거리는 사이마다 배를 느슨하게 풀어서 숨이 들어오게
두는 걸 기억하세요.

'후후후후후 - (배 느슨하게 풀어 숨 들어오게 두기) - 호호호호호 -
(배 느슨하게 풀어 숨 들어오게 두기) - 허허허허허 - (배 느슨하게
풀어 숨 들어오게 두기) - 하하하하하 - (배 느슨하게 풀어 숨 들어
오게 두기) - 하이하이하이하이하이 - (배 느슨하게 풀어 숨 들어오
게 두기) - 헤이헤이헤이헤이헤이 - (배 느슨하게 풀어 숨 들어오게
두기) - 히히히히히'

3단계 - 횡격막에서 단어를 바운스하기

○ 이제 '후 후' 시퀀스를 수행했던 것과 같은 방식으로 횡격막에서 다
음의 소리/단어 시퀀스를 바운스합니다.

'너-너'   '너-너'   '너-너야'
'여-여'   '여-여'   '여-여우'
'퍼-퍼'   '퍼-퍼'   '퍼-퍼들'

4단계 – 횡격막에서 구$_{phrase}$를 바운스하기

○ 이제는 아래 시퀀스를 시도해보세요. 확신과 멘탈 바운스를 가지고 위와 같은 방식으로 합니다. 다시 말하지만, 시퀀스의 각 부분 사이에서 배를 느슨하게 풀어버리고 숨이 들어오게 두는 걸 기억하세요.

‘하이-하이’ ‘하이-하이’ ‘하이’

‘하다-하다’ ‘하다-하다’ ‘하다 하다 뭐라고?’

‘하이-하이’ ‘하이-하이’ ‘ㅎ아, 인사한 거였는데 못 들었구나’

‘핸드-핸드’ ‘핸드-핸드’ ‘핸드크림 달라고 한 거야?’

○ 횡격막 부위에서 말하는 느낌이 드나요? 그렇지 않다면, 잠시 쉬고

나서 다시 해보세요.

○ 기억해야 할 두 가지 중요한 점이 있습니다. 첫 번째는 횡격막에 진짜로 주의를 기울이는 것이고, 두 번째는 상당한 멘탈 바운스를 가지고 작업하는 겁니다.

○ 따라서 헐떡거림이 어디에서 일어나는지 신체적으로 잘 느껴질 때까지 헐떡거림을 즐겨보세요. 눈을 감고 헐떡거리는 것도 상당히 도움이 됩니다.

○ 그런 다음, 멘탈 바운스를 증가시키면서 놀이하듯 해보세요. 이전처럼 추파를 던지거나 혹은 까불어대는 것을 생각해보세요. 이 생각은 지지 근육을 활성화시켜 줄 거예요. 바운스가 거의 없거나 아예 느껴지지 않는다면 지지받는 힘이 거의 혹은 전혀 없을 겁니다.

각 단계에서 약 30초씩 규칙적으로 이 훈련의 4단계를 모두 연습하세요.

노트

이 훈련을 일상생활로 가져오기: 이상적으로 무대에서만이 아니라 연결된 이 방식으로 항상 말할 수 있도록 하루 동안 종종 30초 정도씩 횡격막에 다시 주의를 두고 헐떡이기를 하는 게 좋습니다. 그리고 나서, 어떻게 하고 있는지를 걱정하지 말고 단순하게 '나는 횡격막에서 말하고 있어'라고 생각하면서 온종일 말할 때 횡격막 부위에서 시작되는 소리를 느낄 수 있도록 하세요. 지나치게 진지하게 생각할 필요가 없습니다. 아주 가벼운 마음으로 하세요. 그리고 나서는 늘 모든 게 알아서 일어나게 두세요.

멘탈 바운스를 가지고 조용히 헐떡거리기: 조용한 작업에서의 즉각적인 에너지.

지난 챕터에서 둔함을 느끼거나 혹은 많은 에너지를 요구하는 장면을 준비할 때 에너지를 높이기 위해 멘탈 바운스를 가지고 헐떡거리는 것에 대해서 이야기했습니다. 또한, 이 조용히 헐떡거리는 훈련은 스튜디오 공간 혹은 텔레비전, 영화, 라디오에서 일할 때 조용한 작업을 위한 에너지를 찾기 위해서도 사용할 수 있습니다

전과 같이, 조용하게 헐떡이고 나서 최대한 조용하게 소리를 바운스하는데 속삭인다기보다는 완전히 소리로 나오게 하세요. 당신만의 개인 발전기와 같은 내적 에너지 감각을 줄 겁니다.

또한 무대에서 마이크를 사용하며 작업하는 경우에도 준비하기에 매우 유용합니다. 마이크는 당신에게 볼륨을 주지만 에너지는 주지 않기 때문이죠. 지지 근육의 참여는 당신에게 에너지를 줄 수 있습니다.

아랫배에서 소리와 단어 그리고 구$_{phrase}$를 바운스하기
소리 낼 때와 말할 때 아랫배의 지지 근육을 참여시키기 위해서

이제 배꼽 바로 아래 아랫배에 초점을 맞추고 마지막 훈련에서와 같이 동일한 시퀀스의 소리와 구$_{phrase}$를 통해 작업하겠습니다.

○ 다시 양발을 평행하게 골반 너비로 벌리고 서세요. 척추는 길어지고 골반과 어깨는 넓어집니다. 엉덩이와 어깻죽지는 가볍게 떨어지고 발목과 무릎 및 골반 관절이 느슨하게 풀립니다.

○ 배꼽 바로 아래에 손을 놓습니다.

○ 지난 챕터의 복부 바운스 1－하복부 바운스(172쪽 참조)에서 했던 것과 같이, 조용히 하라고 말하듯이 '쉬'를 여러 번 단호하게 말합니다. 배꼽 바로 아랫부분이 안으로 당겨지면서 살짝 위로 올라오는 것

을 느껴보세요.

○ 복부가 안으로 당겨지면서 위로 올라가지 않는다면, 그 부위가 다시
참여할 수 있도록 의식적으로 복부를 부드럽지만 확실하게 안쪽 위
로 당겨봅니다. 배꼽 바로 아래 복부 안쪽으로 연결된 두 줄이 있고
'쉬'라고 할 때마다 그 두 줄이 안쪽 그리고 위쪽으로 당겨진다고 상
상하면 도움이 됩니다.

○ 이제 입이 배꼽 바로 아래 그 부위에 있고 거기에서 말한다고 상상
해보세요. 그 이미지를 그리면서 '쉬'를 여러 번 말합니다.

○ 이제 강한 확신과 멘탈 바운스로 '후 후'를 말하세요. 배꼽 바로 아
래 부위가 안쪽으로 당겨지면서 살짝 위로도 당겨지는 게 느껴지나
요? 척추가 무너지는 게 아니라 길어지고 있고 상당한 멘탈 바운스
를 사용하고 있다면 복부는 아주 자연스럽게 안으로 당겨지면서 위
를 향해 올라갈 겁니다.

○ 매번 멘탈 바운스를 높이면서 몇 번 더 시도해 보세요. 또한, 소리를
아래로 누르는 느낌이 아닌 복부에서 올라오는 느낌으로 작업한다는
걸 기억하세요.

○ 이제 각 소리에서 배가 안쪽 위를 향해 당겨지는 느낌으로 '후후 에
서 히히'까지 전체 시퀀스를 바운스합니다.

'후 후 - 호 호 - 허 허 - 하 하 - 하이 하이 - 헤이 헤이 - 히 히'

○ 계속해서 배에 주의를 기울이면서 시퀀스를 킥킥거리며 반복합니다.
각 소리를 킥킥거리는 사이마다 배를 느슨하게 풀어 숨이 들어오게
하는 걸 잊지 마세요.

'후후후후후 - 호호호호호 - 허허허허허 - 하하하하하 - 하이하이하
이하이하이 - 헤이헤이헤이헤이헤이 - 히히히히히'

○ 이제 같은 방식으로, 다음의 소리/단어 시퀀스를 배에서 바운스합니다.

'너-너' '너-너' '너-너야'

'여-여' '여-여' '여-여우'

'퍼-퍼' '퍼-퍼' '퍼-퍼들'

○ 주의가 목구멍으로 슬금슬금 올라가도록 두지 말고 배에 주의를 기울이면서 배에서 말한다는 생각으로 계속해서 주의를 집중하도록 하세요.

○ 이제 강한 확신과 상당한 멘탈 바운스를 가지고 같은 방식으로 다시 작업하세요. 배에서 이 시퀀스를 바운스합니다.

'하이-하이' '하이-하이' '하이'

'하다-하다' '하다-하다' '하다 하다 뭐라고?'

'하이-하이' '하이-하이' '응아, 인사한 거였는데 못 들었구나'

'핸드-핸드' '핸드-핸드' '핸드크림 달라고 한 거야?'

각 단계에서 약 30초씩 규칙적으로 이 훈련의 4단계를 모두 연습하세요.

'파워 포인트'에서 소리, 단어 및 구$_{phrase}$를 바운스하기
소리 내거나 말할 때 다이아몬드 포인트를 참여시키기 위해서

이제는 방금 배에서 작업한 것과 같은 방식으로, 다이아몬드 포인트들 위에서 작업하겠습니다(174쪽 참조). 차례로 각 다이아몬드 포인트에서 같은 시퀀스의 소리와 단어를 가지고 작업할 겁니다.

다음은 전체 시퀀스입니다. 차례로 각 포인트에 주의를 기울이면서 작업합니다. 가슴뼈 바로 아래에 있는 다이아몬트 탑 포인트에서 시작해서 치골 바로 위에 있는 다이아몬드 아래 포인트로 넘어가세요. 그러고 나서, 허리 양옆과 뒤에 있는 다이아몬트 측면 포인트들로 넘어갑니다.

다이아몬드 지점이 밖을 향해 바운스 된다는 걸 기억하세요. 또한, 당신이 추파를 던지는, 놀리는 혹은 우쭐대는 태도의 멘탈 바운스를 가지고 작업할수록 신체적 바운스를 더욱 느낄 수 있다는 것도 잊지 않길 바랍니다.

○ 전과 같이, 양발을 평행하게 골반 너비 아래 두고 서세요. 척추는 길어지고 골반과 어깨가 넓어지는 걸 마음으로 그려보세요. 엉덩이와 어깻죽지는 가볍게 떨어지고 발목과 무릎 그리고 골반 관절이 느슨해집니다.

○ 주의를 기울이고 있는 포인트에 부드럽지만 지그시 손을 갖다 대세요. 탑 포인트는 엄지손가락이나 손가락을, 아래 지점은 손가락을 그리고 양옆 지점은 양손을 사용합니다.

○ 확신과 멘탈 바운스를 가지고 마치 고양이를 쫓아내듯이 '프쉬-프쉬'를 소리 내보세요. 주의를 기울이는 부분이 밖으로 바운스 되는 걸 느껴봅니다.

○ 그런 다음, 강한 확신과 멘탈 바운스로 여러 번 '후 후'를 말하면서 주의를 기울이고 있는 그 부위가 밖으로 튕겨 나오는 걸 다시 느껴보세요. 또한, 소리를 아래로 누르는 느낌이 아니라 그 부위에서 올라오는 감각을 가지고 작업한다는 것을 기억합니다.

○ 그리고 나서, 같은 방식으로 '후'에서 '히'까지 전체 시퀀스를 가지고 해봅니다. 모든 소리에서 밖을 향해 튕겨 나오는 그 부위에 주의를 기울이세요.

'후 후 - 호 호 - 허 허 - 하 하 - 하이 하이 - 헤이 헤이 - 히 히'

○ 그런 다음, 이 시퀀스를 순서대로 끽끽거리면서 하세요. 각 소리를 끽끽거리는 사이마다 배를 이완해서 숨이 들어오게 하는 걸 기억하세요.

'후후후후후 - 호호호호호 - 허허허허허 - 하하하하하 - 하이하이하이하이하이 - 헤이헤이헤이헤이헤이 - 히히히히히'

○ 그다음, 소리/단어 시퀀스를 바운스하세요. 당신의 주의가 목구멍으로 스멀스멀 올라가게 두기보다는 집중하고 있는 그 부위에 계속해서 주의를 기울이도록 합니다.

'너-너' '너-너' '너-너야'

'여-여' '여-여' '여-여우'

'퍼-퍼' '퍼-퍼' '퍼-퍼들'

○ 이제는 구를 바운스하세요. 강한 확신과 멘탈 바운스를 가지고 위와 같은 방식으로 합니다.

'하이-하이' '하이-하이' '하이'

'하다-하다' '하다-하다' '하다 하다 뭐라고?'

'하이-하이' '하이-하이' '응아, 인사한 거였는데 못 들었구나'

'핸드-핸드' '핸드-핸드' '핸드크림 달라고 한 거야?'

각각의 지점에 차례로 주의를 기울이면서 규칙적으로 전체 시퀀스를 해나 갑니다.

'첫소리' 섹션 통합하기

소리 바운스하기와 소리 끽끽거리기 및 단어 바운스하기와 구phrase를 바운스하기까지의 모든 시퀀스를 해보았다면, 각 6개의 포인트(횡격막, 아랫배, 다이아몬드 탑, 다이아몬드 아래, 다이아몬드 양쪽 측면)를 수행하는 데 1분 이상씩 걸릴 필요가 없습니다.

따라서, 이 모든 섹션은 6분 이상 소요되지 않으며 리허설이나 공연을 위한 훌륭한 워밍업입니다. 실제로 간단하게 하루를 준비하기 위한 워밍업으로도 훌륭합니다. 지난 챕터 마지막의 15분 세션을 추가하면 20분 세션이 만들어집니다.

'부르기' 섹션으로 넘어가기 전에 약 1주 정도 이 섹션의 훈련을 연습하세요.

더 큰 에너지와 릴리스를 위해 부르기

부르기calling는 지지 근육을 수반하고 가볍고 좋은 에너지를 찾는 데 굉장히 좋습니다. 일반적으로 긴장을 수반하는 소리 지르기와 달리 부르기는 바른 지지와 이완을 북돋습니다.

나는 앞서 언급한 노래 선생님인 제니스 챕맨과 처음으로 이 '부르기' 작업을 했었고 그 작업은 나에게 계시였습니다. 그 당시 나는 나에게 충분한 에너지가 없다고 걱정했기 때문에 긴장하고 소리를 밀어내는 데 너무 익숙했었습니다. 부르기는 나의 목구멍과 목 그리고 어깨의 긴장을 풀어주었고 끔찍하게 둔한 몸이 놀랍고 즐겁게 움직이도록 활기를 불어넣었습니다. 수월하고 든든한 지지를 바란다면, 부르기를 시작하세요!

기본 부르기 연습훈련

누군가를 부를 때 일어나는 일을 경험하고, 소리 내거나 말할 때 부르는 에너지를 사용하기 위해서

이 연습훈련을 위해서 허리 양옆과 뒤에 있는 다이아몬드 포인트에 주의를 기울일 겁니다. 이 포인트에서 부르는 게 가장 쉽고 가장 효과적이기 때문입니다.

1단계 – 부를 때 일어나는 일을 경험하기

○ 전과 같이 양발을 평행하게 골반 너비 아래 두고 섭니다. 척추는 길어지고 골반과 어깨가 넓어지는 걸 상상하세요. 엉덩이와 어깻죽지는 가볍게 떨어지고 발목과 무릎 및 골반 관절이 느슨하게 풀립니다.

○ 이전에 했던 것처럼, 허리 양쪽에 손을 두세요.

○ 상상해보세요. 당신은 2주 동안 휴가를 보내면서, 아주 편안하고 느긋함을 느끼고 있습니다. 그러다, 갑자기 해변의 반대쪽 끝 혹은 광장 건너편에 있는 가장 친한 친구를 보게 됩니다. 친구를 보게 돼서 너무 반가워 그 친구의 주의를 끌기 위해 부릅니다. '헤~이'

○ 편안하게 부를 때 무슨 일이 일어나나요? 확실하지 않다면, 위 시나리오를 반복하면서 여러 번 더 불러봅니다. 당신이 좀 더 느긋하고 편안하면서 동시에 반가움을 느끼며 정말로 친구가 당신을 보길 원할수록 당신은 몸이 가볍지만 활기차게 움직이도록 활력을 불어넣을 수 있을 겁니다.

○ 부를 때 허리 양옆이 밖으로 움직이는 게 느껴지나요? 나의 경우에는 마치 그곳에서 정말로 부르는 듯한 느낌이 듭니다. 그리고 목과 목구멍 전체 부위가 열린 느낌도 듭니다.

○ 아무것도 느낄 수 없다면, 늘 하는 확인을 합니다. 척추가 길어지고 있나요? 모든 관절이 느슨하게 풀렸나요? 상당한 멘탈 바운스를 가지고 있나요? 당신이 기뻐서 마음껏 부르면 부를수록 더 편안하고 자유롭게 에너지를 방출하게 됩니다.

○ 이제는 허리 뒤쪽에 손을 두고 전체 시나리오를 반복합니다.

2단계 – 단어와 구phrase 부르기

○ 감이 잡혔다면, 처음에는 허리 옆에 손을 짚고 하고 그 뒤에는 허리 뒤쪽에 손을 두고 다시 다음 구를 불러봅니다.

'헤∼∼이'

'하∼∼이'

'하루는?'

'하루는 잘 지내?'

'하루 보고 싶어'

○ 늘 그렇듯, 아래로 누른다기보다는 허리의 옆이나 뒤에서 음성이 자유롭게 풀려나오는 걸 상상해보세요.

○ 정신적으로 밀어붙이고 있거나 음성이 알아서 자유롭게 해방되도록 둘 수 없다고 느낀다면, 아주 살짝 취했다고 상상해보세요. 일반적으로 효과가 있습니다.

○ 이제 허리 양옆과 뒤에서 같은 연결감을 유지하면서 단어와 구를 부르고 말하는 것을 번갈아 합니다. 물론, 말할 때는 단어나 구를 부를 때만큼 움직임이 많지 않을 수 있습니다.

허리의 옆과 뒤의 두 곳 모두에 시도해 보았다면, 가장 도움이 되는 부위를 말할 때 주의를 기울이고 싶은 부위로 선택할 수 있습니다.

규칙적으로 이 훈련을 해 나간다면, 지지 근육이 강화되고 자유롭게 에너지를 해방하는 습관을 기르게 될 것입니다.

안간힘을 쓰지 않으며 소리 지르기
소리 지르기에 부르는 메커니즘과 에너지를 사용하기 위해서

누군가를 부를 때는 자연스럽고 자유롭게 풀어버리는 반면에 소리치는 건 종종 더 많이 잡고 밀어붙이는 경향이 있습니다. 목과 목구멍에 지나친 긴장이 있다는 걸 의미하죠. 종종 소리치는 게 듣기 불편하게 느껴지는 이유이기도 합니다. 따라서, 무대 위에서 '잡고 밀기'보다는 '자유롭게 풀어버리는 부르기'에서 소리를 지른다고 생각하는 게 좋습니다. 이 생각이 당신의 음성과 관객의 귀 모두를 보호할 것입니다. 또한, 당신의 음성은 훨씬 더 유연하고 미묘함을 가지게 됩니다. 관객은 불쾌한 소리의 맹공격으로부터 자신을 보호하려고 귀를 막지 않고 성말도 낭신이 말하는 걸 늗게 될 거예요

○ 지난 훈련에서 설명한 대로, 워밍업을 한 후에 소리 지르며 하고 싶은 텍스트를 가져와서 가볍게 부르는 것부터 시작합니다. 잠시 텍스트 뒤에 숨어 있는 의도와 감정은 그냥 놓아두고 허리 양옆에서 먼저, 그리고 나서 허리 뒤에서 대사를 부르면서 자유롭게 풀어버리는 것에 익숙해지세요. 이전과 같이 손을 허리 양옆에 놓고 나서는 허리 뒤에 손을 놓고 합니다.

○ 일단 익숙해지고 편안함과 에너지 모두 좋은 수준에 있다고 느낀다 면, 텍스트 뒤에 숨겨진 의도와 감정을 추가하세요. 허리 양옆과 뒤

중에서 가장 부르기가 수월하다고 느껴진 곳에서 다시 텍스트를 불러보세요. 소리 지른다는 생각보다는 의도나 감정을 소통하고 있다고 생각해보세요.

나는 이 방식으로 작업하면, 거짓처럼 느껴지기는커녕 텍스트가 더욱 연결되게 돕고 훨씬 더 강하고 표현력 있게 느껴진다는 걸 발견했습니다.

이 방법으로 텍스트를 규칙적으로 짧은 기간만 연습해도 소리 지르기가 더욱 자연스러워질 거예요. 그러고 나면, 무대에 서기 바로 전에 근육의 참여를 상기시키기 위해서 허리 옆이나 뒤에 손을 올리고 빠르게 '프쉬-프쉬'나 '헤이-헤이'만 하면 될 겁니다.

안간힘을 쓰지 않고 비명 지르기
비명 지르기에 부르는 메커니즘과 에너지를 사용하기 위해서

소리 지르기와 달리, 비명 지르기는 자연스러운 방출입니다. 문제는 비명 지르기는 우리가 무엇을 하는지 자각하지 못하는 아주 자발적이고, 무의식적인 방출이라는 점입니다. 비명을 지르는 건 외부 자극에 대한 즉각적이고 본능적인 반응입니다. 그것은 단순하게 일어납니다. 그러나, 리허설에서 특히 그 자극은 종종 없어지곤 합니다. 우리는 비명을 지르며 반응해야 한다는 걸 알지만, 그 방출을 유발할 수 있는 게 없어서 흔히들 만들어 억지로 밀어붙이게 됩니다.

어떤 의미에서 당신은 비명 지르기를 연습할 수 없고 그것이 일어나게 돼야 합니다. 당신이 할 수 있는 건 부르기를 하면서 준비하는 겁니다.

○   다시 1단계 기본 부르기 훈련에서 설명한 대로 연습훈련을 하면서

몸이 준비되게 하세요(201쪽 참조).

○ 그런 다음, 비명을 질러야 하는 텍스트 혹은 소리를 부르면서 연습하세요. 장난스러움과 즐거움을 아주 가득 가지고 부르고 바운스하면서 지지 근육을 깨워 참여하게 하고 자유롭게 방출되는 메커니즘이 작동하도록 두세요.

그러고 나서, 텍스트나 소리에 대해서는 잊어버리고 캐릭터를 비명 지르게 만드는 요소에 집중하세요. 결국 당신을 자유롭고 수월하게 비명 지르게 하는 요소는 자극이기 때문입니다.

무엇보다도 비명 지르기를 걱정하지 마세요. 긴장만 하게 됩니다. 허리 옆과 뒤에 정말로 연결되도록 규칙적으로 부르는 연습을 하고 나서 몸과 음성이 알아서 잘하리라고 믿으세요.

노트

사람이 매우 긴장하고 있다면, 비명은 자연스럽게 풀려나오지 못하고, 비명을 지르는 과정에서 성대결절을 유발할 수 있습니다. 그러나 아기와 어린이는 적어도 정신적 외상을 입지 않는 한, 성대에 해를 가하지 않고 비명을 지를 수 있어요. 내 친구의 아이가 계단을 뛰어 오르락내리락하며 계단에서 비명을 지르던 일을 기억합니다. 아이는 놀고 있었고, 그 아이가 비명을 질렀을 때 목소리도 음성적으로 편안했습니다. 발생했던 유일한 긴장은 우리의 귀였어요. 아이의 목은 괜찮았습니다!

'부르기' 섹션 통합하기

특정 공연을 위해 필요한 경우가 아니라면, 소리 지르기와 비명 지르기는 규칙적으로 탐험할 필요가 없습니다. 단순히 부르는 작업을 하면서 당신은 소리와 비명을 지를 수 있도록 준비할 수 있습니다. 따라서, 이 챕터 앞쪽 훈련에 부르기 훈련 1분을 추가하세요. 7분의 세션이 이전 챕터 끝에 제시된 15분 세션에 추가될 겁니다.

다음 파트로 넘어가기 전에 이틀 정도 부르기 훈련을 연습하세요.

소리를 지속하기

다양한 지지점에서 소리를 내기 시작하는 방법을 탐험했으니, 이제는 같은 지지점에서 소리를 지속하는 법을 살펴볼게요. '길고 그리고 넓게—수반하기와 릴리스하기'(144쪽 참조)에서 다뤘던 아랫배와 골반 바닥에서 작업을 시작하겠습니다.

몸이 구부정하게 아래쪽과 안쪽으로 무너진다기보다는 길어지고 넓어지는지를 더 쉽게 확인할 수 있도록 다시 벽에 기대서 작업을 할 거예요. 구부정하게 무너진 자세는 소리를 유지하는 데 있어서 가장 큰 적 중 하나이기 때문입니다.

호흡 내내 아랫배와 골반 바닥 근육을 수반하면서 소리를 지속시키기
소리가 나가는 내내 아랫배와 골반 바닥 근육을 계속해서 참여시키는 연습을 위해서

○　이전처럼, 벽에서 2인치(약 5cm) 정도 떨어져서 발을 평행하게 골반 너비로 놓고 벽에 등을 대고 섭니다. 무게가 각 발 사이와 발뒤꿈치

와 발 볼 사이에 균등하게 분배됩니다. 아주 살짝 무릎을 구부리고 마치 바닥에 누워있었던 것처럼 벽에 등을 기대보세요. 필요하다면, 목뒤가 짧아지는 것을 방지하기 위해서 머리 뒤에 쿠션을 놓습니다.

○ 척추가 양방향으로 길어지고 엉덩이와 어깻죽지는 등에서 부드럽게 아래로 떨어지고 골반과 어깨가 넓어진다고 상상하세요. 발목과 무릎, 골반 관절이 느슨한지 확인합니다.

○ 전과 같이, 손을 배꼽 바로 아래에 놓고 다시 척추가 길어지고 골반과 어깨가 넓어지는 걸 마음으로 그려보세요.

1단계 – 아랫배에서 소리 지속하기

○ 복부와 다시 연결되기 위해서 '아랫배에서 소리 바운스하기' 훈련(196쪽 참조)에서 했던 것처럼, 여러 번 '후 후'를 바운스합니다. 각 '후'가 바운스 될 때마다 배꼽 바로 아래 부위가 부드럽지만 단단하게 딩겨지는 걸 느껴보세요.

○ 그런 다음, 다시 '후 후'를 바운스하는데 숨이 편안하게 끝날 때까지 두 번째 '후'를 길게 내보냅니다. 예를 들면, '후 후우우우우우우우우우우우우.' 소리가 해방되어 나갈 때 배꼽 바로 아래 부위에서부터 솟아오르는 소리와 천천히 안쪽과 위쪽으로 당겨지는 그 부위를 마음으로 그려보세요.

○ 늘 그렇듯이, 의식적으로 당기지 않는 게 중요합니다. 소리가 자유롭게 풀어질 때 아랫배에서 소리가 솟아오른다는 생각과 배꼽 바로 아래 그 부위가 안쪽과 위쪽으로 부드럽고 천천히 당겨진다는 상상을 마음으로 계속 그린다면, 아랫배는 알아서 작동할 거예요.

편안해질 때까지 여러 번 반복하세요.

2단계 - 아랫배와 골반 바닥에서 소리 지속하기

○ 이제 다시 이 훈련을 반복하는데, 이번에는 날숨의 후반부에 마치 복부와 골반 바닥에서 소리를 퍼올리기 위해 아랫배와 골반 바닥까지 내려간다고 생각해보세요. 이 상상의 퍼올리기는 지난 챕터에서 보았듯이, 배의 기저부와 골반 바닥 근육이 참여하게 합니다.

○ 소리를 위해서 정말로 몸의 아래 부위까지 뻗어 내려간다고 상상하며 이 훈련을 여러 번 반복하세요. 척추, 특히 등 위쪽과 목의 척추가 길게 그리고 어깻죽지가 떨어지면서 어깨 부위가 이완된 채로 넓게 유지되는지 확인합니다.

○ 이제 아랫배 그 부위가 안쪽과 위쪽으로 당겨질 때 소리가 배꼽 바로 아래에서 먼저 나온다는 생각을 가지고 다음의 소리를 해봅니다. 그러고 나서, 날숨의 후반부에서 소리를 푹 퍼올리기 위해 배의 기저부와 골반 바닥까지 내려가는 걸 상상해보세요.

'후 후우우우우우우우우'

'호 호오오오오오오오오'

'허 허어어어어어어어어'

'하 하아아아아아아아아'

'하이 하이이이이이이이'

'헤이 헤이이이이이이이'

'히 히이이이이이이이'

○ 각각의 소리를 한 번씩 반복하면서 규칙적으로 연습하세요.

호흡이 나가는 내내 '파워 포인트'를 수반하면서 소리 지속하기
소리를 지속하기 위해 다이아몬드 포인트가 계속해서 수반될 수 있도록 하기 위해서

이제 동일한 소리 세트를 사용하면서 다이아몬드 포인트에서 작업할 겁니다. 복부가 안쪽과 위로 움직이는 동안 다이아몬드 포인트는 밖으로 움직인다는 걸 기억하세요.

　　복부와 작업할 때, 우리는 호흡의 후반부에서 아랫배와 골반 바닥 아래까지 상상으로 도달하면서 소리를 유지하는 훈련을 했습니다. 다이아몬드 포인트 작업에서는, 호흡이나 소리가 계속해서 자유롭게 풀어져 나갈 때 우리가 주의를 기울이고 있는 다이아몬드 포인트가 계속 밖으로 움직이는 걸 마음으로 그리면서 소리를 유지하는 작업을 할 거예요. 다이아몬드 포인트가 밖으로 튕겨 나간다고 생각하면서, 호흡과 음성을 지지하고 유지할 수 있도록 그 부위를 참여시킬 수 있습니다.

　　다이아몬드의 꼭대기 포인트에 주의를 기울이면서 시작하기ー가슴뼈 바로 아래.

○　벽에 등을 대고 섭니다. 이전처럼, 벽에서부터 2인치(약 5cm) 정도 떨어져서 발을 평행하게 골반 너비 아래 놓습니다. 각 발 사이와 발 뒤꿈치와 발 앞꿈치 사이에 몸의 무게가 균등하게 실리게 하세요. 아주 살짝 무릎을 구부리고 바닥에 누워있는 것처럼 벽에서 등이 쉬게 두세요. 만약 필요하다면, 목뒤가 짧아지는 걸 방지하기 위해서 머리 뒤에 쿠션을 놓습니다.

○　척추가 양방향으로 길어지는 걸 마음으로 그려보세요. 엉덩이와 어깻죽지는 등 뒤에서 가볍게 아래쪽으로 떨어지고 골반과 어깨는 넓어

진다고 생각하세요. 발목과 무릎 및 골반 관절이 느슨한지 확인합니다.

○ 주의를 기울이고 있는 지점을 지그시 눌러줍니다—탑 포인트는 엄지 손가락이나 손가락을, 아래 포인트는 손가락을, 허리 양옆과 뒤는 손을 사용하세요.

○ 주의를 기울이고 있는 다이아몬드 포인트와 재연결되기 위해서, '후 후'를 여러 번 반복해서 말하세요. 각각의 '후'에서 다이아몬드 포인트가 바깥으로 움직이는 걸 느껴보세요.

○ 그러고 나서, '후 후'를 다시 바운스하는데 호흡이 편안하게 끝날 때까지 두 번째 '후'가 길게 나가도록 합니다. 예: '후 후우우우우우우우.' 소리가 나가는 동안 계속해서 주의를 기울이고 있는 포인트 부위가 밖으로 움직이는 걸 상상하세요.

○ 항상 그렇듯이, 의식적으로 움직일 필요가 없습니다. 소리가 나갈 때 마음으로 포인트 부위가 밖으로 움직인다는 생각을 계속한다면, 소리가 나가는 내내 그 부위는 계속 소리를 유지하는 일에 참여하게 될 겁니다.

○ 호흡/소리가 끝날 때 그 포인트 부위가 다시 느슨하게 풀어지도록 두는 걸 기억하세요.

○ 소리가 나갈 때 주의를 기울이고 있는 부분이 계속해서 밖으로 움직인다는 동일한 상상을 하면서 다음의 소리를 각각 시도해봅니다. 호흡/소리가 끝날 때 그 부위가 다시 이완되게 놓아두는 걸 기억하세요.

'후 후우우우우우우우우'

'호 호오오오오오오오오'

'허 허어어어어어어어어어'

'하 하아아아아아아아'

'하이 하이이이이이이'

'헤이 헤이이이이이이'

'히 히이이이이이이이'

이제 치골 바로 위인 다이아몬드 아래 포인트에 주의를 기울이면서 위 시퀀스를 반복하세요. 그런 다음, 허리 양옆과 뒤에 있는 다이아몬드 측면으로 넘어가 반복합니다.

'소리를 지속하기' 섹션 통합하기

시간을 절약하기 위해서 '후 후' 시퀀스를 한 번만 진행할 수 있습니다. 다이아몬드의 탑 포인트에서 2~3개의 소리를 가지고 해보고, 다이아몬드 아래 포인트에서 2~3개, 그다음에는 허리 옆과 뒤쪽에서 2~3개 소리를 가지고 연습훈련을 합니다. 분명하게 주의를 기울이는 지점을 계속해서 바꾸면서 합니다. 이 방식으로 훈련을 수행하는 건 3분이면 충분합니다. 따라서, 이전 챕터 끝에 제시된 15분 세션에 추가할 수 있는 10분 세션이 만들어집니다.

지지 작업을 텍스트에 가져오기

지지 포인트를 소리와 단어 그리고 구phrase의 첫소리에 연결하고 그 소리를 지속하는 데 익숙해져야 하므로, 이 지지 작업을 텍스트 안으로 가져오는 방법을 살펴보겠습니다.

각 구나 문장의 시작 부분을 지지하는 방법을 먼저 살펴보고 나서, 그것을 지속적으로 지지하는 방법을 살펴볼게요.

이 연습훈련은 이번 챕터 전체에서 연습한 것과 정확하게 같으니 이미 배운 걸 적용하기만 하면 됩니다.

지지받은 말로 시작하기

다시, 우리는 복부와 다이아몬드 포인트 같은 다양한 지지 부위를 개별적으로 다룰 겁니다. 그 이유는 더욱 간단하게 지지 시스템의 모든 부위가 잘 작동하는지 확인할 수 있기 때문이죠. 그러나, 실제로는 이 모든 부위가 함께 움직입니다. 이 모든 부위가 잘 작동하게 한다면 당신은 자유롭게 가장 도움이 되는 부위에 주의를 집중할 수 있습니다. 그것은 다른 캐릭터로 변화하는 데 도움이 되죠.

우리는 여기서 횡격막을 가지고 작업하지 않습니다. 음성에 연결하는 데 도움이 되기 때문에 일찍이 주의를 기울였기 때문이죠. 횡격막과의 작업은 여기서 주의를 기울일 복부 근육－복부와 '파워 포인트'－과 연결하기 위한 첫 번째 단계입니다.

아랫배에서 지지된 말을 시작하기
말하기 시작할 때 아랫배의 지지 근육을 수반하기 위해서

○ 전과 같이, 양발을 평행하게 골반 너비 아래 두고 섭니다. 척추가 길어지고 골반과 어깨가 넓어진다고 상상해보세요. 엉덩이와 어깻죽지는 가볍게 떨어지고 발목과 무릎 및 골반 관절이 느슨하게 풀립니다.
○ 복부 근육이 참여하도록 전과 같이(198쪽 참조) '후 후' 시퀀스를 따

라 바운스하세요.

'후 후 - 호 호 - 허 -허 - 하 하 - 하이 하이 - 헤이 헤이 - 히 히'

○ 그런 다음, 텍스트를 가져와서 말이 되면서도 한숨에 편안하게 말할 수 있는 구나 문장으로 나눠보세요. 당신의 이해를 돕기 위해 팜 젬스Pam Gems의 <스탠라>에 있는 대사를 이 방법으로 나눠보았습니다. 빗금은 나뉘는 포인트를 나타냅니다.

힐다: 넌 그들을 원망하잖아. / 그들과 보내는 시간을 원망하고… / 네 얼굴을 봐. / 너는 … 네 가족에 대해서 얘기하고 또 하고 또 하잖아, / 부모님, 형제, 사랑하는 자매 얘기를.

○ 챕터(198쪽 참조) 앞부분에서 구를 가지고 했듯이, 각 구를 시작하기 위해 여러 번 바운스할 거예요. 바운스가 지지 근육을 수반하기 때문이죠.

○ 따라서, 각 구의 첫 번째 소리를 여러 번 바운스하세요. 만약 구가 모음으로 시작하는 경우, 'ㅎ'를 더하세요. 그런 다음, 말하기 시작할 때의 초기 바운스나 복부 근육이 수반하는 것과 같은 느낌으로 전체 구절을 말해봅니다. 손을 올려둔 배에 계속해서 주의를 기울이고 충분한 정신적 바운스와 단순한 확신을 가지고 작업하세요. 당신이 조심스러워한다면, 근육은 수반되지 않을 겁니다. 다시, 아래 예시를 보세요.

다-다-다-다 　당신은 그들을 원망하잖아

그-그-그-그 　그들과 함께 보내는 시간도 원망하잖아

니-니-니-니 　네 얼굴을 봐

너-너-너-너 　너는

니-니-니-니   네 가족에 대해 얘기하고 또 하고 또 하잖아

부-부-부-부   부모님, 형제, 사랑하는 자매 얘기를

이런 방식으로 다양한 텍스트를 가지고 작업하는 건 말하기 시작할 때 지지 근육이 참여하는 습관을 만드는 데 유용합니다. 또한, 이러한 방식으로 공연할 텍스트를 규칙적으로 연습하면서, 이것이 당신이 원하는 방식임을 몸에 상기시키는 것이 좋습니다.

'파워 포인트'에서 지지된 말을 시작하기
말하기 시작할 때 다이아몬드 포인트를 참여시키기 위해서

이제 우리는 차례로 각 다이아몬드 포인트에 주의를 집중하는 동일한 방법으로 작업해 나갈 거예요. 이전과 마찬가지로, 가슴뼈 바로 아래 부위인 탑 포인트부터 시작하세요. 그런 다음, 치골 바로 윗부분인 아래 포인트로 넘어갑니다. 그러고 나서, 측면으로 이동하는데 먼저 허리 옆에 주의를 기울인 다음 허리 뒤에 주의를 기울이도록 하세요.

다이아몬드 포인트를 안쪽으로 튕긴다기보다는 바깥으로 튕겨 나간다는 점을 기억하세요.

각 포인트에서 아래 연습훈련 시퀀스를 해봅니다.

○ 전과 같이, 양발을 평행하게 골반 너비 아래 두고 섭니다. 척추가 길어지고 골반과 어깨가 넓어지는 걸 마음으로 그려보세요. 엉덩이와 어깻죽지는 가볍게 떨어지고 발목과 무릎 그리고 골반 관절이 느슨하게 풀립니다.

○ 먼저, 주의를 기울이고 있는 특정 다이아몬드 포인트 근육을 수반하

기 위해 '후 후' 시퀀스를 바운스하세요

○ 그런 다음 위에서 했던 것처럼, 텍스트에서 각 구를 가져오세요. 첫 소리를 더블 바운스하면서 주의를 기울이고 있는 근육이 밖으로 움직이는 걸 느껴보세요. 그리고 나서, 말하기 시작할 때 근육이 밖을 향해 움직이는 것과 같은 감각을 가지고 전체 구를 말해봅니다. 다시 말하지만, 충분한 정신적 바운스와 단순한 확신 그리고 주의를 기울이고 있는 포인트에서부터 말하는 이미지를 가지고 작업하세요.

다시, 말하기 시작할 때 지지 근육이 참여하는 습관을 만들기 위해 다양한 텍스트를 가지고 작업하세요. 그리고, 공연할 텍스트를 가지고 작업하면서 이런 근육 참여 방식이 당신이 원하는 방식임을 몸에 상기시켜 주세요.

텍스트 부르기
말할 때 지지 시스템에 활력을 불어넣기 위해서

위에서 설명한 대로 지지받은 말을 시작하는 데 만족한다면, 지지 근육이 더 많은 바운스를 가지고 참여하도록 격려하고 조용하게 말할 때조차도 큰 편안함과 힘을 느낄 수 있도록 부르면서 작업하는 게 굉장히 좋습니다.

○ 이전처럼, 발을 평행하게 골반 너비 아래 두고 섭니다. 척추는 길어지고 골반과 어깨는 넓어지게 두세요. 엉덩이와 어깻죽지는 떨어지고, 발목과 무릎 그리고 골반 관절은 느슨하게 풀립니다.
○ 허리 양옆이나 뒤쪽 중에서 원하는 곳에 손을 지그시 댑니다.

○ 먼저 '헤이 헤이'를 자유롭고 가볍게 부르며 허리의 옆 혹은 뒤쪽 지지 근육이 밖으로 움직이는 걸 느껴봅니다.

○ 그런 다음, 부르기를 했을 때 느꼈던 것만큼 말할 때 허리 옆 혹은 뒤쪽의 지지 근육에서 동일한 수준의 활동과 연결감이 느껴질 때까지 부르기와 말하기를 번갈아 합니다.

지지된 말 유지하기

말하기 시작할 때 다양한 지지 근육이 참여하도록 하는 연습을 했으므로, 이제는 계속 말하면서 그 근육의 참여를 지속시키는 연습을 할 때입니다. 챕터 초반(207~212쪽 참조)에 소리를 유지하는 데 사용한 동일한 접근 방식을 사용할 거예요.

말하는 내내 아랫배와 골반 바닥 근육을 수반하기
말을 지지하고 지속시키기 위해서 아랫배와 골반 바닥 근육을 계속해서 참여시키는 연습을 위해서

다시 배와 골반 바닥 근육부터 시작하겠습니다.

○ 이전처럼, 발을 평행하게 골반 너비로 놓고 섭니다. 척추는 길어지고, 골반과 어깨는 넓어지게 두세요. 엉덩이와 어깻죽지는 떨어지고 발목과 무릎 그리고 골반 관절은 느슨하게 풀어집니다.

○ 복부와 다시 연결되기 위해서 이전에 했던(207쪽 참조) 짧게 '후'를 소리 내고 나서 길게 '후우우우우우' 하고 소리 내보세요. 처음 짧은 '후'에서 부드럽지만 단단하게 복부가 안쪽과 위쪽으로 당겨지기 시작하고 나서, 길게 지속되는 '후우우우우우'에서도 천천히 안쪽과 위

쪽으로 계속 당겨지는 것을 느껴봅니다. 항상 배에서부터 입술로 소리가 솟아오르는 걸 상상하세요.

○ 그런 다음, 날숨/소리가 끝날 때 배를 완전히 풀어버리고 새로운 숨이 저절로 들어오게 하세요.

○ 다시 '후 후우우우우우우'를 반복하는데, 호흡의 후반부에서 소리를 퍼올리려는 듯 하복부와 골반 바닥 아래까지 쭈욱 내려간다고 생각하세요.

○ 이제 우리는 전에 했던 비슷한 방법으로 텍스트와 함께 작업해보겠습니다. 이전처럼, 구의 첫소리를 바운스한 다음 구의 나머지 부분으로 곧바로 들어가는데, 챈팅(한음으로 노래부르듯 말하는 것)을 하면서 자유롭게 풀어버리세요. 예를 들어, '으 - 그~냥~ - 울~다~~가~ - 그~차~면~ - 또~ - 다~~시~ - 울~음~이~ - 시~작~됐~~지~.'

노트

챈팅은 호흡의 흐름과 음성이 잘 풀려나가게 돕습니다. 그 이유는 모음이 충분한 시간을 가지고 발음이 되게 하고 한 단어에서 다음 단어로 부드럽게 넘어가도록 하면서 호흡을 잡거나 멈출 가능성이 적어지기 때문입니다.

○ 첫 번째 바운스에서 배가 부드럽지만 확실하게 당겨지는 걸 느껴봅니다. 그런 다음, 구의 나머지 부분을 챈팅chanting할 때 계속해서 배가 천천히 매끄럽게 안쪽과 위쪽으로 당겨지는 걸 느껴보세요. 계속해서 배에서부터 솟아오르는 텍스트를 마음으로 그려봅니다.

○ 위의 훈련에 만족하면, 구의 길이를 살짝 늘이고 호흡의 후반부에서 숨/소리를 퍼올리기 위해 몸속 깊이 아래까지 도달하는 상상을 더해 보세요.

○ 각 숨이 끝날 때 배를 완전히 풀어버리고 새로운 들숨이 알아서 들어오도록 둔다는 걸 기억합니다.

○ 이제는 챈팅할 때와 마찬가지로 말할 때도 배와 골반 바닥과 연결되고, 그곳에서부터 소리가 흘러나오는 동일한 감각을 가지면서 챈팅과 말하기를 번갈아 가며 하세요.

다시 말하지만, 계속해서 말하면서 지지를 지속하는 습관을 기르기 위해 다양한 텍스트를 가지고 작업하세요. 이와 같은 방식으로 공연할 텍스트를 규칙적으로 연습하면서, 당신이 이러한 몸의 지지와 유지를 원한다는 걸 몸에 상기시키도록 합니다.

노트

배에 주의를 기울이고 그곳에서부터 말하는 것을 상상하면 할수록 그리고 정신적 바운스를 가지면 가질수록 배와 골반 바닥 근육이 더 참여하게 될 겁니다.

말하는 내내 '파워 포인트'를 수반하기
말을 지지하고 지속하기 위해 '파워 포인트'가 계속해서 참여할 수 있도록 연습하기 위해서

이제 우리는 다이아몬드의 각 포인트가 계속해서 참여할 수 있도록 작업할 거예요. 다시 말하지만, 가슴뼈 바로 아래인 탑 포인트부터 시작하겠습니다. 그런 다음, 치골 바로 위인 아래 포인트로 넘어갈 거예요. 그리고 나서, 다이아몬드 측면으로 이동해서 먼저 허리의 옆에 주의를 기울이고 그 후에 허리 뒤쪽에 주의를 기울이겠습니다.

다시, 각 포인트에서 아래 시퀀스를 해봅니다.

○ 전과 같이 발을 평행하게 골반 너비로 놓고 섭니다. 척추가 길어지고, 골반과 어깨가 넓어지는 걸 마음으로 그려봅니다. 엉덩이와 어깻죽지는 떨어지고 발목과 무릎 그리고 골반 관절은 느슨하게 풀어집니다.

노트

소리를 계속 낼 때, 이 부위의 근육이 더 바깥쪽으로 움직인다고 상상하는 건 소리가 나는 동안 그 근육이 다시 이완되는 걸 막고 계속 움직이게 하는 장치라는 것을 기억하세요. 그러나, 날숨/소리가 끝날 때 그 근육을 완전히 풀어버리는 걸 잊지 마세요.

○ 이전처럼, 먼저 '후 후우우우우'로 작업하겠습니다. 소리를 내기 시작할 때 주의를 기울이고 있는 포인트의 근육이 바깥쪽을 향해 움직이고, 소리가 계속 지속될 때는 그 부위가 더욱 밖을 향해 움직인다고 마음으로 그려보세요.

○ 그런 다음, 텍스트를 가지고 전과 같이 구의 첫 번째 소리를 바운스하고 구의 나머지 부분으로 곧장 물 흐르듯 넘어가 챈팅으로 소리를

풀어냅니다.

○ 관심을 기울이는 포인트의 근육이 처음 바운스에서 밖을 향해 움직이는 걸 느끼고 나서, 구phrase의 나머지 부분을 챈팅할 때 그 부위가 더욱 밖을 향해 움직인다고 상상해보세요.

다양한 텍스트를 가지고 모든 포인트에서 차례로 해 보는 게 좋습니다. 그렇지만, 특정 다이아몬드 포인트가 더 도움이 된다면 리허설이나 공연을 위해서 텍스트를 연습할 때는 그 특정 포인트에 주의를 기울이며 작업하세요.

이번 챕터를 이전 챕터와 통합하기

첫 번째 챕터 끝에서 호흡을 가지고 했던 지지 훈련을 이번 챕터에서 다룬 소리 지지 훈련으로 대체했습니다. 이렇게 하면, 다음 챕터의 훈련을 탐험하기 전에 웜업으로 사용할 수 있는 20분 세션이 만들어집니다.

웜업/워밍엄 (2분)

○   호흡 자유롭게 하기 (136쪽)

바닥에서 하는 훈련 (4분)

○   호흡 센터링centering하기 (137쪽)
○   호흡 릴리스하기-2 (142쪽)
○   목구멍 열어주기 (143쪽)
○   수반하기와 릴리스하기 그리고 'H' 호흡 (벽에 기대서 하는 간단한 버전입니다-163쪽)

노트

다시 말하지만, 페이지 번호는 당신이 기억을 되살리길 원하는 경우를 대비해서 본래 훈련을 참조할 수 있게 합니다. 매번 훈련의 탐색적인 부분을 수행할 필요가 없으며 간단하게 관련 있는 훈련이나 섹션 끝에 제안된 걸 작업하면 됩니다.

서서 하기 (14분)

○ 수반하기, 릴리스하기 그리고 'H' 호흡 (벽에 기대서) (164쪽)

○ 수반하기, 릴리스하기 그리고 'H' 호흡 (의자에서) (164쪽)

○ 횡격막에서 소리 바운스하기 (190쪽)

○ 하복부에서 소리 바운스하기 (196쪽)

○ '파워 포인트'에서 소리 바운스하기 (198쪽)

○ 부르기 (201쪽)

○ 소리가 나가는 동안 하복부와 골반 바닥 근육을 수반하기 (207쪽)

○ 소리가 나가는 동안 '파워 포인트'를 수반하기 (210쪽)

5

소리 릴리스하기

지난 챕터에서 우리는 목구멍과 입 부위는 신경 쓰지 않고 소리를 지지하는 신체 부위들에 집중했습니다. 이제 그 작업으로 목구멍, 턱, 혀 그리고 연구개에 있는 긴장을 제거해서 음성을 완전히 자유롭게 해방시키는 게 더 쉬울 것이고, 우리가 이 챕터에서 탐험할 부분입니다.

음성을 완전히 자유롭게 풀어버리는 건 보컬 건강뿐만 아니라 예술적인 면에서도 중요합니다. 완전하고 자유롭게 음성이 해방되도록 둘 때, 텍스트에 대한 우리의 독특한 반응 또한 풀려나가게 됩니다. 그때 음성은 생생하게 살아있고 즉흥적이며, 배우와 관객 모두 더욱 진실되게 느낄 겁니다.

그래서 이번 챕터는 완전하고 자유롭게 해방되는 걸 방해하는 긴장을 풀어버리고 완전하고 자유롭게 해방되는 데 도움이 되는 근육 사용을 구축하는 것에 관한 겁니다.

음성의 자유로운 해방의 적

목구멍과 입 부위의 긴장에는 많은 원인이 있는데 이 챕터를 통해서 구체적으로 살펴볼 거예요. 그러나 몇 가지 이유는 지금 살펴보도록 하죠.

첫 번째 원인은 신뢰 부족입니다. 이것은 우리의 음성 그 자체 혹은 말하고 있는 내용에 대한 신뢰 부족일 수 있습니다. 신뢰 부족은 어떻게 말하고 있는지를 모니터링하면서 목을 잡게 만듭니다. 그때 음성은 막힌 것 같고 덜 강력하게 느껴집니다. 그 결과, 우리는 음성을 자유롭게 풀기 위해 억지로 밀어붙일 수 있으며, 이것은 더 많은 긴장을 가져올 수 있습니다.

또한 음성을 잃거나 혹은 긴장한 이력이 있는 경우, 목이 건강하게 작동할지에 대한 신뢰를 잃을 수 있습니다. 그래서, 우리는 무의식적으로 목을 보호하기 위해 목을 잡게 되고 보호하려고 애를 쓸수록 음성의 긴장을 불러올 수 있습니다.

긴장과 억제를 느슨하게 풀어버릴 수 있도록 우리 자신의 목구멍과 음성 그리고 우리가 말하는 내용을 신뢰하는 법을 배워야 합니다. 신뢰를 쌓는 건 신체적 훈련과 함께 진행해야 할 필요가 있습니다. 그렇지 않으면, 신체적 훈련의 효율성이 훨씬 떨어집니다.

그러니, 자신에게 물어보세요. '나는 나의 음성을 신뢰하는가? 나는 내 목구멍을 믿고 있는가? 나는 내가 할 수 있는 말을 신뢰하는가?' 이 질문에 대한 답이 '아니요' 혹은 '잘 모르겠다'라면, 왜 그럴까 하고 생각해 보세요. 과거에 당신의 신뢰를 '흔드는 일'이 있었나요? 스스로 어떤 부정적이거나 두려운 생각들에 먹이를 주고 있진 않나요? 모든 상황을 뒤집는 데 도움이 되는 좀 더 긍정적인 생각에 먹이를 줄 수 있을까요?

자신의 음성이 약하다거나 신뢰할 수 없다거나 혹은 긴장되었다고 스스로에게 계속 말한다면, 얼마나 노력하든 당신이 원하는 음성을 갖게 될 겁니다. 그러나 자신의 음성이 다른 사람들처럼 강하고 신뢰 가고 이완된 음성이라고 스스로에게 말할 수 있고 매일 적절한 훈련을 해 나간다면, 그때는 신체 훈련이 효과적으로 작동해서 원하는 결과를 이루게 될 거예요.

긴장의 두 번째 원인은 말하는 동안 자신의 음성을 듣기 때문입니다. 이것은 이 순간에 완전히 자유로워지는 걸 방해하는, 모니터링하고 확인하려는 형태입니다. 우리를 현존의 상태가 아닌 살짝 뒤나 혹은 자기 앞에 있게 이끕니다. 심지어 그것이 약간의 긴장만 유발한다고 하더라도 즉흥성과 자유로움을 약하게 하고, 보다 통제되고 예측가능한 선택을 하도록 이끌 거예요.

소리가 어떻게 들리는지보다 내면에서 어떻게 느껴지는지에 초점을 맞추세요. 그렇지만 소리를 들어야 한다고 느낀다면, 그때는 스스로 녹음하고 나중에 들으세요. 말하는 동안은 절대 듣지 마세요.

작업에 쉽게 다가가기

신체적인 것과 정신적인 것 사이의 관계에 대해서 상당히 많은 이야기를 해왔습니다. 신체적 이완을 원한다면 정신적 이완도 필요하기 때문에 조심스럽게 접근하기보다는 근심 걱정 없는 호기심을 가지고 이 챕터 훈련에 다가가세요.

릴리스하는 두 가지 방법

처음에는 목구멍과 목 부위를 구체적으로 각각 살펴보면서 작업할 거예요. 우리는 종종 정확하게 목구멍과 목에서 무슨 일이 일어나는지 인식하지 못하기 때문이죠. 단지 그 부위가 자유롭지 못하다는 일반적인 느낌만

을 가지는 경우가 많습니다. 인식하는 작업 후에는, 웜업과 텍스트 작업에
매우 유용한 '유기적으로' 릴리스하는 훈련세트를 해볼게요.

먼저 후두와 후두가 잘 작동하기 위해 필요한 것을 살펴보겠습니다.
이것은 목, 턱, 연구개 그리고 혀뿐만 아니라 후두 자체에 대한 작업이 왜
그토록 중요한지를 이해하는 데 도움이 될 거예요.

놀라운 움직임을 가진 후두

후두는 인후가 기관과 식도로 나뉘는 그 지점에서 기관 위쪽에 위치해 있
습니다(그림 1 참조). 후두는 굉장히 유동적으로 움직일 수 있도록 매달려
있고 지지를 받고 있어요. 목 앞쪽 뼈가 돌출된 양쪽으로 손가락이 오도
록 손을 목 앞쪽에 놓아보세요. 이것이 후두입니다. 남자의 후두는 여자의
후두보다 크고, 뼈의 돌출이 좀 더 두드러집니다. 그 돌출 부분을 목젖
Adam's Apple이라고 합니다.

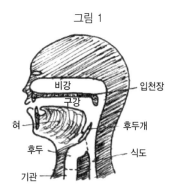

그림 1

○ 뼈 돌출 부위에 손가락을 대고 침을 삼킨 다음, 입을 크게 벌리지 않

고 하품합니다. 이 시퀀스를 여러 번 반복하세요.

○ 침을 삼킬 때 후두가 위로 움직이고 하품할 때 아래로 내려가는 게 느껴지나요? 그렇지 않다면, 하품할 때 입을 너무 크게 벌리고 있을 수 있으므로 하품을 숨기려는 것처럼 거의 입을 다물고 다시 시도해 보세요.

○ 지금은 위아래로 움직임이 느껴지나요?

이상적으로 후두는 삼키거나 하품하거나 노래하거나 말하는 등 무엇을 하든 자유롭게 움직일 수 있어야 합니다. 후두가 꽉 조이는 느낌이 들더라도 이 챕터에서 알아서 해결해 줄 테니 걱정하지 마세요. 여기에서 당신이 알아야 할 전부는 후드를 한 위치에 고정하는 게 결코 좋은 생각이 아니라는 점입니다.

그렇다면 후두의 자유로운 움직임에 영향을 미치는 것은 무엇일까요?

머리-목 관계

머리와 목의 위치는 후두의 움직임에 지대한 영향을 미칩니다.

○ 목의 앞부분이 길어지고 목의 뒷부분은 짧아지도록 턱을 위로 들어 올립니다. 이제 이전에 했던 것과 같이 삼키고 하품을 해봅니다. 목 앞쪽 전체 부위가 조이고 후두가 훨씬 덜 움직이는 게 느껴지나요?

○ 이제 턱을 아래 안쪽으로 당겨서 목의 앞부분이 거의 사라지도록 하세요. 다시 삼키고 하품합니다. 목의 앞부분이 얼마나 쭈그러져 있고 후두가 움직일 수 있는 공간이 얼마나 작은지 느껴지나요?

○ 이번엔 머리를 앞으로 내밀어 보세요. 목 앞쪽은 팽팽해지고 뒤쪽은 수축되는 게 느껴지나요? 후두가 올라가고 움직일 수 있는 공간이 거의 없는 게 느껴지나요? 내가 말한 모든 걸 느낄 수 없거나 혹은 다르게 느낄지라도 걱정하지 마세요. 나의 질문은 당신의 탐험에 도움이 되는 뼈대일 뿐입니다.

○ 무엇을 느끼든 이제는 척추가 길어지는 걸 마음으로 그려보세요. 꼬리뼈가 바닥을 향해 떨어지고 척추의 나머지 부분이 천장을 향해 길어집니다. 등에서 어깻죽지가 부드럽게 떨어지는 걸 상상하세요. 항상 그렇듯이, 신체적으로 '하려고' 하지 말고 이것이 일어난다고 상상해보세요.

○ 그런 다음, 정수리가 척추 바로 위에서 위를 향해 떠 있다는 느낌을 받아보세요. 턱과 아래턱 그리고 목의 앞부분은 부드럽게 두세요.

○ 그리고 나서, 다시 삼키고 하품해 보세요. 이제 후두가 얼마나 더 자유로워졌는지 느껴지나요?

이건 머리를 한 자세로 유지해야 한다는 게 아닙니다. 규칙적으로 척추가 길어지는 훈련(247쪽 참조)과 머리와 목을 자유롭게 하는 훈련(249쪽 참조)을 한다면, 어떤 자세 안에서도 몸이 길어지면서 이완되는 습관을 들일 수 있을 겁니다. 우리가 제거하고 싶은 건 수축하거나 고정하려는 습관입니다.

상체 안정성

등과 목 그리고 머리의 어느 부분도 수축해서 움츠리거나 구부정하게 고정되는 걸 원하지 않는 반면에 상체와 목과 머리에는 안정성이 필요합니다. 후두는 매달릴 안정적인 프레임워크가 필요하기 때문입니다.

말할 때 위쪽 척추가 무너지면서 구부정해지고 목과 머리를 앞쪽으로 내밀고 있다면, 후두는 안정적인 뼈대를 잃어 자유롭게 움직일 수 없습니다. 또한, 호흡과 연결되는 게 훨씬 더 어려워지고 많은 지지 근육이 제대로 작동하기가 거의 불가능해집니다.

길어지게 하고 넓어지게 하는 작업은 여기에서도 큰 도움이 됩니다(247쪽 참조). 이 작업은 위쪽 등에 있는 자세 근육을 수반하면서 위 척추와 목이 정렬되도록 하여 머리의 균형을 가져옵니다.

벽에 기대서 하는 훈련(249쪽 참조) 또한 아주 유용합니다. 말할 때, 벽에 등을 기대어 쉬고 있다고 생각하면 할수록 더 좋습니다. 마치 등을 기대 쉴수록 소리가 앞으로 더 많이 자유롭게 풀려나가는 것처럼요.

위쪽 척추가 길어질 때, 어깻죽지는 등 아래로 떨어지고 있다는 걸 상상하는 것 또한 매우 유용하고 놀라운 효과를 가져옵니다. 이건 내가 좋아하는 것 중의 하나이기도 해요.

규칙적으로 훈련한다면 이전의 모든 훈련과 마찬가지로 원하는 습관이 길러지고 자연스럽게 일어나기 때문에 작업하고 나서는 이를 잊어버릴 수 있습니다.

잡고 밀어붙이는 게 아니라 열어주고 자유롭게 놓아주기

너무나 자주 배우들은 소리를 열어놓거나 자유롭게 나가도록 놓아주기보다는 잡고 밀어붙여야 한다고 느낍니다. 이런 일이 일어나는 건 소리를 잡고 있을 땐 마치 자신이 무언가를 하고 있다고 느껴지지만, 열어 두고 자유롭게 풀어버릴 때는 당황스러울 만큼 쉽고, 심지어 취약하다고까지 느껴지기 때문입니다. 따라서 음성이 충분하지 않거나 통제할 수 없는 상태에 있다는 두려움을 느낄 수 있습니다.

이것이 이전 챕터들에서처럼, 항상 지지 근육을 맨 먼저 작업하는 이유입니다. 그때, 당신은 목과 목구멍 부위를 자유롭고 열린 상태로 두면서 작동하고 있는 부위를 느낄 수 있습니다.

능동적인 열림

목구멍 부위와 관련하여 우리가 탐험할 유일한 작업은 능동적인 열림입니다.11) 이것은 근육 이완의 결과로 발생하는 수동적인 열림과는 반대로 근육이 작동해서 일어나는 열림입니다. 목구멍을 닫거나 조이는 경향에 대항하는 가장 좋은 방법이기 때문에 우리는 능동적인 열림을 할 필요가 있습니다.

하품은 수동적 열림의 예시이지만, 웃거나 우는 건 능동적 열림의 예로 볼 수 있습니다.

목구멍을 능동적으로 여는 훈련은 나중에 살펴보겠습니다. 그 훈련은 굉장히 즐겁고 쉬우면서도 훌륭한 결과를 가져옵니다. 우선은 내가 이야기하고 있는 내용을 이해하기 위해서 다음의 연습을 탐험해 볼게요.

○ 소리 없이 누군가를 부르거나 신나게 노래를 부르기 시작하세요. 목의 아랫부분이 넓어지는 게 느껴지나요? 목을 쥐어짜거나 긴장하는 느낌 없이 쇄골 바로 위인 목의 아랫부분에 근육이 넓게 확장되는 느낌입니다.

---

11) 후두에 대한 조 에스틸의 작업은 그와 관련한 내 작업에 엄청난 영향을 미쳤습니다. 조 에스틸의 작업을 좀 더 알아보고 싶다면 웹 사이트 www.evts.com를 보세요.

놀라서 소리지거나 비명을 지르는 경우에도 마찬가지입니다. 후두는 다른 위치에 있을 수 있지만, 목은 넓게 유지됩니다. 이건 쥐어짜는 게 아니라 자유롭게 방출되는 거예요. 지난 챕터에서 언급했듯이, 자유로운 비명은 궁극적으로 자유롭게 풀려나가는 것입니다.

○ 소리 없이 신나게 다시 불러본 다음, 소리 없이 비명을 질러봅니다. 목의 움직임이 비슷하다고 느껴지나요? 막힘 없이 표현하고 싶은 충동이 있기에 목뿐만 아니라 온몸은 자유롭게 풀어지기 위해서 스스로 활력을 가집니다.

○ 그러니, 이 사실을 스스로에게 계속 상기시키고 하루 동안 원하는 만큼 자주 소리 없이 신나게 외치면서 자유롭게 해방되어 나가는 게 어떤 느낌인지 자신에게 상기시키세요.

노트

우리는 행복할 때 몸이 열리는 경향이 있기 때문에 즐거운 기분으로 작업하는 게 중요합니다.

따라서, 즐거운 감정을 사용하면 몸이 더 열리도록 북돋을 수 있고 닫으려는 경향을 상쇄할 수 있습니다. 그런 다음, 몸이 열린 습관을 들이면 매우 폐쇄적인 역할을 연기할지라도 당신은 어느 정도 몸이 열린 상태를 유지하여 긴장을 방지할 수 있습니다.

턱의 위치와 긴장

턱의 위치 또한 후두의 자유로움과 소리의 자유로운 방출에 영향을 미칩니다.

○ 아래턱을 앞으로 내밀어 보세요. 아래턱 아래 부위가 조이고 후두가 올라가면서 다시 유동성을 감소시키나요?

○ 이제 턱을 강제로 열지 않으면서 입을 가능한 크게 벌려 보세요. 아래턱이 아래쪽과 뒤쪽으로 움직여서 후두가 거의 움직일 수 없는 게 느껴지나요? 이 위치가 팝 가수들이 종종 선호하는 턱의 위치이고 많은 사람이 음성 피로를 겪는 이유 중의 하나일 수 있습니다.

○ 이제 턱을 다시 열어보세요. 그러나 이번에는 손가락 너비보다 크지 않습니다. 앞니 사이에 엄지손가락을 넣어 턱 앞부분이 그보다 훨씬 더 벌어지진 않았는지 확인하고, 마치 누군가가 당신에게 놀라움을 안겨준 것처럼 위아래 어금니 사이가 좀 더 열린다고 상상해보세요. 후두가 얼마나 더 자유로워지고 입과 목구멍 뒤쪽에 얼마나 더 큰 공간이 있는지 느낄 수 있나요?

다시 말하지만, 도대체 어떻게 턱을 움직여서 턱의 위치를 찾을 수 있을지는 걱정하지 마세요.

항상 그렇듯이, 이 훈련을 연습한 다음 이에 대해서 모두 잊어버리면 됩니다.

턱이 나오지 않았거나 과하게 열리지 않았어도 턱의 긴장은 후두와 소리가 자유롭게 풀리는 데 영향을 미칩니다.

아래턱을 움직이는 근육[12]은 우리의 몸에서 가장 강력합니다.

---

12) 메리베스 번치의 『노래하는 목소리의 역동성』 참조

○ 귀 바로 앞쪽 아래에 손을 놓고 어금니를 여러 번 악물었다 떼 봅니다. 악물었을 때 근육이 불룩 튀어나오는 게 느껴지나요? 몇 번 더 악물었다 떼 보면서 당신의 관자놀이도 조여지는지 보세요.

○ 어금니를 다시 악물면서 턱 근육을 긴장시키고 턱 아래와 목뒤 그리고 어깨 안쪽에서 무슨 일이 일어나는지 느껴보세요. 그 부위 전체가 경직되는 게 느껴지나요?

○ 후두를 움직여보세요. 유연성이 얼마나 떨어지는지 느껴지나요?

○ 턱을 벌렸다 닫아보세요. 얼마나 뻣뻣한지도 느껴지나요?

턱 근육이 팽팽할 때는 자유로움도 유동성도 느슨하게 풀어지는 일이 거의 있을 수 없습니다. 이상적으로 턱은 잡히거나 한 곳에 배치되기보다 매달려 있는 게 좋습니다. 이 챕터 뒷부분의 훈련을 통해서 우리는 느슨하게 풀어진 턱이 자연스러워지고 무대에서 턱에 대해선 걱정하지 않도록 연습할 수 있습니다.

목뒤 긴장

턱의 자유로운 움직임에 영향을 미쳐서 결국엔 후두에도 영향을 미치는 또 다른 근육은 목뒤 쪽 윗부분에 있는 근육입니다. 이것은 두개골 바로 아래에 있으며 척추의 양쪽에 있습니다.

○ 그 근육을 꽉 조인 다음 턱을 벌리고 닫아보세요. 목의 뒤뿐만 아니라 목의 앞부분과 얼굴의 옆 그리고 아래턱 아래가 팽팽하게 조이는 게 느껴지나요? 턱이 자유롭게 열리고 닫히지 않는 걸 느낄 수 있나요?

목뒤 쪽 윗부분에 있는 근육을 느슨하게 풀어주면 턱의 자유로움이 상당히 증가할 수 있으며 이것은 이 챕터 뒷부분에서 살펴볼 가치가 있습니다.

자유롭고 편안하고, 적절하게 열린 턱은 음성을 완전히 자유롭게 해방시킬 뿐만 아니라 훨씬 적은 노력으로 훨씬 강력해지게 합니다.

노트

딸각 소리가 나는 턱을 위해 할 수 있는 것들

나는 항상 턱이 소리 나는 이유와 멈추는 방법에 대한 질문을 받습니다. 어금니를 악다물면 턱에서 딸깍 소리가 날 수 있으므로, 턱을 느슨하게 풀어주기 섹션(264쪽 참조)이 도움이 될 거예요. 내 경험상, 딸각거림은 턱을 과하게 벌리는 경우에도 종종 발생합니다. 따라서 턱이 딸각거리는 소리를 낸다면 다음에 나오는 방법을 시도해 보세요.

O   턱뼈 뒤쪽 귀 바로 아래 부위에 손가락을 둡니다. 그런 다음, 턱의 코너 부분을 찾을 때까지 턱뼈 아래로 손가락을 미끄러지듯 움직여보세요. 모서리를 바로 지난 그 부위에 손가락을 두세요.

O   손가락이 있는 턱 뒤쪽에 주의를 기울이면서 턱의 그 부위가 힘없이 아래로 떨어지며 열리게 두세요. 위아래 어금니 사이가 손가락 너비를 넘어가지 않도록 합니다. 그런 다음, 위아래 어금니가 가볍게 다시 만나도록 턱을 다시 위로 올립니다.

O   이러한 방식으로 턱을 여러 번 떨어뜨렸다가 들어 올리면서 턱 앞쪽보다는 턱 뒤쪽에 주의를 기울이고 복화술사의 인형처럼 당신의 턱이 움직인다고 상상해보세요.

그 상상은 효과가 있을 겁니다.

그렇지 않을 경우, 턱이 똑바로 아래를 향해 움직이는 게 아니라 한쪽으로 치우쳐 움직일 수 있어요. 이건 한쪽 근육이 다른 쪽보다 더 강할 때 일어날 수 있으며, 당신이 한쪽으로 더 씹는 경향인 경우일 수 있습니다.

○ 거울 앞에서 턱을 벌리고 닫으면서 턱이 똑바로 아래로 내려가는지 보세요.

○ 구분하기 어렵다면 부목처럼 손을 얼굴 양옆에 단단히 두고 천천히 턱을 열고 닫아 보세요. 어깨와 등 위쪽이 편안하게 이완되게 두는 걸 기억하면서요. 이것은 일반적으로 양쪽 턱이 움직이도록 도와줍니다.

○ 옆으로 움직이는 움직임이 보인다면, 부목과 가이드처럼 손을 계속 사용해서 턱이 똑바로 아래로 움직일 수 있도록 매우 천천히 턱을 열고 닫습니다.

이 방법으로 해결되지 않고 턱이 걱정된다면, 의사나 치과의사와 함께 상의하세요.

후두와 혀 – 또 다른 섬세한 관계

입에서 보이는 혀의 부분은 전체 혀의 3분의 2에 불과합니다. 나머지 3분의 1은 목구멍까지 내려가 설골이라고 불리는 말굽 모양 연골[13]에 붙어 있습니다. 후두는 또한 이 연골에 붙어 있어서 혀에 있는 긴장의 영향도 받습니다. 특히 혀 뒤에 있는 긴장이 해당됩니다.

---

13) 메리베스 번치가 쓴 『노래하는 목소리의 역동성』에서 설골의 묘사.

○ 먼저, 혀 뒤쪽으로 입천장을 밀면서 혀 뒷부분을 팽팽하게 긴장해보세요. 후두에 어떤 영향을 미치나요?

○ 그런 다음, 혀 뒤쪽을 입 바닥을 향해 눌러서 혀가 팽팽하게 긴장되도록 해보세요. 이게 후두에 어떤 영향을 끼치는지 느껴지나요?

○ 그러고 나서, 혀 뒤쪽을 입의 뒤쪽 벽으로 당겨서 긴장시킵니다. 후두에 어떤 영향을 미치나요?

○ 이렇게 다양하게 긴장된 혀의 위치가 후두의 유동성을 어떻게 제약하는지 느낄 수 있나요? 무엇이 일어나는지 정확히 알지 못하더라도 목구멍 부위가 타이트하게 조이는 걸 느낄 수 있을 겁니다.

따라서, 혀 뒤를 편안하게 이완된 채로 유지하는 게 중요합니다. 어떻게 이완하는지는 나중에 훈련 섹션에서 살펴보겠습니다. 여기에서 기억해야 할 것은 혀의 긴장을 풀면 음성이 자유롭게 해방된다는 점입니다. 혀의 유연성은 음성이 당신의 생각과 감정에 더 반응하게 하면서 음성에 에너지와 미묘함을 가져올 것입니다.

연구개

연구개는 입천장 뒤의 부드러운 부분입니다(그림 2). 혀끝으로 입천장을 가로질러 뒤로 미끄러지듯 움직여 보면, 입천장이 딱딱하고 고정된 부분에서 부드럽고 움직일 수 있는 곳으로 바뀌는 그 지점을 느낄 수 있습니다. 부드럽고 움직이는 그 부분이 연구개입니다.

연구개는 올라가거나 내려가는 능력이 있습니다. 하품하거나 놀라서 숨을 헐떡일 때, 연구개는 위와 뒤를 향해 올라갑니다. '口, ㄴ, 응' 소리를 낼 때 연구개는 내려가죠.

그림 2

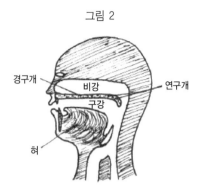

연구개와 후두는 근육으로 연결되어 있기 때문에 연구개의 긴장은 후두에 영향을 끼칩니다.

○   여러 번 'ㄱ' 소리를 내면서 연구개를 찾으세요.
○   'ㄱ' 소리를 내기 위한 준비로 연구개는 아래로 내려와 혀의 뒷부분 과 만나 닫힘을 형성하고 연구개가 혀에서 떨어져 다시 위로 올라가 면서 'ㄱ' 소리가 풀려나갑니다.
○   'ㄱ' 소리를 만들기 위해서 아래로 움직이고 위로 올라가는 그 부위 가 긴장된다고 상상해보세요. 그리고, 목구멍과 후두에 어떤 영향을 미치는지를 보세요.
○   그 부위의 긴장이 목구멍 전체를 얼마나 긴장시키는지 느낄 수 있나 요? 아무것도 느낄 수 없다고 하더라도 너무 걱정하지 마세요. 처음 에 감지하기 어려운 부분일 수 있습니다.

연구개의 긴장은 또한 혀에 영향을 미쳐 혀 뒤쪽이 위를 향해 당겨지게 합니다. 마찬가지로, 혀 긴장은 연구개에 영향을 미쳐서 연구개가 아래로 당겨지게 합니다. 따라서, 후두의 자유로운 움직임과 음성의 자유로운 해방을 위해서 두 부위 모두 이완되어야 합니다.

후두 내부

앞에서 설명했듯이, 우리가 소리를 내려고 할 때 성대는 함께 모여서 후두를 가로지르는 가벼운 닫힘을 형성합니다. 호흡은 폐에서 나와 위로 흐르다가 성대의 가벼운 폐쇄로 나가지 못하게 막힙니다. 그 결과, 호흡의 압력은 닫힌 성대를 열기에 충분히 강해질 때까지 성대 아래에서 커집니다. 성대가 열리자마자 호흡이 빠져나가면서 압력이 줄어들면 다시 성대는 닫힙니다. 이 모든 건 엄청나게 빨리 일어나고 이 빠른 열림과 닫힘이 일어나면서 성대는 진동하게 됩니다. 성대의 진동 활동은 성대 사이를 지나가는 호흡이 진동하게 하고 그 결과로 소리가 생성됩니다.

여기에서 중요한 건 폐쇄의 질과 성문 아래 호흡 압력의 적절성입니다. 성문 폐쇄의 질은 중요합니다. 첫소리가 단단할지 호흡이 많이 섞일지 혹은 거칠지의 여부를 결정하기 때문입니다. 또한 더 큰 소리를 낼 수 있는 능력에도 영향을 미칩니다.

성대 아래 호흡 압력의 적절성은 음성의 '연료'이고 그 연료 없이는 음성 피로와 긴장을 유발할 수 있으므로 중요합니다. 또한 더 높은 소리를 내는 능력에도 영향을 미칩니다

성대 닫힘의 질 – 적절한 닫힘

협응은 단단하게 닫히기 위한 열쇠입니다. 이 협응은 호흡이 흐르기 시작할 때, 성대가 단단하게 붙도록 하지만 꽉 조이지 않게 합니다. 그때, 호

흡 압력은 적절하게 증가하고 물리적인 힘 없이 방출되게 합니다.

협응은 규칙적인 박자에 맞춰 스윙하기, 걷기, 달리기 또는 춤추기와 같은 리드미컬한 신체적 활동을 통해 상당한 도움을 받을 수 있습니다. 리드미컬한 활동은 협응된 활동입니다. 이것이 내가 지금까지 모든 세션을 2분 동안 팔을 스윙하면서 행진으로 시작하며 신체와 호흡을 자유롭게 협응하도록 했던 이유입니다.

성대 닫힘의 질 – 지나치게 꽉 닫힘

성대가 너무 팽팽하게 꽉 붙는다면, 호흡은 성대를 열기 위해 더 큰 압력을 쌓아야 합니다. 그 결과, 호흡은 아주 격렬하게 성대를 터트리듯 열고, 다시 성대는 아주 격렬하게 함께 부딪치며 닫힙니다. 또한, 호흡의 압력이 너무 커서 호흡이 빠르게 성대를 지나가면서 성대에 상당한 마찰을 일으킵니다. 격렬한 개폐와 공기 마찰 모두 성대 가장자리에 손상을 입힐 수 있습니다.

이러한 종류의 닫힘은 과도한 긴장과 노력의 결과입니다. 과도한 노력이나 과도하게 큰 들숨으로 야기될 수 있습니다. 무리하게 억지로 숨을 들이쉬면 어깨와 목에 상당한 긴장을 야기합니다. 큰 숨을 들이쉬는 동안 많은 양의 공기를 유지하기 위해서 종종 성대가 닫히게 됩니다.

성대가 지나치게 꽉 닫히게 되는 또 다른 원인은 지나치게 말을 강조하기 때문입니다. 이것은 단순히 과도하게 힘을 사용하는 신체적 습관 때문일 수 있지만, 정신적으로 부족한 부분을 보상하기 위해 밀어붙이려는 태도에서 반영된 것일 수도 있습니다. 이건 다른 사람에게 자기 말이 전달되는 능력에 대한 불신으로 야기될 수 있고, 그래서 추가적 힘을 쓰게 되는 겁니다. 분명한 건, 말하는 사람은 일반적으로 그들이 성대를 어떻게 닫고 있는지 자각하지 않지만, 정신적으로 밀어붙이는 결과는 지나치게 성대를 과하게 꽉 닫는다는 겁니다.

지나친 성대의 닫힘은 특히 모음으로 시작하는 단어나 음절을 말할 때 발생합니다. 그래서 지난 챕터에서 우리는 모음 앞에 'ㅎ'를 두고 연습훈련을 했죠. 목구멍이 열린 상태를 유지하는 데 도움이 되기 때문이에요.

지난 두 챕터의 호흡과 지지에 대한 많은 연습훈련은 지나치게 팽팽한 성대의 닫힘을 방지하는 데 도움이 됩니다. 이 챕터 뒷부분에서 우리는 이 문제를 다루기 위해 더욱 구체적인 훈련을 살펴볼 거예요(281쪽 참조).

여기서 기억해야 할 점은 숨을 쉬거나 말할 때 과도한 노력이 성대의 지나친 닫힘으로 이어질 수 있다는 겁니다. 이 이유로 지나치게 애쓰는 사람들과 작업할 때마다, 나는 그 사람들에게 아주 많이 따분한 것처럼 작업하도록 격려합니다. 따분할 때 우리는 너무 열심히 노력하지 않습니다. 그래서, 도움이 되지 않는 걸 저지해야 하는 느낌 없이 애쓰는 상태를 완화하도록 사실상 도와줍니다. 그래서 스스로 너무 열심히 노력하고 있는 것 같다면 확신에 찬 따분함을 가지고 작업하기 시작하세요. 그것은 굉장한 차이를 만들고 실제로 음성을 자유롭게 해방하기 시작합니다.

노트

일부 악센트와 언어에는 지나친 노력의 결과가 아닌 그 자체로 첫소리가 과하고 세게 나갑니다. 예를 들면 런던 토박이말의 'water'와 'butter'입니다. 't'는 소리 나지 않지만 성대가 팽팽하게 긴장되지 않은 완전한 성대의 닫힘으로 대체됩니다. 이 닫힘은 긴장되지 않기 때문에 오래 지속되지 않고 따라서 압력의

축적이 강하지 않고 방출이 격렬하지도 않습니다. 따라서 첫소리가 과하고 세게 나오는 게 당신 악센트의 자연스러운 부분이고 긴장의 결과가 아니라는 걸 확인했다면 걱정하지 마세요.

성대 닫힘의 질 – 호흡이 새어 나오게 닫힘

성대가 충분히 단단하게 붙지 않았다면 호흡의 일부가 소리로 변환되지 않고 성대 사이 여분의 공간을 빠져나가므로 호흡이 섞인 소리가 나옵니다. 성대의 과도한 사용이나 잘못된 사용 혹은 질병 또는 외부 자극에 의한 실질적인 성대의 문제가 아닌 이상, 불충분한 성대 닫힘의 원인은 필요한 근육 활동의 부족입니다. 성대를 함께 붙게 하는 역할을 하는 근육이 효과적으로 작동하지 못한 겁니다. 그 근육이 조심스럽게 작동해서 완전히 서로 붙는 게 실패했다고 말할 수 있습니다.

이것은 단순히 부족한 에너지 사용 습관 때문일 수도 있지만 주저하고 머뭇거리는 태도에서 오는 정신적 억제와 온전히 마음을 다해 임하지 않으려는 걸 반영할 수도 있습니다. 이러한 태도는 자신과 자신이 표현할 수 있는 것에 대한 신뢰 부족 혹은 듣는 사람의 반응에 대한 신뢰가 부족해서일 수 있습니다. 숨소리가 섞인 소리는 적어도 내가 경험한 문화 안에서는 남성보다 여성에게 더 흔한 것 같아요. 나는 이 소리가 양면적인 태도를 가진 여성과 관계가 있는 건지 종종 궁금했습니다. 여성의 힘이 어떻게 받아들여지는지, 특히 남성에게 어떻게 받아들여질지 많은 생각을 가지거나, 혹은 달래고 기분 좋게 하는 여성 역할을 맡으려는 경향이 더 큰 것과 관계가 있는 건지 종종 궁금했습니다.

현재 이것은 굉장히 예민한 문제이며 숨소리가 섞인 음성이 항상 이런 현상을 의미한다는 걸 말하는 게 아닙니다. 나는 단지 당신이 사람들이 의사소통을 어떻게 생각하고, 무엇을 위해 의사소통하는지 그리고 실제로 어떻게 말하는지를 생각해 보길 바랍니다. 종종 이 연결고리가 만들어지고 이해되면, 음성 습관을 바꾸는 게 더 쉽습니다. 물론 그건 그 사람이 바라는 경우에서입니다.

지난 챕터에서 했던 것처럼(188쪽 참조) 지지 작업과 함께 멘탈 바운스를 사용하면 숨이 과하게 섞인 음성에 도움이 될 거예요. 우리는 이번 챕터 뒷부분에서 좀 더 구체적인 훈련을 살펴볼 겁니다(284쪽 참조). 여기에서 요점은 지나치게 주저하고 머뭇거리는 태도는 도움이 되지 않는다는 겁니다. 성대가 잘 닫히지 않아 호흡이 새어 나가는 음성을 가지고 있다면, 나는 단순한 관심과 확신의 느낌을 가지고 작업하라고 격려합니다. 이렇게 하는 게 과도한 노력에서 오는 위험 없이 더 완전하고 적극적으로 근육을 참여시키는 데 도움이 되기 때문이에요.

호흡 압력 – 적절한

앞서 언급했듯이 적절한 호흡 압력은 음성을 위한 연료입니다. 적절한 호흡 압력은 우리가 탐험하기 시작한 좋은 자세와 편안하게 알아서 들어오고 나가는 호흡 그리고 수반되고 살아있는 지지 근육의 도움을 받습니다.

호흡 압력 – 지나치게 과한

호흡이 몸에서 너무 세게 내보내지면, 호흡 압력이 증가하고 성대 사이를 너무 강하게 흐르기 때문에 성대가 적절하게 붙지 못하게 방해합니다. 지나치게 강한 압력은 마찰을 일으키고 아주 작게는 성대를 건조하게 할 수 있습니다.

그렇다면 지나치게 센 호흡 압력의 원인은 무엇일까요? 그것은 억지로 힘을 들여 내보내는 모든 종류의 날숨입니다. 많은 양의 호흡을 들이마신 다음 위쪽 가슴을 빠르게 떨어뜨려서 억지로 숨을 내쉬는 것이 원인일 수 있습니다. 또한, 복부 근육을 과도하게 사용하는 것 또한 원인일 수 있습니다. 그렇기 때문에 편안한 날숨과 긴 척추 그리고 복부 근육을 힘으로 움직인다기보다는 수반되는 복부 근육을 찾는 게 지나친 호흡 압력이 생기지 않게 합니다.

호흡의 압력 - 지나치게 낮은

지나치게 낮은 호흡 압력은 더 높고 더 큰 소리를 낼 수 있는 우리 능력에 영향을 미칩니다. 따라서 활동량이 작은 날숨 근육(예를 들면, 복부와 골반 바닥 기저근)은 효과적이고 건강하게 고음을 내는 걸 방해할 거예요. 성대를 적절하게 닫는 역할을 하는 후두 근육 활동의 부족은 큰소리를 효과적이고 건강하게 내는 것을 방해하고요.

우리는 지난 두 챕터에서 효과적으로 날숨 근육을 수반하는 법을 살펴보았고(167, 188쪽 참조) 이번 챕터 뒷부분에서는 적절하게 성대를 닫는 방법을 살펴볼 겁니다(287쪽 참조). 여기에서 요점은 당신이 가벼운 관심과 확신 그리고 많은 멘탈 바운스를 가지고 훈련한다면, 후두와 복부 부위의 근육이 자연스럽게 더 활발히 수반되리라는 점을 기억하는 거예요.

이제 작업을 시작하기

이번 챕터의 소개가 당신에게 소리를 자유롭게 해방시켜주기 위해 작업해야 하는 부분에 아이디어를 제공할 수 있길 바랍니다. 일부 영역은 이전 챕터에서 했던 작업의 연속입니다—예를 들면 길어지고 넓어지는 훈련입니다. 다른 일부 영역은 새로운 작업입니다—예를 들면 턱, 혀, 그리고 연구개를 자유롭게 하는 것과 목구멍을 여는 부분입니다.

신체 작업 챕터에서와 같이 이완을 강요하지 말고 억지로 이완하려고 노력하지 마세요. 어떤 긴장이 느껴지는 대로 그대로 존재해 보세요. 그리고, 당신에게 무슨 일이 일어나고 있는지 더욱 자각하도록 자신을 허용하세요. 이렇게 하면 실제로 일어나고 있는 일이 더 명확해지기 때문에 훈련을 적용하고 더 유용한 새로운 습관을 만드는 게 쉬울 겁니다.

이전 챕터 끝에서 제안했던 세션을 준비 단계로 사용하세요. 그러고 나서, 이 챕터 안의 섹션을 한 번에 하나씩 탐험하면서 다음 섹션으로 넘어갈 준비가 되었다고 느껴질 때 다음으로 넘어가도록 하세요.

상체 안정화하기

이 섹션에서 모든 훈련은 몸을 바로 세우는 근육을 수반하고 강화하는 '멘탈 포커스mental focus'를 사용하겠습니다. 길어지고 넓어지라고 몸에 지시를 주면서 자세 근육이 자극받아 참여하게 합니다. 길어지고 넓어지는 지시를 계속하면 자세 근육이 계속 참여하도록 자극받고 그 근육은 강화됩니다.

길어지기
자세 근육을 수반하고 강화하기 위해서

이 훈련은 몇 가지 추가사항과 함께 신체 훈련 챕터의 연습훈련을 반복합니다.

○ 발을 골반 너비로 벌리고 평행하게 섭니다. 발목과 무릎 그리고 골반 관절이 느슨해집니다.

○ 엉덩이가 발목 위쪽 라인에서 쉬고 체중이 양발 사이와 발뒤꿈치와 발볼 사이에 고르게 퍼져있는지 확인하세요. 엉덩이가 부드럽게 아래를 향해 떨어지는 걸 상상해봅니다.

○ 갈비뼈가 엉덩이 바로 위쪽 라인에서 쉬고 있고 어깨는 갈비뼈 바로 위쪽에 놓여 있는 걸 확인하세요. 어깻죽지가 등에서 부드럽게 아래로 떨어집니다.

○ 목이 바로 어깨 위쪽에서 쉬고 있고 머리는 바로 목 위에 놓여 있는 걸 확인하세요.

○ 그런 다음 척추에 주의를 기울여봅니다. 꼬리뼈가 바닥을 향해 아래로 떨어지고 척추 맨 꼭대기는 천장을 향해서 이동하면서 척추가 길어지는 걸 마음으로 그려보세요.

○ 항상 그렇듯이, 의식적으로 '하려는' 것보다는 단순히 상상하기만 하면 됩니다. 등을 곧게 잡아당겨서 긴장되거나 뻣뻣해지는 게 아니라 '멘탈 포커스'의 결과로 미묘하게 길어지도록 등을 부드럽고 유연하게 두세요.

○ 머리가 부드럽고 유연하게 유지된 상태로 있도록, 위와 같은 방식으로 천장을 향해 떠 있는 정수리를 상상해봅니다.

○ 위 지시대로 해 본 후에는 당신에게 정말로 흥미를 일으키는 이미지나 어떤 것이든 주의를 기울여 보세요. 흥미로운 그 느낌이 척추 안으로 흘러 들어가서 척추가 더 길어지게 합니다.
○ 1~2분 동안 흥미로운 그 느낌을 가지면서 척추가 길어지도록 하세요.

하루 동안 훈련을 더 많이 할 수 있다면 더 좋습니다. 버스나 기차를 기다릴 때 혹은 우체국이나 슈퍼마켓에서 줄을 설 때 해보세요. 또한 통학이나 출퇴근할 때도 심지어 컴퓨터 작업을 할 때도 앉아서 할 수 있습니다.

넓어지기
자세 근육을 더욱 활성화하고 강화시키기 위해서

길어지는 부분을 다시 살펴보았으므로 이제는 넓어지기 부분을 다시 방문해보겠습니다.

○ 위와 같이 길어지는 느낌을 가지고 서서 골반에 주의를 기울여서 골반이 넓어지는 걸 상상해보세요.
○ 그런 다음, 어깨에 주의를 기울이고 나서 같은 방식으로 어깨가 넓어지는 걸 마음으로 그려보세요.
○ 항상 그렇듯이, 넓어지는 걸 의식적으로 '하려고' 할 필요가 없습니다. 단순히 상상만 하고 그 상상이 근육을 움직이게 두세요.

다시 말하지만, 여러분이 서 있을 때 혹은 앉아있을 때 그리고 기다릴 때 혹은 이동할 때마다 연습할 수 있습니다.

노트

오디션을 기다릴 때 신체 작업 챕터의 센터링 훈련과 함께 길어지기와 넓어지기를 연습하는 건 매우 유용합니다. 긴장이나 근육 수축을 방지할 수 있습니다.

벽에 기대서 작업하기
척추를 무너뜨려 구부정해지거나 머리를 앞으로 내미는 걸 막기 위해서

앞서 언급했듯이, 이 훈련은 머리를 앞으로 내미는 경향이 있는 경우에 당신의 음성과 당신이 하는 작업을 억지로 밀어붙이지 않고 자유롭게 풀어내는 데 매우 유용합니다.

○ 벽에서 2인치(약 5cm) 정도 떨어져서 발을 평행하게 골반 너비로 놓고 섭니다. 무릎이 아주 살짝 구부러지게 두세요.

○ 이전 챕터(163쪽 참조)에서 했던 것처럼 벽에 등을 기댑니다. 등허리 부분에 자연스러운 아치가 있기 때문에 등 전체가 벽에 닿지 않는 걸 기억하세요. 지나친 아치가 없는지 확인하기 위해 척추의 나머지 부분이 천장을 향해 길어질 때 꼬리뼈는 바닥을 향해 떨어진다고 생각합니다.

○ 목뒤가 짧아지거나 턱이 들리지 않고 머리가 벽에 쉽게 닿는다면, 괜찮습니다. 그러나, 목뒤가 짧아지고 턱이 들린다면 머리 뒤에 쿠션을 놓으세요(그림 3 참조).

그림 3

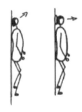

○ 전과 같이 몸이 길어지고 넓어진다고 생각하면서 벽에 기대서 등이 쉬고 있다고 상상해봅니다.

○ 그런 다음 복부에서 나오는 소리에 주의를 기울이는 소리 훈련이나 지속하는 호흡훈련을 해봅니다(163, 207쪽 참조). 훈련하는 동안 계속해서 몸이 길어지고 넓어지고 등을 벽에 기대고 있는지 확인하세요.

○ 그러고 나서, 텍스트를 가지고 시도해보세요. 공연에서처럼 원하는 텍스트에 자신을 몰입하면서도 생생하게 살아있도록 허용해 줍니다. 그렇지만, 당신이 앞을 향해 그 텍스트를 자유롭게 풀어내길 원하면 원할수록, 벽에 등을 더 기대도록 하세요.

○ 어깻죽지가 계속해서 벽에 닿아 부드럽게 아래를 향해 떨어지는 동안 원하는 만큼 팔을 자유롭게 움직여보세요.

○ 이 방식으로, 관객이나 다른 배우와 연결되거나 무엇을 강조하기 위해서 당신의 머리를 앞으로 내밀고 싶은 습관을 버릴 수 있습니다.

넓은 팔

척추를 무너뜨려 구부정해지고 머리를 앞으로 내미는 걸 더 방지하고 자세 근육을 더 강화하기 위해서

이것은 신체 훈련 챕터에서 했던 다른 훈련의 반복입니다(113쪽 참조). 척추를 무너뜨리고 머리를 앞으로 내미는 걸 방지하는 데 탁월하며 호흡과 지지를 열고 다시 연결하는 데 정말 도움이 될 거예요.

○ 벽에서 떨어져서 섭니다. 길어지는 훈련에서 했던 것처럼 몸이 일렬로 세워지도록 하세요.

○ 손바닥이 앞을 향하게 하면서 팔이 어깨높이까지 떠오르게 합니다. 어깻죽지가 등 뒤에서 부드럽게 아래로 떨어지는 걸 상상하면서 어깨가 올라오지 않고 부드러운지 확인하세요(그림 4 참조).

그림 4

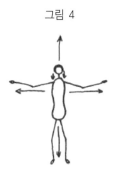

○ 어깨를 가로지르며 팔 너머까지 넓어지는 몸을 상상해봅니다.

○ 그런 다음 호흡 지속하기와 음성 훈련을 해보세요. 몸이 길어지고 넓어지는 걸 마음으로 그리면서 복부에서 소리가 나오는 것에 주의를 기울이며 합니다(163, 207쪽 참조). 팔을 그 자리에 계속 두기 위해

긴장을 사용하는 대신 필요하다면 팔을 쉬게 하세요.

○ 그러고 나서, 같은 자세 안에서 텍스트를 가지고 해보세요. 말할 때 길어지고 넓어지는 걸 상상하고 필요하다면 팔을 쉬게 하세요.

'몸을 안정화하기' 통합하기

이 섹션의 대부분은 일상생활을 하면서 연습할 수 있습니다. 벽과 넓은 팔 훈련은 지난 챕터의 끝에 제시된 세션을 마치기 위해서 텍스트를 가지고 할 수 있습니다. 따라서, 2분이 더 추가되어 22분 길이 세션이 만들어집니다.

어깨와 목을 느슨하게 풀어주고 머리 균형잡기

상체의 안정성이 생기면 어깨와 목의 긴장을 느슨하게 풀고 머리의 균형과 자유로운 위치를 찾는 게 훨씬 더 쉬워집니다.

머리를 좌우로 돌리기
목과 어깨 근육을 느슨하게 풀어주기 위해서, 목 앞과 뒤 근육을 균형 잡고 강화하기 위해서, 머리의 중심과 균형을 잡기 위해서

이 훈련은 '뇌 운동brain gym'14)으로 알려진 운동 세트에서 나온 운동을 기반으로 하고 있습니다. 이 신체 훈련은 '뇌 전체 학습whole brain learning'

---

14) 교원판 『뇌 운동*Brain Gym*』은 신체균형서점에서 주문할 수 있습니다. 런던 헨든 골 더스 라이즈 12가, 우편번호 NW4 2HR. 전화번호: 020-8202-9747, 팩스: 020-8202-3890. 교원판은 각 훈련의 목적이 설명되어 있어 아주 훌륭합니다. 따라 하기 쉽고 사진이 있다는 게 장점입니다(아마존에서 구입 가능합니다).

을 강화합니다—즉, 뇌의 모든 부분이 효과적으로 작동하게 합니다. 나는 이 훈련이 어깨와 목 긴장을 풀어주는 데 탁월하기 때문에 사용하고 있습니다. 이전과 같이 움직임을 흐르게 하면서 호흡을 편안하게 두세요.

○   이전과 같이 척추는 길어지고 골반과 어깨는 넓어지면서 서거나 앉습니다. 모든 관절이 느슨하게 풀리면서 어깻죽지와 엉덩이가 몸 뒤에서 아래로 부드럽게 떨어지는 모습을 상상하세요.

○   왼쪽 손을 왼쪽 어깨 위에 두고 손가락으로 가볍게 어깨뼈 바로 뒤를 부드럽게 움켜쥐세요. 어깻죽지가 여전히 등 뒤에서 아래로 떨어지고 있는 걸 확인하면서 머리의 무게 때문에 척추가 앞으로 무너지지 않고 곧게 유지되도록 하세요(그림 5 참조).

그림 5

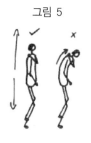

○   숨이 나갈 때 머리를 돌려 왼쪽 어깨 너머를 봅니다. 그런 다음, 숨이 들어올 때 그 자리에서 머리를 잠시 쉬게 두고 나서 다음 날숨에 머리를 돌려 오른쪽 어깨 너머를 보도록 합니다. 다시 이 위치에서 들숨이 들어오게 두고 날숨에서 다시 머리를 돌려 왼쪽 어깨 너머를 봅니다.

○   이 전체 시퀀스를 다섯 번 반복합니다. 그런 다음 머리를 굴려 가슴으로 떨어지게 해서 몸의 척추가 길게 있는 반면에 아래턱은 가슴

위에서 쉬도록 두세요. 잠시 이 자세에서 숨이 들어왔다 나갔다 하면서 쉬다가 날숨에서 목뒤 가장 아랫부분부터 똑바로 앞을 바라볼 때까지 올라옵니다. 목 척추 하나 위에 각각 하나를 놓으면서 목 척추가 세워지게 하세요.

○ 그러고 나서, 오른쪽 어깨에 왼손을 놓고 이 훈련을 반복합니다.

목으로 반원 그리기
목을 느슨하게 풀어주기 위해서

이 훈련은 간단하지만 매우 효과적입니다. 움직임이 매끄럽게 흘러가도록 유지하면서 편안하게 호흡하도록 하세요. 움직이면서 턱이 최대한 느슨하게 풀려 있는지 확인합니다.

○ 이전과 같이 척추가 길어지고 골반과 어깨는 넓어지는 걸 마음으로 그려보며 서거나 앉습니다. 모든 관절이 느슨하게 풀리면서 어깻죽지와 엉덩이는 몸 뒤에서 부드럽게 아래로 떨어집니다.

○ 아래턱이 가슴 위에 놓이도록 머리를 앞으로 떨어뜨리세요. 몸의 척추는 길게 유지되고 어깻죽지는 등에서 아래로 부드럽게 떨어지는 걸 확인해서 위쪽 척추가 무너지지 않게 합니다(그림 6 참조).

그림 6

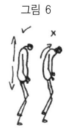

○ 턱을 최대한 가슴 가까이에 두면서 머리를 왼쪽으로 굴려서, 왼쪽 귀가 왼쪽 어깨 바로 위에 올 때까지 굴려줍니다. 이 자세에서 숨을 들이쉬고, 내쉴 때 오른쪽 귀가 오른쪽 어깨 위에 올 때까지 머리를 다시 아래로 굴려 몸의 중앙을 지나 계속해서 오른쪽 위까지 굴러가도록 합니다. 다시 이 자세에서 숨을 들이쉬고 내쉴 때 머리가 중앙으로 굴러떨어지면서 왼쪽까지 굴러가게 하세요.

○ 머리를 굴리는 내내 부드럽게 어깻죽지를 아래를 향해 떨어뜨리는 걸 잊지 마세요.

○ 이 전체 시퀀스를 다섯 번 반복합니다. 그런 다음, 아래턱이 다시 가슴 위에 놓이도록 머리를 아래로 굴러가게 두세요. 이 자세에서 잠시 쉬면서 숨이 편안하게 들어왔다 나가도록 하세요. 그런 다음, 숨이 나갈 때 다시 목뒤 가장 아랫부분부터 목 척추 하나 위에 하나를 쌓으며 목 척추가 쭈욱 세워지면서 머리가 앞을 바라볼 때까지 올라옵니다.

코로 원 그리기
목뒤를 느슨하게 풀어주기 위해서

이 훈련은 목뒤를 마사지하고 긴장을 풀어주는 데 아주 훌륭합니다. 다시 움직임이 계속 흐르도록 하면서 편안하게 숨을 쉽니다. 턱이 이완돼서 살짝 벌린 상태로 매달리게 두세요.

○ 이전과 같이 척추가 길어지고 골반과 어깨는 넓어지는 걸 상상하며 서거나 앉습니다. 모든 관절이 느슨하게 풀리고 어깻죽지와 엉덩이는 몸 뒤에서 부드럽게 아래로 떨어집니다.

○ 코끝에 펠트펜이 있고 그걸 사용해서 원을 그릴 거라고 상상해보세요.

○ 부드럽게 시계 방향으로 아주 천천히 원을 그리기 시작하면서 목뒤 가장 아래쪽(목의 기저부)을 마사지하는 움직임이 느껴질 때까지 필요에 따라 원을 더 크거나 작게 만들면서 원을 그려봅니다.

○ 위 감각을 느낄 수 있다면 시계 방향으로 세 번, 시계 반대 방향으로 세 번 원을 그리세요. 목뒤를 편안하게 풀어주고 있다고 상상하면서 합니다.

○ 그런 다음 목의 기저부 바로 위를 마사지하는 느낌이 들도록 살짝 더 작은 원을 그려봅니다. 시계 방향으로 세 번, 시계 반대 방향으로 세 번씩 원을 그리세요.

○ 계속해서 이 방법으로 천천히 목 가장 위까지 올라갈 때까지 원을 점점 더 작게 그리면서 해보세요.

코로 8자 그리기
목뒤를 좀 더 느슨하게 풀어주기 위해서

이 연습훈련은 위의 훈련들과 동일하지만, 원 대신에 옆으로 누운 8자를 코로 그립니다.

○ 이전과 같이 시작하는데, 큰 8자 모양을 그리면서 합니다. 목 가장 아랫부분(기저부)이 마사지 되도록 양방향으로 세 번씩 그려봅니다. 그런 다음, 움직임을 부드럽고 상당히 느리게 유지하면서 8자 모양이 점점 더 작아지도록 그려보세요.

머리를 끄덕이기
목뒤를 더욱 풀어주기 위해서

○ 이전과 같이 척추가 길어지고 골반과 어깨는 넓어진다고 상상하며
   서거나 앉습니다. 모든 관절이 느슨하게 풀리고 어깻죽지와 엉덩이는
   몸 뒤에서 부드럽게 아래로 떨어집니다.

○ 목을 길게 그리고 턱은 느슨하게 둔 상태로 목의 맨 윗부분을 축으
   로 고개를 아래로 끄덕이고 나서 다시 앞을 바로 바라보도록 목을
   놓아주세요.

○ 고개를 아래로 끄덕이는 걸 떨어뜨리는 것으로 생각하고 끄덕임이
   위로 올라오는 걸 놓아버리는 것으로 생각해보세요. 매번 위를 쳐다
   보지 않고 정면을 바라보도록 합니다.

○ '떨어뜨리기-놓아버리기, 떨어뜨리기-놓아버리기, 떨어뜨리기-놓아버
   리기'를 생각하며 여러 번 반복하세요. 계속해서 목뼈는 길게 턱은
   느슨하게 둡니다.

○ 고개를 끄덕일 때, 목 맨위 척추 양쪽 근육이 부드러워진다는 생각에
   주의를 기울이세요.

이 일련의 훈련을 마치면 척추가 길어지고 정수리가 천장을 향해 떠오른
다고 상상하면서 잠시 서 있습니다.

'어깨와 머리를 느슨하게 풀어주고 목을 균형잡기' 섹션 통합하기

각 연습훈련은 1분 이상 걸리지 않습니다. 즉, 섹션 전체가 5분 이상 소
요되지 않습니다.

이 훈련을 이미 진행하고 있는 세션에 추가해서 바닥에서 하는 훈련 후에 오도록 둘 수 있습니다.

이 챕터 지난 섹션의 2분을 더하면 총 27분 세션이 만들어집니다.

목구멍을 열고 소리를 자유롭게 해방시키기

이 섹션에서 몇 가지 훈련은 조 에스틸Jo Estill의 작업에서 영감을 받았고, 나는 그 훈련이 매우 가치 있다고 생각합니다. '넓히기와 열기', '킥킥거리기와 흐느끼기' 훈련은 배우와 함께 작업할 때 가장 유용하다고 생각한 그녀의 작업 중 몇 가지를 나의 버전으로 만든 것입니다.

넓히기와 열기
목 옆 근육을 수반하고 강화하기 위해서

○ 이전과 같이 등이 길어지고 어깨와 골반이 넓어진다고 생각하며 앉거나 서세요. 두 발이 골반 너비로 평행하게 벌려져 있고 모든 관절은 느슨하고 어깻죽지와 엉덩이는 뒤에서 부드럽게 아래로 떨어지는지 확인하세요.

○ 누군가 당신이 굉장히 놀랄 만한 일을 하거나 놀랄 만한 무언가를 주었다고 상상해보세요. 당신의 마음을 완전히 열 수 있는 그런 종류의 놀라움! 나는 이것을 '부드러운 놀람soft surprise'이라고 부르는데, 이것은 큰 충격을 받아 더 움켜쥐고 꼭 조이게 되는 '힘든 놀라움hard surprise'과는 반대입니다.

○ 상당히 신나고 부드러운 놀람의 느낌으로 거의 소리 없이 숨이 들어오도록 하세요. 쇄골 바로 위 목 아래 부위에서 무슨 일이 일어나는

지 느낄 수 있나요? 목이 넓어지고 열리는 게 느껴지나요? 확실하지 않다면 더 큰 놀라움을 가지고 다시 시도해봅니다.

○ 정말로 그 부위가 열리는 느낌이 날 때까지 몇 번 더 시도해보세요. 그런 다음, 숨을 내쉴 때 더 큰 놀란 감각을 가지고 목이 넓어지고 열린다고 상상합니다.

○ 그러고 나서, 계속해서 놀라운 감각을 유지하면서 약 1분 동안 조용히 숨을 들이쉬고 내쉬면서 쇄골 바로 위 목 아래 부위가 계속해서 넓어지고 열려 있게 합니다. 각각의 들숨과 날숨에 조금 더 놀라는 것을 상상하면 도움이 됩니다.

○ 위의 연습훈련과 익숙해지면 놀란 감각과 넓어지고 열리는 목을 느끼면서 텍스트를 말하는 연습을 할 수 있습니다.

결국 당신은 놀라움을 생각할 필요가 없을 겁니다. 단순하게 목이 넓어진다고 생각할 수 있고 목은 넓어질 거예요. 놀라움은 처음에 당신이 원하는 행동을 성취하기 위한 '장치'입니다.

항상 그렇듯, 근육을 참여시키는 건 멘탈 지시mental direction이고 그 근육이 작동하더라도 결코 목이 경직되지 않는다는 걸 알게 될 겁니다.

후두를 자유롭게 하기 – 1
후두를 매달고 있는 근육을 이완하기 위해서

목을 넓히고 열어서 공간과 안정성을 확보하였으므로 이제 우리는 후두 자체에 집중하도록 합니다.

○ 이전과 같이 등이 길어지고 어깨와 골반이 넓어진다고 생각하며 앉

거나 서세요. 두 발이 골반 너비로 평행하게 벌려져 있는지, 모든 관절은 느슨하게 풀려 있고 어깻죽지와 엉덩이는 뒤에서 부드럽게 아래로 떨어지는지 확인하세요.

○ 뼈 있는 부분을 찾을 때까지 한 손의 손가락을 목 앞쪽 위아래로 부드럽게 움직이면서 후두를 찾아보세요.

○ 손가락으로 후두를 잡고 후두를 아주 살짝 부드럽게 좌우로 움직여 보세요. 목 척추가 계속해서 길어지고 아래턱이 들리지 않고 그대로 있는지 확인합니다. 턱을 느슨하게 풀어 살짝 떨어지도록 해서 위아래 치아 사이에 손가락 너비만큼 틈이 생기게 하세요.

○ 30초에서 1분 동안 후두를 둘러싸고 있는 부위에 주의를 기울이고 그곳의 모든 근육이 부드러워진다고 상상하면서 계속해서 부드럽게 좌우로 움직여 봅니다.

후두를 자유롭게 하기 - 2
후두를 매달고 있는 근육을 더욱 이완시키기 위해서

이 훈련에서는 이미지를 사용해요. 나는 이 이미지가 움직임이 매우 자유롭고 후두를 잡거나 고정하지 않게 해서 매우 유용하다고 생각합니다.

○ 이전과 같이 등이 길어지고 어깨와 골반이 넓어진다고 생각하며 앉거나 서세요. 두 발이 골반 너비로 평행하게 벌려져 있고 모든 관절은 느슨하고 어깻죽지와 엉덩이는 뒤에서 부드럽게 아래로 떨어지는지 확인하세요. 아래턱이 떨어져 느슨하게 열리도록 둡니다.

○ 후두에 당신의 주의를 기울이세요. 후두가 열기구 아래 바구니 같다고 상상해봅니다.

○ 이제 머리가 열기구 자체고 위를 향해서 떠오르는 걸 마음으로 그려 보세요.

○ 이제 후두를 매달고 있는 근육이 열기구 풍선과 바구니 사이를 잇는 밧줄이고 바구니가 자유롭게 매달려 있다고 상상해보세요.

○ 열기구 풍선(머리)은 위를 향해서 떠오르는 동안 바구니(후두)가 아래로 늘어뜨려져 있고 열기구 풍선과 바구니 사이의 로프(근육)는 부드러워지고 길어지면서 풍선과 바구니 그리고 로프가 모두 자유롭게 움직일 수 있다고 상상해보세요.

○ 이제, 열기구와 자유롭게 매달린 바구니 이미지에 주의를 기울이면서 텍스트를 말해보세요. 의사소통을 더 하고 싶다고 바랄수록 풍선과 바구니 사이의 로프가 더 부드러워지고 길어진다고 상상해보세요.

규칙적으로 이 훈련을 한다면 당신은 후두를 매달고 있는 근육이 수축되고 짧아지는 습관을 버리게 되고 평소처럼 무대 위에서도 후두에 대해서 걱정할 필요가 없을 겁니다.

킥킥거리기와 흐느끼기
목구멍을 여는 후두 근육을 참여시키기 위해서

앞서 언급했듯이 하품은 목을 수동적으로 열어 긴장을 푸는 데 유용할 수 있지만, 목구멍을 닫거나 조이는 경향들에 대응하기에는 충분히 도움이 되지 않습니다. 조 에스틸의 작업에서 볼 수 있듯이 웃는 것과 우는 것은 능동적으로 목구멍을 열어서 목구멍을 닫는 걸 방지하는 데 훨씬 더 유용할 거예요.

이것은 상당히 일리가 있습니다. 진정으로 자유롭게 웃고 울 때 우리는 주저 없이 우리가 느끼는 것에 전념하고 완전히 그 감정을 풀어 놓아 버립니다. 반면에 우리의 감정이나 다른 사람이 염려하는 그런 감정을 다른 사람이 수용할지에 대해 양가적일 때, 그 양가적인 태도는 우리의 목구멍을 닫아버릴 수 있습니다.

그래서 우리는 목구멍을 적극적으로 여는 법을 배우기 위한 장치로 웃기와 흐느낌을 사용할 거예요.

노트

소리 내는 방식에 대해서 양가적인 감정을 느끼는 것 또한 목구멍을 닫을 수 있습니다. 예를 들어서 누군가가, 특히 어린이나 청소년이 장소를 옮겼고 새로운 환경에 맞추기 위해서 소리 내는 방식을 변화해야 한다고 느낄 때 목구멍을 조이는 현상이 종종 흔히 무의식적으로 일어납니다. 마음으로 자연스러운 소리를 억제하고 새로운 환경에 '적합한' 소리로 교체합니다.

○ 이전과 같이 등이 길어지고 어깨와 골반이 넓어진다고 생각하며 앉거나 서세요. 두 발이 골반 너비로 평행하게 벌려져 있고 모든 관절은 느슨하고 어깻죽지와 엉덩이는 뒤에서 부드럽게 아래로 떨어지는지 확인하세요.

○ 쇄골 바로 위 목구멍 안쪽에 주의를 기울입니다.

○ '히 히 히 히' 또는 '후 후 후 후'로 가볍게 킥킥거리면서 쇄골 바로 위 목구멍 안에서 무슨 일이 일어나는지 주목하세요. 그 부위가 열리거나 확장되는 걸 느낄 수 있나요? 굉장히 미묘한 느낌이라서 확신할 수 없다면 다시 한번 시도해보고 그 부위에서 느끼는 열리는 감

각을 믿어보세요.

○ 이제 각 숫자에서 열림과 확장을 느끼면서 1부터 10까지 각각의 숫자를 킥킥거리며 세보세요. 다시 말하지만, 아주 작은 움직임일지라도 느끼는 걸 믿으세요.

○ 열림과 확장감이 아주 작게라도 느껴지면, 각 숫자를 번갈아 가며 킥킥거리고 나서 말해보세요. 킥킥거릴 때, 쇄골 높이 바로 위 목구멍 안에서 열리는 감각과 확장되는 감각에 주목해보세요. 그러고 나서, 말할 때 동일한 열림과 확장이 있다고 상상해보세요.

○ 처음에는 킥킥거릴 때만큼 말할 때 목구멍이 열렸다고 느껴지지 않을지도 모릅니다. 이건 걱정하지 마세요. 간단하게 차이를 주목하고 킥킥거렸을 때 열렸던 것처럼 말할 때도 몸이 같은 방식 안에서 열리도록 계속하세요.

○ 이제 흐느낌을 가지고 동일한 연습훈련을 해보세요. 답답함이 없는 즐거운 흐느낌인지 확인하세요.

킥킥거림이 흐느낌보다 더 잘 작동할 수도 있고 그 반대일지도 모릅니다. 이 경우, 가장 많이 열리도록 도움이 되는 것과 작업하도록 하세요. 킥킥거림과 흐느낌이 동등하게 잘 작동한다면 원하는 대로 번갈아 가며 작업할 수 있습니다.

숫자를 말하면서 열린 감각을 쉽게 찾을 수 있다면, 텍스트를 가지고 킥킥거리고 흐느끼는 걸 시도한 다음 킥킥거리거나 흐느끼는 것과 말하는 걸 번갈아 해보세요. 킥킥거리거나 흐느낄 때와 같은 열림과 확장이 말할 때도 느껴질 때까지 해봅니다.

'목구멍 열기와 소리를 자유롭게 해방시키기' 섹션 통합하기

이번 섹션은 연습에 익숙해지면 4분이면 충분합니다. 이전 챕터 마지막과 이번 챕터 앞쪽 훈련을 추가해서 이제는 31분 세션이 만들어집니다.

턱을 느슨하게 풀어주기

두 개의 중요한 턱을 느슨하게 풀어줄 부분은, 귀 바로 앞쪽 아래 부위 그리고 두개골 뼈 바로 아래 목뒤 맨 위쪽입니다. 귀 바로 앞쪽 아래 부위부터 시작하겠습니다.

턱 근육 마사지
귀 바로 앞쪽 아래 부위의 턱 근육 위치를 찾아 느슨하게 풀어주기 위해서

○ 이전과 같이 척추는 길게 어깨와 골반은 넓게 서거나 앉습니다. 관절이 느슨해지며 어깻죽지와 엉덩이가 등에서 부드럽게 아래로 떨어집니다.

○ 턱 근육의 위치를 찾기 위해서 턱을 악물었다가 풀어줍니다. 그런 다음 악물었을 때 뭉쳐짐이 느껴지는 얼굴 양쪽에 손가락을 올려 둡니다.

○ 턱 근육을 느슨하게 두면서 부드럽지만 단단하게 원을 그리며 그 부위를 마사지합니다. 마사지하는 동안 척추가 계속 길어지고 어깻죽지가 등 뒤에서 부드럽게 계속 떨어지게 두면서 척추 위쪽이 무너져서 구부정해지지 않도록 하세요.

○ 당신의 주의를 근육 안쪽 깊숙한 곳에 기울이면서 마사지합니다. 그 부위가 부드러워지고 턱 뒤가 떨어진다고 상상하면서 광대뼈와 턱뼈

사이에 좀 더 공간이 생기게 하세요.

○ 1분 정도 계속 마사지해주면서 어깨와 손도 이완된 상태인지 확인합니다.

아래턱 떨어뜨리기 – 1
턱 근육을 더욱 느슨하게 풀어주기 위해서

○ 이전처럼, 등은 길어지고 어깨와 골반이 넓어진다고 생각하면서 앉거나 섭니다. 두 발이 골반 너비로 나란히 놓여 있고 관절이 느슨하며 어깻죽지와 엉덩이는 등 아래로 부드럽게 떨어지는지 확인하세요.

○ 광대뼈 바로 아래쪽 턱뼈 바로 위 얼굴 양옆에 손바닥의 볼록한 부분을 놓습니다. 두 뼈 사이를 단단히 누른 다음 손의 무게를 턱뼈에 두세요.

○ 척추는 길게 어깨를 편안하게 둔 상태로 약 30초 정도 이 자세에서 잠시 쉬세요. 쉬는 동안 턱 근육이 부드러워지고 확장된다고 상상하면서 턱이 떨어지게 하세요.

○ 그런 다음 아래턱이 떨어지면서 열리도록 손으로 부드럽게 쓸어내립니다.

○ 손을 떨어뜨리고 부드럽게 팔과 어깨를 흔들어보세요. 그런 다음, 턱이 느슨하게 매달리도록 얼굴을 좌우로 부드럽게 흔들어봅니다.

아래턱 떨어뜨리기 – 2
말하면서 턱을 느슨하게 풀어주는 연습을 위해서

이 훈련은 하면서 매우 바보 같다고 느낄 수 있지만 턱을 이완하기에 굉장히 탁월합니다.

○ 이전과 같이 척추가 길어지고 어깨와 골반이 넓어진다고 생각하며 앉거나 서세요. 두 발이 골반 너비로 평행하게 벌려져 있고 모든 관절은 느슨하며 어깻죽지와 엉덩이는 뒤에서 부드럽게 아래로 떨어지는지 확인합니다.

○ 턱 모서리 바로 앞, 턱 뒤 아래에 손을 두세요(그림 7 참조). 아래턱이 복화술사 인형의 턱과 비슷하고 뒤나 앞을 향하지 않고 똑바로 아래쪽으로 떨어진다고 상상해보세요.

그림 7

○ 턱 뒤에 관심을 기울이면서 턱을 떨어뜨려 열리게 했다가 다시 부드럽게 닫히도록 합니다. 턱을 떨어뜨릴 때 '떨어뜨리기'를 생각하고 닫을 때 '들어올리기'를 한다고 생각해보세요. 척추가 길어지고 어깻죽지가 부드럽게 등 뒤에서 아래로 떨어지는 동안 눈을 감고 턱 뒤를 떨어뜨리고 들어 올리는 데만 관심을 기울이면서 천천히 4~5번 반복합니다.

○ 이 아이디어에 익숙해지면 간단한 텍스트를 가져옵니다―간단한 전래 동요도 좋습니다―모든 음절에서 턱이 떨어지게 두면서 천천히 말해보세요.

떨어뜨리기 – 들어올리기 떨어뜨리기 – 들어올리기 떨어뜨리기 – 들어올리기 떨어뜨리기 – 들어올리기
학 　　　　교 　　　　종 　　　　이
떨어뜨리기 – 들어올리기 떨어뜨리기 – 들어올리기 떨어뜨리기 – 들어올리기 떨어뜨리기 – 들어올리기
땡 　　　　땡 　　　　땡 　　　　어
떨어뜨리기 – 들어올리기 떨어뜨리기 – 들어올리기 떨어뜨리기 – 들어올리기 떨어뜨리기 – 들어올리기
서 　　　　모 　　　　이 　　　　자
떨어뜨리기 – 들어올리기 떨어뜨리기 – 들어올리기 떨어뜨리기 – 들어올리기 떨어뜨리기 – 들어올리기
선 　　　　생 　　　　님 　　　　이
떨어뜨리기 – 들어올리기 떨어뜨리기 – 들어올리기 떨어뜨리기 – 들어올리기 떨어뜨리기 – 들어올리기
우 　　　　리 　　　　를 　　　　기
떨어뜨리기 – 들어올리기 떨어뜨리기 – 들어올리기 떨어뜨리기 – 들어올리기 떨어뜨리기 – 들어올리기
다 　　　　리 　　　　신 　　　　다

○ 턱을 벌리기보다는 턱을 이완해서 떨어뜨리는 게 매우 중요해요. 이를 위해 상당히 천천히 각 음절에 같은 시간을 주면서 합니다. 물론, 일상의 말에서 일어나는 일은 아닙니다.

○ 굉장히 많은 집중을 요하기 때문에 1분 이상 연습하지 않도록 합니다.

○ 턱에 상당한 느슨함을 느끼길 바랍니다. 일반적으로 턱이 많이 경직되어 있었다면, 이 훈련 후에 약간 통증이 있을 수 있습니다. 훈련을 억지로 힘을 쓰며 하지 않는 한 이 통증은 괜찮습니다.

○ 위의 연습훈련을 했을 때와 같은 턱의 느슨한 감각을 가지고 이제 평소와 같이 텍스트를 말해봅니다.

○ 이 훈련을 할 때마다 다른 텍스트를 가져와서 다른 많은 소리와 단어에서 턱이 느슨하게 풀어지도록 하세요.

'위턱' 릴리스
*'위턱'의 자유로운 움직임을 방해하는 목뒤 맨 위 근육을 느슨하게 풀어
버리기 위해서*

이 훈련은 턱을 느슨하게 풀어주기 위한 또 다른 중요한 부위인 목과 머리가 만나는 목뒤 맨 윗부분을 살펴봅니다. 이 부위는 매우 타이트해서 턱 움직임을 크게 제한할 수 있습니다. '가장 작게 코로 원 그리기'와 '8자 모양' 훈련 둘 다 작은 '머리 끄덕임'과 마찬가지로 이 부위를 풀어주는 데 도움이 됩니다. 그러나, 이제 우리는 이 부위를 조금 더 자세히 작업할 거예요.

위턱과 같은 건 없지만 이 훈련을 위해서 우리는 윗니부터 위쪽으로 그리고 두개골 아래쪽 뒤까지 둥근 머리 전체가 위턱이라고 상상할 겁니다(그림 8a 참조).

그림 8a

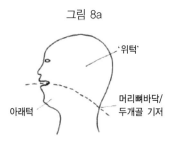

○ 이 훈련을 위해서 등을 곧게 펴고 머리를 수평으로 두면서 테이블 위나 의자 위쪽에 턱을 올려 둡니다(그림 8b 참조).

그림 8b

○ 두개골 바로 아래 척추 양쪽에 손을 둡니다. 이 부위가 위턱의 중심 축입니다.

○ 아래턱을 의자 위에 놓고 목뒤를 길게 유지하면서 천장을 바라보고 윗니가 아랫니에서 떨어지도록 머리 뒤쪽을 뒤로 떨어지게 합니다 (그림 8d 참조). 그런 다음, 머리 뒤에 손을 밀어서 앞쪽을 똑바로 바라보고 입이 닫힐 때까지 머리가 다시 올라오게 하세요(그림 8c 참조).

그림 8c   그림 8d

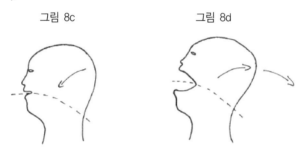

○ 처음 할 때는 굉장히 이상하다고 느낄 수도 있고, 실제로는 두개골 바로 아래이면서 목뒤 가장 위쪽 부위의 근육이 종종 매우 뻣뻣하기 때문에 하기 어렵다고 생각할 수도 있습니다. 이 부위를 느슨하게 풀면 턱에 굉장한 이완 효과를 가져올 수 있으며 머리-목 균형에도 도움이 될 겁니다.

○ 따라서, 목뒤를 길게 유지하면서 턱을 의자 위나 테이블 위에 두고,

천천히 여러 번 머리 뒤를 뒤쪽으로 떨어뜨리고 나서 다시 들어 올려 보세요. 목뒤를 떨어뜨릴 때는 항상 목 척추를 길게 두고 머리가 두개골 뒤에서부터 다시 들어 올려진다고 생각하세요.

○ 머리를 뒤로 떨어뜨리고 위로 올릴 때 목뒤 쪽 상단 척추 양옆의 근육을 편안하게 풀어준다고 상상하세요.

○ 위 작업에 익숙해지면 각 음절에 위턱을 떨어뜨린 다음 다시 들어 올리면서 텍스트를 말해보도록 하세요.

떨어뜨리기 - 들어올리기	떨어뜨리기 - 들어올리기	떨어뜨리기 - 들어올리기	떨어뜨리기 - 들어올리기
학	교	종	이
떨어뜨리기 - 들어올리기	떨어뜨리기 - 들어올리기	떨어뜨리기 - 들어올리기	떨어뜨리기 - 들어올리기
땡	땡	땡	어
떨어뜨리기 - 들어올리기	떨어뜨리기 - 들어올리기	떨어뜨리기 - 들어올리기	떨어뜨리기 - 들어올리기
서	모	이	자
떨어뜨리기 - 들어올리기	떨어뜨리기 - 들어올리기	떨어뜨리기 - 들어올리기	떨어뜨리기 - 들어올리기
선	생	님	이
떨어뜨리기 - 들어올리기	떨어뜨리기 - 들어올리기	떨어뜨리기 - 들어올리기	떨어뜨리기 - 들어올리기
우	리	를	기
떨어뜨리기 - 들어올리기	떨어뜨리기 - 들어올리기	떨어뜨리기 - 들어올리기	떨어뜨리기 - 들어올리기
다	리	신	다

○ 이 훈련을 할 때마다 다른 텍스트를 가져와서 다양한 소리와 단어에 턱을 자유롭게 풀어주는 훈련을 하세요.

노트

턱 근육을 자유롭게 풀어주기 위해서 각 음절에서 아래턱을 떨어뜨리고 위턱을 들어 올렸습니다. 그러나, 보통 말할 때 턱은 여전히 느슨한 채로 있습니다. 이는 조음을 다루는 챕터에서 좀 더 살펴보겠습니다.

'턱을 느슨하게 풀어주는' 섹션 통합하기

이 섹션을 따라 작업하면서 턱이 느슨해지기 시작하면 마지막 두 훈련만 정기적으로 하면 됩니다. 이 작업은 2~3분 이상 걸릴 필요가 없으므로, 이미 수행하고 있는 세션에 더한다면 전체 세션은 33분이 넘지 않습니다.

혀를 느슨하게 풀어주기

이 챕터에서 우리는 완전한 음성 해방을 위해 혀에 있는 긴장을 풀어볼 거예요. 다음 챕터에서는 혀 근육을 강화하여 공연에 필요한 에너지와 명확성을 얻을 수 있는 방법을 살펴보겠습니다.

혀로 이빨을 클리닝하기
혀의 긴장을 느슨하게 풀어주기 위해서

이 연습훈련을 정말 천천히 한다면 혀 긴장을 이완하는 데 아주 훌륭합니다. 처음 이 훈련을 했을 때 얼마나 많은 긴장이 내 혀에 있는지를 알고 놀랐습니다. 당신은 종종 아주 많은 긴장을 저장하고 있는 혀 뒤쪽을 느낄 수 있을 거예요. 당신이 이 연습훈련을 좀 더 즐긴다면 더 많은 긴장을 이완할 수 있습니다.

○ 이전과 같이 등이 길어지고 어깨와 골반이 넓어진다고 생각하며 앉거나 서세요. 두 발이 골반 너비로 평행하게 벌려져 있고 모든 관절은 느슨하고 어깻죽지와 엉덩이는 뒤에서 부드럽게 아래로 떨어지는지 확인합니다.

○ 윗니 한쪽 끝에서 시작하면서 이빨 하나하나를 클린하듯이 천천히

치아 앞쪽으로 혀를 움직이세요. 천천히 할수록 좋습니다.

○ 그런 다음 같은 방법으로 윗니의 뒤쪽을 가로지르며 다시 이동합니다. 마치 천천히 이빨 하나하나를 천천히 청소하는 것처럼요.

○ 그러고 나서, 아랫니로 넘어와 동일한 방법으로 하세요. 다시 말하지만 시간을 정말로 천천히 가지고 하세요.

혀를 팔락이기
소리 내면서 혀를 이완하기 위해서

이 훈련은 소리 내는 동안 혀를 긴장시키고 뒤쪽으로 당기는 경우에 좋습니다.

○ 이전과 같이 등이 길어지고 어깨와 골반이 넓어진다고 생각하며 앉거나 섭니다. 두 발이 골반 너비로 평행하게 벌려져 있고 모든 관절은 느슨하고 이껏죽지와 엉덩이는 뒤에서 부드럽게 아래로 떨어지는지 확인합니다.

○ 혀를 입술 위에서 쉴 수 있도록 앞으로 살짝 미끄러뜨리듯 내밉니다. 턱이 느슨하게 열린 상태를 유지하며 혀를 위아래로 펄럭여 봅니다. 혀가 윗입술과 아랫입술 사이를 움직이면서 느슨한 형태의 'ㄹ' 소리가 납니다.

○ 약 30초 동안 하고 난 후, 두어 번 정도 하품하세요. 그런 다음, 약 30초 동안 반복하고 다시 두어 번 더 하품하면서 마칩니다.

혀 뒤 스트레치
소리 내거나 내지 않는 동안 혀 뒤쪽 긴장을 풀어주기 위해서

크리스틴 링크레이터의 작업에서 처음 접했던 이 훈련은 혀 뒤쪽 긴장을 풀어주는 데 아주 훌륭한 연습훈련입니다. 하품을 많이 하게 되더라도 걱정하지 마세요. 이것은 당신이 입 뒤쪽과 목구멍에 있는 긴장을 풀어주기 시작할 때 종종 일어나는 일입니다.

○ 이전처럼 등이 길어지고 어깨와 골반이 넓어진다고 생각하면서 앉거나 섭니다. 발이 골반 너비 아래 나란히 놓여 있고 관절은 느슨하며 어깻죽지와 엉덩이가 등에서 부드럽게 아래로 떨어지는지 확인하세요.

○ 어금니 사이에 손가락 너비만큼의 공간이 있도록 턱을 열고 부드러운 놀라움으로 미소 지어 보세요. 윗턱이 들어 올려지면서 턱 전체가 긴장 없이 가만히 열린 채로 있도록 도와줄 거예요.

○ 혀끝을 아래 앞니 뒤에 놓습니다. 혀 중앙에 코튼 실 한 가닥이 붙어 있다고 상상합니다. 그 실을 당겨서 혀끝은 아랫니 뒤에 머물고 턱은 가만히 열린 상태에서 혀 중앙 부위가 입 밖으로 당겨진다고 상상해 보세요.

○ 이 이미지를 그리면서 여러 번 혀 중앙을 입 밖으로 굴렸다가 이완해서 다시 입안으로 돌아가게 합니다. 아랫니 뒤에 혀끝이 있고 턱이 움직이지 않고 열려 있게 하세요. 혀가 밖으로 굴러 나올 때, 턱이 앞으로 나가는 걸 방지하기 위해서 머리가 살짝 뒤를 향해 움직인다고 상상하는 게 도움이 됩니다.

○ 턱이 움직이지 않고 열려 있는지 확인하기 위해 거울을 보며 이 훈

런을 연습하는 것도 좋습니다. 턱을 그대로 두는 게 어렵다거나 심지어 불가능하다고 느껴진다면 이 훈련을 아주 천천히 해보세요. 필요하다면, 아래턱을 잡아 턱이 움직이지 않고 열린 채로 두세요. 이 훈련은 소리를 자유롭게 해방시키는 데도 도움이 될 뿐만 아니라 나중에 다룰 선명함을 가지는 데도 도움이 되기 때문에 인내심을 가지고 할 가치가 충분합니다.

○ 위 연습이 만족스러우면 쉬운 소리를 더해보세요.
'히-여-여-여-여 히-여-여-여-여-여' 등

○ 입 밖을 향해서 떨어지고 나서 다시 입안으로 다시 떨어지듯이 혀를 매우 느슨하게 두면서 소리가 저절로 만들어지도록 합니다.

아래턱 아래 부위 마사지
말하지 않거나 말하는 동안 혀뿌리를 느슨하게 풀기 위해서

혀 뒤쪽 상태는 아래턱 아래에서도 느낄 수 있습니다.

○ 이전과 같이 등이 길어지고 어깨와 골반이 넓어진다고 생각하면서 앉거나 서세요. 발이 골반 너비 아래 나란히 놓여 있고 관절은 느슨하며 어깻죽지와 엉덩이가 등에서 부드럽게 아래로 떨어지는지 확인합니다.

○ 턱뼈 바로 뒤, 아래턱 아래에 엄지손가락을 대고 가볍게 위를 향해서 눌러보세요. 부드럽게 이 부위를 마사지합니다. 느낌이 어떤가요? 딱딱한가요 아니면 부드러운가요? 딱딱하다고 느껴진다면 혀가 부드러워지는 걸 상상하면서 이 부위를 부드럽게 마사지하세요. 그런 다음, 훈련의 다음 부분으로 넘어가세요. 그 부위가 부드럽다고 느껴지면,

훈련의 다음 파트로 바로 넘어갑니다.

○ 이제 '히' 소리를 내면서 턱 아래 부위에서 무슨 일이 일어나는지를 보세요. 턱 아래에서 약간의 움직임이 있을 수 있지만 혀가 상대적으로 부드러운 상태로 있나요? 혹은 뻣뻣해지나요? 턱 아래 그 부위를 부드럽지만 단단하게 마사지하면서 어떻게 하면 혀를 비교적 편안하게 두면서 '히' 소리를 낼 수 있는지를 탐험해보세요.

○ 그런 다음, 다음의 모음을 살펴보세요. 턱 아래를 마사지하면서 혀를 어떻게 부드럽게 둘 수 있는지를 탐험해 보면서 합니다.
'헤이' '하이' '하' '허' '호' '후'

○ 그리고 나서 텍스트를 가지고 해봅니다. 계속해서 턱 아래를 마사지하면서 혀를 부드러운 상태로 둘 수 있는지 탐험하세요.

○ 하품을 여러 번 하면서 이 훈련을 마칩니다.

혀를 게으르게 내민 채로 말하기
말하는 동안 혀를 더욱 느슨하게 풀어주기 위해서

이 연습훈련은 '혀 팔락이기' 훈련과 비슷하면서 다시 혀를 긴장하고 입안에서 뒤로 당기는 습관에 대응할 수 있습니다. 나는 이 훈련을 또 다른 훌륭한 노래 선생님인 마크 메이런Mark Meylan으로부터 알게 되었습니다. 혀의 긴장을 푸는 데 탁월하며 혀가 경직되어 있다면 규칙적으로 이 훈련을 하는 게 좋습니다. 이 훈련에서는 당신의 말이 매우 불분명하게 들릴 거예요. 하지만, 여기서 우리는 명확함에 초점을 두지 않고 오히려 이완에 초점을 맞추기 때문에 괜찮습니다.

○ 이전처럼 척추가 길어지고 골반과 어깨가 넓어지며 관절이 느슨해진

상태로 서거나 앉습니다.

○ 턱을 열어서 어금니 사이에 손가락 너비만큼의 틈이 생기도록 하세요. 혀는 앞을 향해 미끄러지듯 내밀어 아랫입술 위에서 쉬도록 하세요. 아래턱 아래에 손등을 대서 턱이 손등 위에서 쉬면서 비교적 움직이지 않게 합니다.

○ 그런 다음, 혀를 앞으로 내민 상태로 느슨하게 두면서 텍스트를 말해 보세요.

○ 혀가 입안으로 다시 들어가고 싶다고 느낀다면 다른 손의 손가락으로 혀의 앞쪽을 잡아 혀를 앞으로 내민 상태로 있도록 합니다.

○ 약 1분 동안 이 훈련을 한 다음 혀를 이완하고 하품을 두어 번 하면서 이 훈련을 마치세요.

'혀를 느슨하게 풀기' 섹션 통합하기

이 섹션은 5분 이상 걸리지 않기 때문에 총 38분 세션이 만들어집니다. 세션이 계속 커진다고 걱정하지 마세요. 이번 챕터 끝에 이르면 우리는 모든 훈련을 더 짧은 세션으로 재구성할 겁니다.

연구개에 생기를 불어넣기

서프라이즈 호흡 – 1
들숨에 연구개가 수반되어 위로 떠오르게 하기 위해서

다시 우리는 여는 프로세스를 돕기 위해서 부드러운 서프라이즈를 사용할 겁니다. 하지만, 이전에 했던 것처럼 목에 초점을 맞추는 대신에 서프라이즈 호흡으로 숨이 들어오고 나갈 때 입 뒤쪽에서 일어나는 일에 초점을 맞출 거예요.

이 훈련은 엄청난 주의를 요하기 때문에 큰 진전이 없을지라도 1~2분 동안만 작업하고 다음으로 넘어가세요. 계속하는 건 아무 소용이 없습니다. 낙담할 뿐만 아니라 생산적인 어떤 것도 얻지 못할 거예요. 단순히 규칙적으로 1~2분 동안 이 훈련을 하세요. 어느 날 갑자기 연결이 되면서 연구개가 움직이기 시작하는 걸 발견하게 될 겁니다.

○ 이전처럼 척추가 길어지고 어깨와 골반이 넓어진다고 생각하면서 앉거나 섭니다. 발이 골반 너비 아래 나란히 놓여 있고 관절은 느슨하며 어깻죽지와 엉덩이가 등에서 부드럽게 아래로 떨어지는지 확인합니다.

○ 턱을 열어서 어금니 사이에 손가락 너비만큼의 틈이 생기도록 하세요. 아래턱 아래 손등을 대서 턱이 이 위치에서 가만히 느슨하게 쉴 수 있게 합니다.

○ 마치 누군가 당신을 진심으로 감동시킬 만큼 최고로 기분 좋은 서프라이즈를 선사한 것처럼 소리 없이 숨을 쉬세요.

○ 이것을 여러 번 반복하면서 입 뒷부분에서 무슨 일이 일어나는지 느껴보세요. 입 뒤에서 공간이 열리는 게 느껴지나요? 처음에 아무것도 느끼지 못하더라도 걱정하지 마세요. 이 부위는 우리가 특별히 인식해 오던 부위가 아니니까요.

○ 거울을 보면서 해보세요. 입 뒤쪽의 움직임을 볼 수 있도록 그곳에 비출 불빛이 필요합니다. 입 뒤쪽을 볼 수 있도록 턱을 살짝 더 열어야 할 수도 있지만 목뼈를 길게 유지하면서 아래턱을 앞으로 내밀지 않도록 하세요.

○ 놀라서 숨을 쉴 때 혀 뒤가 내려가고 연구개가 위와 뒤쪽으로 떠오르는 걸 눈치챘나요? 우리가 찾는 건 연구개에서 많은 움직임과 적은 혀의 움직임입니다. 실제로 혀는 거의 평평하게 펴질 뿐이에요.

○ 턱을 가만히 유지할수록 혀와 연구개가 움직일 가능성이 높아집니다. 또한, 혀끝이 앞을 향해 아래 앞니 뒤쪽에 계속 닿도록 두세요. 혀가 입안으로 끌어당겨지거나 뭉치려 한다면, 혀가 앞쪽에 머물러 있도록 혀 앞쪽에 손가락을 올려놓습니다.

○ 연구개의 위를 향하는 움직임과 혀 뒤가 아래를 향하는 움직임이 작더라도 연구개와 혀 뒤쪽 사이에 어느 정도 공간이 있는 한 걱정하지 마세요.

○ 들숨이 들어올 때 차례로 다음의 이미지를 하나씩 사용해보고 가장 도움이 되는 걸 사용하세요.

1) 부드럽게 놀라는 느낌이 입 뒤에 있으면서 연구개를 위와 뒤로 떠오르게 한다고 상상해보세요.

2) 목뒤에 입이 있고 그 입이 놀라서 열리는 모습을 상상해보세요.

3) 놀라서 입을 열 때, 입천장 뒤쪽에서 번지는 미소를 상상해보세요.

그러고 나서 계속 규칙적으로 연습해 나간다면 연구개에 대한 감각이 조금씩 더 커지고 연구개를 올리기가 더 쉬워진다는 걸 발견하게 될 겁니다.

서프라이즈 호흡 - 2
날숨에 연구개를 수반하여 위로 떠오르게 하기 위해서

○ 숨을 들이쉴 때 연구개가 위로 떠오르고 연구개와 혀 뒤 사이에 공
간이 생기는 느낌이 들면 날숨에도 관심을 기울이면서 여전히 놀랍
고 '와~ 이렇게나~'라고 막 말하려는 듯이 숨을 내쉽니다.

○ 거울 없이 위 방법으로 여러 번 숨을 들이쉬고 내쉽니다. 단순히 놀
람의 감각과 위의 이미지 중 하나를 사용하면서 해보세요. 그런 다
음, 어떻게 움직이는지 거울로 봅니다. 당신이 찾고 있는 건 숨을 들
이쉴 때 혀 뒤와 연구개 사이에서 만들어진 공간이 숨을 내쉴 때도
남아있도록 하는 겁니다.

○ 날숨에 닫고 싶은 경향이 있으므로 숨을 내쉴 때 놀라움으로 더 많
이 열리는 걸 상상해보세요.

○ 연구개가 들숨에 쉽게 올라가고 날숨에 올라간 채로 있을 때까지 거
울을 보면서, 그리고 보지 않으면서 이 훈련을 규칙적으로 연습하세
요.

'응-아'
연구개의 유연성을 증가시키기 위해서

이제 당신이 연구개에 대해 감각을 가지고 있으므로 연구개를 좀 더 유연
하게 하는 작업을 하겠습니다.

○ 이전처럼 척추가 길어지고 어깨와 골반이 넓어진다고 생각하면서 앉
거나 서세요. 발이 골반 너비 아래 나란히 놓여 있고 관절은 느슨하
며 어깻죽지와 엉덩이가 등에서 부드럽게 아래로 떨어지는지 확인합

니다.

○ 턱을 열어서 어금니 사이에 손가락 너비 정도 틈이 생기게 하세요.

○ 가볍게 '응' 소리를 내보세요. '응'이 어떻게 만들어지는지 느껴지나요? 연구개는 내려가고 혀 뒤가 올라가서 서로 만나게 됩니다.

○ 이제 가볍게 '아흥' 소리를 내보세요. 지금 입안에서 무슨 일이 일어났는지 느껴지나요? 꼭 서프라이즈 호흡에서 그랬던 것처럼 연구개가 위로 떠오르고 혀 뒤쪽은 내려갑니다.

'응'과 '아흥'의 위치 사이를 이동하면 연구개의 유연성은 증가하고 당신의 생각과 감정에 더 민감하게 반응하여 당신의 음성이 더욱 살아있고 표현적이게 됩니다.

○ 턱을 움직이지 않고 계속 느슨한 상태로 두면 연구개와 혀가 더 활발하게 움직이게 된다는 걸 기억하세요.

○ '응'에서 '아'로 부드럽게 미끄러지듯 연습하세요. '아'로 넘어갈 때 부드럽게 놀라는 걸 상상해보세요. 입 뒤에서 당신이 마치 거대한 돔 모양의 천장 공간을 창조하는 듯이 '아흥'를 말할 때 입천장이 올라가는 모습을 상상하는 것도 도움이 될 수 있습니다.

○ 또 다른 유용한 장치는 연구개의 움직임을 모방하기 위해 손을 사용하는 겁니다. 손가락이 뒤를 향하게 하며 손을 머리 양쪽에, 뺨 높이로 가져옵니다. 손가락을 아래로 떨어뜨려 손과 직각을 이루게 하세요. 이것은 '응'을 말할 때 연구개의 위치를 보여줍니다. '응'을 말하는 동안은 이 위치에 있는 손가락을 그대로 두고, '아흥'로 넘어갈 때 손가락을 위로 펴세요.

○ 또한, 부드러운 놀람이나 올라가는 천장 이미지 그리고 움직이는 손
   가락과 같은 동일한 장치를 사용하면서 '응'에서 '아이'와 '응'에서
   '에이'로 미끄러지듯 넘어가면서 연습할 수 있습니다.

'연구개에 활력 불어넣기' 통합하기

이 섹션은 2분 이상 걸리지 않기 때문에 전체 40분 세션이 만들어집니다.

지나치게 팽팽한 성대 접촉과 숨이 새는 성대 접촉을 제거하기 위해서

이 챕터 앞에서 언급했듯이, 거친 성대 접촉은 성대가 너무 팽팽하게 붙
는 결과입니다. 그때 호흡은 성대를 열기 위해 그전에 더 큰 압력을 쌓아
야 하고 결국 더 큰 압력이 쌓인 호흡은 성대를 상당히 격렬하게 떨어뜨
리고 그건 다시 격렬하게 성대가 서로 쾅 닫히게 합니다. 또한 호흡의 압
력이 너무 커서 성대에 상당한 마찰을 일으키기 때문에 호흡은 빠르게 성
대를 통과합니다. 격렬한 열림과 닫힘 그리고 공기 마찰은 모두 성대 가
장자리를 손상시킬 수 있습니다.

숨이 새는 성대 접촉은 성대가 충분히 단단하게 붙지 않아서 발생합
니다. 공기 중 일부가 소리로 전환되는 것 없이 성대 사이 여분의 공간을
통해 빠져나갈 수 있기 때문에 소리에 호흡이 섞여 있습니다. 더 적은 공
기가 소리로 전환되면서 음성의 힘은 부족하게 됩니다. 숨이 새는 성대
접촉은 그 자체가 일반적으로 음성에 해를 끼치진 않지만, 음성에 힘과
에너지가 부족하기 때문에 성대를 온전히 잘 붙이지 못하는 사람은 더 강
한 음성을 얻기 위해 긴장하고 소리를 억지로 밀어낼 수 있습니다.

처음 두 훈련은 첫소리를 과하게 세게 내는 경향을 제거하는 데 도

움이 되고, 세 번째 훈련은 첫소리에 지나치게 호흡을 많이 섞어 내는 경향을 제거하는 데 도움이 됩니다.

따분한 '후 후 후'
목구멍에 과도한 긴장을 제거하고 첫소리를 과하게 세게 내는 경향을 멈추기 위해서

앞서 말했듯이 너무 무리하게 밀어붙이는 습관을 가지고 있다면 따분한 감각을 가지고 훈련하는 게 좋습니다. 또한 지나치게 조심하는 건 목구멍을 조일 수 있기 때문에 부주의한 감각을 가지고 작업하는 게 좋습니다. 따분하고 부주의한 감각은 무리하게 밀어붙이거나 주저하고 머뭇거리는 습관을 피하도록 도와줍니다.

처음 훈련은 잡거나 밀어붙이는 대신 열고 자유롭게 해방시키는 습관을 쌓기 위한 일종의 느슨하게 풀어버리기 훈련입니다. 에너지를 잃고 있다고 느끼더라도 걱정하지 마세요. 느슨하게 풀어버리는 습관을 쌓기 위해 이 훈련을 사용하고 나서 좀 더 다이내믹한 다음 훈련으로 넘어가세요.

○ 이전과 같이 머리 아래 책을 두고 무릎을 구부려서 알렉산더 자세 (60쪽 참조)로 누우세요. 배꼽 바로 아래에 손을 놓습니다.
○ 상당한 따분함을 느끼면서 배에서부터 몇 차례 한숨을 쉽니다. 목구멍이 배 안에 있고 소리는 그 안에서 만들어진다고 상상해보세요. 당신의 주의를 목구멍에서 떨어뜨리면서 음성을 더욱 자유롭게 풀어버리도록 도와줄 겁니다.
○ 그런 다음, 크게 따분함을 느끼면서 다시 '후 후 후'를 한숨으로 뱉

으세요. 덤벙거리는 감각을 가지고 음성으로 미끄러지듯 슬라이딩하거나 녹아내린다고 생각해보세요.

○ 그러고 나서, 다음 소리를 가지고 동일한 훈련을 반복합니다:
'호 호 호'
'허 허 허'
'하 하 하'
'하이 하이 하이'
'헤이 헤이 헤이'
'히 히 히'

○ 그런 다음, 다음 문장을 가지고 같은 방법으로 한숨을 내쉽니다.
'하, 하늘 좀 봐'
'하늘이 왜?'
'해, 하늘에 해가 있어'

○ 그러고 나서, 같은 방식으로 텍스트 일부를 한숨으로 쉬세요. 모음과 시작하는 구 앞에 'ㅎ'를 추가하면서 하세요.

○ 그런 다음, 일어나서 같은 방법으로 텍스트를 해보는데, 이전 훈련에서 했던 것처럼 벽에 기대서 해보세요.

다이아몬드 탑 바운스
지나치게 팽팽한 성대 접촉을 없애기 위해서

다이아몬드 지지의 탑 지점이 밖으로 움직이는 건 목구멍을 여는 데 도움이 되므로 목구멍에 긴장이나 닫힘을 방지할 수 있습니다. 목구멍이 다이아몬드 탑에 있고 소리가 그곳에서 나오는 걸 상상하면서 그 부위에 주의를 기울여주세요. 다시 말하지만, 이것은 당신의 주의가 목구멍으로부터 떨어지게 하는 장치입니다.

○ 이전처럼 척추가 길어지고 어깨와 골반이 넓어진다고 생각하면서 앉거나 서세요. 발이 골반 너비 아래 나란히 놓여 있고 관절은 느슨하며 어깻죽지와 엉덩이가 등에서 부드럽게 아래로 떨어지는지 확인합니다.

○ 가슴뼈 바로 아래 엄지손가락을 놓고 고양이를 쫓아내듯 '프쉬-프쉬'를 자신만만하고 쉽게 소리 내보세요.

○ 그런 다음, 엄지손가락 아래 그 부위에서 말하는 아이디어에 초점을 맞추고 엄청난 따분함과 부주의한 감각을 느끼면서 '후 후' 소리를 바운스 해보세요. 턱은 느슨하게 열린 채로 가만히 두세요.

○ 그러고 나서, 다음 순서로 위 연습훈련을 반복합니다.
'호 호', '허 허', '하 하', '하이 하이', '헤이 헤이', '히 히'

○ 그다음 다음 문장을 사용해서 같은 방법으로 연습훈련을 반복합니다.
'하, 하늘 좀 봐'
'하늘이 왜?'
'하, 하늘에 해가 있어'

○ 그런 다음 텍스트를 가지고 반복하는데 모음으로 시작하는 구 앞에 'ㅎ'를 더해서 말해봅니다.

검정 잉크 소리
숨이 새는 성대 접촉을 없애기 위해서

우리는 마지막 훈련을 반복할 거예요. 그렇지만 여기에서 우리는 성대가 더욱 활기차고 잘 닫히도록 다른 감각을 가지고 연습훈련을 해보겠습니다.

소리가 검정 잉크로 뚜렷하고 선명하게 쓰이고 타이핑되는 걸 마음으로 상상하면서 확신과 흥미를 가지고 작업하세요. 관련된 근육을 훨씬 효과적으로 움직이게 해서 호흡 섞인 소리를 제거하는 데 도움이 됩니다.

○ 이전처럼 척추가 길어지고 어깨와 골반이 넓어진다고 생각하면서 앉거나 서세요. 발이 골반 너비 아래 나란히 놓여 있고 관절은 느슨하며 어깻죽지와 엉덩이가 등에서 부드럽게 아래로 떨어지는지 확인합니다.

○ 가슴뼈 바로 아래 엄지손가락을 놓고 고양이를 쫓아내듯 '프쉬-프쉬'를 자신만만하고 쉽게 말해 보세요.

○ 그런 다음, 다시 엄지손가락 아래 부위에서 말한다는 생각에 초점을 맞추고 강한 확신과 함께 '후 후' 소리를 바운스합니다. 바운스를 하면서 진하고 선명한 잉크로 쓰이거나 타이핑되는 소리를 상상해서 소리가 매우 정확하게 나게 하세요. 당신이 그 이미지를 '보아야' 한다는 걸 의미하지 않아요, 절대로요. 그걸 단지 생각하는 겁니다.

○ 그런 다음, 다음 순서로 연습을 반복하세요.
'호 호', '허 허', '하 하', '하이 하이', '헤이 헤이', '히 히'

○ 그다음 다음 문장을 사용해서 같은 방법으로 훈련을 반복합니다.
'하, 하늘 좀 봐'
'하늘이 왜?'
'하, 하늘에 해가 있어'

○ 그런 다음 텍스트를 가지고 반복하는데 모음으로 시작하는 구phrase 앞에 'ㅎ'를 더해서 말해보세요.

'팽팽한 성대 접촉과 숨이 새는 성대 접촉' 섹션 통합하기

이번 섹션은 3분 이상 걸리지 않으므로 전체 세션을 하는 데 43분이 걸릴 겁니다. 우리는 이번 챕터의 거의 마지막에 왔으니 걱정하지 마세요. 추가할 몇 가지 연습훈련만 있습니다.

적절한 호흡 압력을 얻기 위해서

숨이 들어올 때 몸이 들어 올려지고 숨이 나갈 때 상체가 무너지는 건 도움이 되거나 건강하다기보다는 숨이 더 빨리 몸 밖으로 빠져나가게 하므로 우리는 몸이 길어지고 넓어지는 연습으로 돌아가겠습니다.

호흡과 소리가 자유롭게 방출되는 동안 길어지고 넓히기
지나친 호흡 압력을 방지하기 위해서

○ 이전처럼 척추가 길어지고 어깨와 골반이 넓어진다고 상상하면서 앉거나 서세요. 발이 골반 너비 아래 나란히 놓여 있고 관절은 느슨하며 어깻죽지와 엉덩이가 등에서 부드럽게 아래로 떨어지는지 확인합니다.

○ 배꼽 바로 아래에 손을 놓습니다.

○ 배에서부터 입술로 올라오는 호흡을 상상하면서 '프(ff)'로 호흡을 불어냅니다. 숨을 불면서 배에서 입술로 흘러 올라오는 숨을 상상하고 척추가 길어지고 골반과 어깨가 넓어진다는 생각을 번갈아 가며 하세요.

○ 그런 다음, 지속적으로 '후우~~~~'를 불면서 위 연습훈련을 반복합니다. 다시 배에서부터 입술로 쏟아져 나오는 소리의 이미지와 길어

지고 넓어진다는 생각을 번갈아 가며 하세요.

○ 그러고 나서, 다음 순서대로 이 훈련을 반복합니다:

'후〜〜〜〜우', '허〜〜〜〜어', '하〜〜〜〜아'

'하〜〜〜〜이', '헤〜〜〜〜이', '히〜〜〜〜이'

○ 그런 다음 텍스트를 챈팅하면서 이 연습을 반복하세요. 즉, 각 단어 가 다음 단어로 넘어가게 하면서 편안한 음에서 노래 부르세요.

많은 양의 호흡을 매우 빠르게 사용한다고 느끼더라도, 괜찮습니다. 다음 챕터에서 챈팅chanting에 대해 더 자세히 이야기하니 여기에서 너무 걱정 하지 마세요. 중요한 포인트는 길어지고 넓어진다고 계속 상상하면서 상 체를 무너뜨리거나 호흡을 억지로 밀어 보내는 경향에 대응하는 겁니다. 시간이 지나면 길게 하는 건 습관이 되어 상체가 무너지는 걸 걱정할 필 요가 없을 겁니다.

'슬라이딩 쉬' 훈련
충분한 호흡 압력을 보장하기 위해서

이 훈련은 성대결절을 가진 클라이언트를 위해 함께 작업했던 스피치 & 언어 테라피스트이자 음성 교사인 크리스티나 쉬웰Christina Shewell에게서 알게 된 훈련을 기반으로 합니다. 크리스티나는 스피치 테라피스트로 일 했었고 나는 음성 교사로 일하고 있었습니다. 우리는 격주로 클라이언트 를 함께 만나 작업했고, 나는 매일 그 클라이언트와 작업해나갔습니다. 상 당히 규칙적으로 공연을 하고 있었음에도 불구하고 클라이언트의 성대결 절은 6달 만에 사라졌습니다.

○ 발을 벽에서 5cm(2인치) 정도 떨어진 곳에 두고 무릎을 살짝 구부린 상태로 이전과 같이 벽에 기대섭니다. 다시 등이 벽에 기대도록 하세요. 필요하다면 목뒤가 길게 유지되도록 머리 뒤에 쿠션을 놓습니다.

○ 배꼽 바로 위에 손을 놓습니다.

○ 조용한 '쉬'에서 크게 '쉬' 그리고 다시 조용한 '쉬'로 슬라이딩하면서 호흡이 편안하게 '쉬'로 나가게 합니다. 계속해서 '쉬'가 배에서부터 올라오고 겨드랑이 바로 위 부위는 이완되고 열려 있다고 상상합니다.

○ 배에 계속 관심을 기울이면서 '쉬'가 점점 커질 때 배가 더 안쪽으로 당겨진다고 상상해보세요.

○ 또한, 항상 했던 것처럼 호흡의 후반부에 호흡을 구하기 위해서 마음으로 몸속 깊은 곳으로 뻗어 내려가는 걸 그려보세요.

○ 숨이 끝날 때 배와 골반 바닥을 느슨하게 풀어주는 걸 기억하면서 약 1분 동안 이 훈련을 합니다.

'적절한 호흡 압력 얻기' 섹션 통합하기

이 섹션에 있는 두 훈련은 2~3분 안에 마칠 수 있으므로 지금까지의 훈련에 더하면 45분 세션이 만들어집니다.

전체 릴리스 훈련

우리는 목구멍과 입의 각 부분을 살펴보고 이 부분을 이완하는 방법을 보았습니다. 이제는 음성의 해방을 위해서 더 유기적인 훈련을 살펴보는 게 좋습니다. 우리는 논리적으로 정교한 좌뇌 관점에서 음성 방출을 살펴보았다고 말할 수 있습니다. 이제는 좀 더 본능적인 뇌의 오른쪽 측면, '큰 그림' 안에서 그것을 살펴볼게요.

우리는 몸 전체의 신체적 이완을 수반하는 활동을 살펴볼 겁니다. 신체의 나머지 부분이 이완되면 목과 목구멍 그리고 입 부위를 풀어주는 게 훨씬 쉽기 때문이에요.

떨어뜨렸다 놓아버리기
신체를 자유롭게 풀어주면서 음성을 자유롭게 해방시키기 위해서

이것은 내가 가장 좋아하는 훈련 중 하나이고 신체와 음성을 자유롭게 해방시키는 데 좋습니다. 그라운딩과 이완을 위해서 공연 전에 아주 유용하게 사용할 수 있어요.

○　이전과 같이 척추는 길어지고 골반과 어깨는 넓어지는 상상과 함께 두 발을 골반 너비에 두고 섭니다. 관절은 느슨해지고 어깻죽지와 엉덩이는 뒤에서 부드럽게 아래로 떨어집니다. 편안하게 호흡을 불고 나서 새로운 들숨이 들어올 때 팔이 머리 위로 올라갈 때까지 위로 떠오르게 하세요(그림 9a 참조).

그림 9a

○ 그런 다음 숨을 내쉴 때 발목과 무릎 그리고 엉덩이 관절을 느슨하게 풀어서 무릎이 구부러지고 상체가 엉덩이에서부터 앞으로 떨어지게 합니다(그림 9b 참조).

그림 9b

○ 상체가 앞으로 떨어지면서 다리가 위아래로 바운스되어 상체와 팔이 앞뒤로 느슨하게 스윙 되도록 두세요(그림 9c 참조). 숨이 모두 나가면 부드럽게 다시 척추를 롤백해서 올라오고 팔이 다시 머리 위로 떠오르게 합니다.

그림 9c

○ 몸 전체가 느슨하게 풀어지는 느낌이 나도록 여러 번 해봅니다. 특히 목을 잡고 있지 않은지 확인하세요. 또한, 힘을 가하지 않고 몸과 팔이 떨어지면서 스윙과 바운싱이 일어나는지 확인하세요.

○ 위 움직임에 편안해지면, 길게 '하'를 먼저 해보고 나서 다음의 모음을 위에서 해보세요. '하이', '헤이', '히', '후', '호', '허.' 이 훈련을 하는 동안 호흡의 길이가 때로는 길거나 짧아지면서 크게 달라질 수 있습니다. 느슨하게 놓아주는 데 주의를 기울이고 호흡은 스스로 변하게 두세요.

○ 그런 다음 텍스트를 가지고 훈련해 봅니다. 발음을 아주 느슨하게 유지하면서 소리가 그냥 빠지도록 내버려 두세요. 호흡을 구에 맞추는

건 걱정하지 말고 필요할 때 숨을 쉬고 멈춘 부분에서 다시 이어 나가면 됩니다.

○ 이 훈련이 편안해지면, 위처럼 움직여 보는 것과 가만히 선 자세로 번갈아 가면서 해보면 좋습니다. 이 방법 안에서 몸과 음성을 '속여' 가만히 있어도 이완된 채로 있게 합니다.

문손잡이 스윙
그라운딩을 통해서 음성을 자유롭게 해방시키기 위해서

이번에 다룰 건 '신체 작업' 챕터에서 언급한 또 하나의 훌륭한 훈련이에요. 당신이 사용할 문의 강도를 확인해야 합니다. 문틀과 경첩 그리고 핸들 모두 매우 강력해야 하므로 주의하세요!

○ 문 끝을 마주 보며 서서 양쪽 문고리를 잡고 다리를 구부려 반쯤 앉거나 스쿼트 자세로 앉습니다. 너무 낮게 앉을 필요는 없습니다—약간 내려가는 편안한 위치를 찾으면 됩니다. 척추가 문을 향해 앞쪽과 위로 길어지고 골반과 엉덩이가 문에서 멀어지면서 아래로 떨어지는 걸 상상하세요(그림 10 참조).

그림 10

○ 그런 다음, 편안하게 호흡하면서 발을 부드럽게 벌린 상태에서 좌우로 몸이 알아서 스윙 되게 하세요.

○ 이제 편안하게 스윙이 된다면, 길게 '하'를 내보내면서 스윙하고, 그러고 나서 다음의 모음을 가지고 해봅니다. '하이', '헤이', '히', '후', '호', '허.'

○ 이제는, 텍스트를 말하면서 스윙해 봅니다.

○ 이전 훈련과 마찬가지로 위 작업이 편안해지면 스윙하면서 하기와 가만히 서서 하기를 번갈아 가면서 하세요. 그래서, 몸과 음성을 '속여' 가만히 있어도 이완된 채로 있게 합니다.

위 훈련은 내가 가장 좋아하는 훈련이고 아주 유용하다고 생각하는 훈련이지만, 당신은 마루 위에서 구르기와 좌우로 스윙하기 그리고 가볍게 뛰거나 가볍게 점프하면서도 해볼 수 있습니다. 또한, 웜업으로 사용하는 스윙하며 행진하기도 음성 해방을 높이기 위해 텍스트와 함께 하기에 좋습니다.

'전체 릴리스 연습훈련' 통합하기

이 훈련은 그냥 알아서 움직이게 하는 훈련이기 때문에 훈련 세션의 끝에 하는 게 아주 좋습니다. 그 세션에서 초점을 맞춘 구체적인 작업이 알아서 작동하도록 허용하면서 음성이 저절로 움직이게 두세요. 이 부분은 굉장히 중요합니다. 좌뇌가 전체 보컬 프로세스를 한 부분씩 가져오고 한 요소 위에 작업하도록 하고 나서, 전체 보컬 프로세스가 함께 돌아와 본능적으로 작동되도록 우뇌와 작업하는 겁니다.

이 챕터를 이전 챕터와 통합하기

이전과 마찬가지로, 아래 세션은 제안일 뿐입니다. 이 챕터를 통해 작업하면서 당신은 어떤 훈련이 가장 자유롭게 풀어주는 데 도움이 되는지 발견하게 될 것이므로 도움이 덜 되는 훈련은 자유롭게 제외하고 더 도움이 된다고 생각되는 걸 포함하세요. 당신의 음성에 가장 적합한 결정을 내릴 수 있다고 자신을 믿고 가능한 즐거운 세션으로 구성해보세요.

웜업 (2분)

○   호흡 자유롭게 하기 (136쪽)

바닥에서 하는 작업 (3분)

○   호흡 센터링하기 (137쪽)
○   목구멍 열기 (143쪽)
○   수반하고 릴리스하고 'ㅎ' 호흡 (이건 위에서 충분히 설명되진 않았습니다. 간단하게 벽에 기대서 하는 훈련 버전으로 바닥에서 합니다.) (163쪽)

서서 하는 작업 (7분)

○   길어지기와 넓어지기 (247, 248쪽)
○   벽에 기대거나 팔을 크게 벌리고 작업하기 (249~252쪽)
○   옆에서 옆으로 (252쪽)
○   목으로 반원 그리기 (254쪽)

○ 코로 원 그리기 또는 8자 모양으로 코 또는 머리 끄덕이기 (255, 256쪽)

○ 수반하고 릴리스하고 'ㅎ' 호흡(벽에 기대서) (163~164쪽)

○ 수반하고 릴리스하고 'ㅎ' 호흡(의자에서) (163~164쪽)

앉거나 서서 하기 (10분)

○ 넓히기와 열기 (258쪽)

○ 후두를 자유롭게 하기 1, 2 (259, 260쪽)

○ 킥킥거리기와 흐느끼기(텍스트 포함) (261쪽)

○ 아래턱 떨어뜨리기 2(텍스트 포함) (265쪽)

○ 혀로 치아 클리닝하기 (271쪽)

○ 혀 뒤 스트레칭 (273쪽)

○ 턱 아래 부위 마사지(텍스트 포함) (274쪽)

○ 혀를 게으르게 내민 채로 말하기(텍스트 포함) (275쪽)

○ 응-아 (279쪽)

서서 하기 (10분)

○ '쉬' 슬라이딩 (287쪽)

○ 횡격막에서 소리 바운스하기 (190쪽)

○ 아래 복부(아랫배)에서 소리 바운스하기 (196쪽)

○ '파워 포인트'에서 소리 바운스하기 (198쪽)

○ 부르기(텍스트 포함) (216쪽)

○ 소리가 나가는 동안 아래 복부와 골반 바닥 근육을 수반하기 (209쪽)

- ○ 소리가 나가는 동안 '파워 포인트'를 수반하기 (210쪽)
- ○ 텍스트를 말하는 동안 길어지고 넓어지기 (247쪽)
- ○ 떨어뜨리기와 릴리스 (289쪽)
- ○ 문손잡이 스윙 (291쪽)

6

소리 채우기: 공명

지난 챕터에서는 음성이 자유롭고 완전하게 해방되도록 목구멍과 입 부위의 긴장을 제거하는 방법을 살펴보았습니다. 이번 챕터에서는 자유롭게 방출된 소리가 어떻게 '채워져서' 힘과 풍성함 그리고 복잡성을 가지게 되는지를 탐험해볼 거예요.

소리를 채운다는 건 정확하게 무엇을 말하는 걸까요?

그것은 후두에서 만들어진 첫소리의 증폭입니다. 첫소리가 성도를 통과할 때−즉, 목구멍과 입 공간들(그림 1 참조)−그 자체가 가진 진동은 목구멍과 입안의 공기를 공명시켜 볼륨과 질감을 가집니다.

　바이올린 줄을 떠올려 보세요. 줄을 작게 뜯으면 상대적으로 '가느다란' 소리가 납니다. 그러나 이 첫소리가 나무로 된 바이올린 몸체 안에서 진동할 때, 몸체 안의 공기가 교감 진동sympathetic vibration하게 되면서 첫소리는 더 크고 풍성해집니다. 교감 진동은 공명으로 알려져 있어요. 공명은 음성에 특정한 질을 부여하며 개인의 목구멍과 입 공간의 모양으로 결정됩니다.

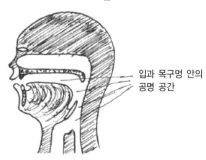

그림 1

입과 목구멍 안의
공명 공간

완전한 공명을 방해하는 것은 무엇일까요?

공간의 부족　　　　　목구멍과 입안의 공간이 줄어들면 공명에 영향을 끼칩니다. 지난 챕터에서 보았듯이 목구멍과 입은 움직일 수 있는 부분이 많습니다. 머리와 목의 위치와 후두, 턱, 혀, 연구개의 위치 모두 근본적으로 목구멍과 입안 공간의 모양과 사이즈를 변화시켜 공명에 영향을 줄 수 있습니다.

더 작은 공간은 더 높은 소리를 만들어 내고 좀 더 큰 공간은 낮은 소리를 만들어 냅니다. 그렇기 때문에 목구멍과 입안 공간이 줄어든다면 낮은 공명의 손실이 동반될 수 있습니다. 때때로 음성이 높게 들리는 건 음정 자체가 너무 높기 때문이라기보다는 낮은 공명이 부족해서인 경우가 많습니다.

그래서, 목구멍과 입안 공간을 만드는 건 완전한 공명을 위해 필수적입니다. 다행히 지난 챕터의 모든 작업이 목구멍과 입 공간을 여는 거라 이번 챕터의 일부 작업은 이미 끝났다고 볼 수 있습니다.

긴장과 둔함　　　　　긴장 또한 공명에 영향을 미칩니다. 메리베스 번치Meribeth Bunch는 목구멍 부위를 '움직이는 근육 소매' 같다고 묘사했습니다. 이 소매의 벽이 긴장한다면 소리는 더욱 어렵게 나올 것이고 심지어 날카로워질지도 모릅니다. 만약 벽이 둔하고 근육 톤이 충분하지 않으면 에너지와 생동감이 부족하면서 소리는 웅웅거리고 단조로울 거예요. 벽이 잘 조율될 때만 소리는 가득 차고 살아납니다.

다시 말하지만, 머리와 목의 위치 그리고 상체 안정성에 대해 지난 챕터에서 한 작업은 목구멍 벽의 긴장과 둔함을 제거해서 좋은 음색을 개발하는 데 도움이 돼요.

가슴과 어깨 그리고 얼굴에 있는 긴장 또한 공명에 영향을 미칩니다. 다시 말하지만, '신체 작업' 챕터와 지난 챕터 끝에서 했던 자세 작업은 몸을 자유롭게 이완된 상태를 유지하면서 공명이 제한되지 않도록 도움이 될 겁니다.

공명 작업을 왜 해야 할까요?

공명은 음성에 실체substance와 에너지를 가져옵니다. 음성은 완전히 공명할 때 완전히 생생하게 살아있습니다. 당신은 당신의 몸에서 울림을 느낄 수 있을 겁니다. 음성과 몸이 완전히 깨어 있고 연결될 때 생각과 느낌에 더 잘 반응하고 표현할 수 있습니다. 더욱이, 이 모든 음성의 실체와 에너지는 당신의 노력 없이 만들어지는 거예요. 그 에너지는 공짜입니다.

공명 작업의 목적이 아닌 것

공명 작업은 아름답게 들리는 음성을 만들기 위한 게 아닙니다. 음성이 해야 할 일은 당신의 생각과 느낌을 완전히 표현하는 것이며 당신도 듣는 사람도 이것을 따로 분리해서 음성을 인식해서는 안 됩니다. 좋은 음성은 의사소통을 하고 듣는 사람의 마음을 사로잡고 당신 내면의 세계를 정직하게 반영하는 음성입니다. 우리는 특정 타입의 소리를 만들기 위해서가 아니라 우리의 음성이 가진 모든 가능성에 생명을 불어넣기 위해서 공명 작업을 하는 거죠. 그리고 늘 그렇듯 훈련하고 나서는 공명이 알아서 울리도록 두고 자신을 믿고 의사소통을 계속 해 나가면 됩니다. 당신이 자기 음성을 신경 쓴다면 텍스트나 다른 배우들 혹은 관객과 연결될 수 없어요—그만큼 간단합니다.

'가슴'과 '머리' 공명으로 불리는 것

앞에서 언급했듯이, 우리가 공명이라고 부르는 교감 진동sympathetic vibrations을 만드는 건 목구멍과 입안 공간에서 첫소리의 진동입니다. 그러나, 우리는 소리 낼 때나 말할 때 가슴과 머리에서 진동의 물리적 감각을 가지게 됩니다. 이처럼, 이러한 감각은 청취자가 듣는 공명에 기여하는 것으로 여겨지지는 않습니다. 그럼에도 불구하고, 그 감각에 관심을 기울이면 음성에 생명을 불어넣는 데 도움이 됩니다.

비강 공명

비강 공명은 연구개가 낮아지고 소리가 비강 안에서 증폭될 때 발생하는 공명입니다(그림 2 참조). 한국어로도 특정 소리가 있습니다—ㅁ, ㄴ, 응—이는 비강 사운드이고 이 소리가 만들어질 때, 연구개가 떨어집니다. 또한 특정 언어에는 비강 공명이 상당히 포함되어 있습니다—예: 프랑스어.

그림 2

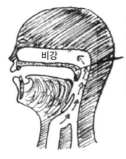

연구개가 떨어지면서 연구개와 혀 뒤 사이의 공간이 좁아집니다. 그래서 공기/소리는 입보다는 코를 통해 빠져 나가게 됩니다

비강

그러한 비강 공명은 타당합니다. 그러나, 때때로 사람들은 악센트(억양)의 일부가 아닐 때도 콧소리를 냅니다. 이런 과도한 비강 공명은 입 뒤쪽에서 게으른 연구개가 아래로 늘어져 입 공간을 막으면서 일어날 수 있습니다. 그것은 또한 혀 뒤 긴장으로 혀가 입 뒤쪽에서 뭉쳐져 입으로 가는 공간이 다시 막혀서일 수 있습니다.

　따라서 연구개를 부드럽고 유연하게 그리고 혀에 있는 긴장을 풀어주는 게 중요합니다. 이렇게 하는 것이 음성의 자유로운 해방과 에너지를 가져오기 때문이죠. 지난 챕터에서 했던 연구개와 혀에 대한 작업(271, 276쪽 참조)이 이 과정의 시작이었으며 이 챕터 뒷부분에서는 더 많은 훈련을 살펴볼 겁니다.

　우리가 감기에 걸리고 머리가 맑지 않다면 음성은 둔하게 들릴 수 있어요. 이건 우리가 몸이 안 좋을 때 얼굴과 연구개가 게을러지면서 그 에너지 부족이 음성 생동감의 부족으로 반영되기 때문입니다.

　감기에 걸리지 않았는데도 감기에 걸린 것처럼 소리 내는 사람들이 있는데, 이건 종종 얼굴과 연구개가 게으르기 때문이에요. 얼굴과 연구개를 깨우는 건 거짓으로 들리거나 지나치게 과장되게 들리지 않으면서 음성에 생동감과 에너지를 가져올 겁니다.

작업 시작하기

이미 언급했듯이, 효과적인 공명은 긴장하거나 둔한 근육보다는 잘 조율된 근육과 공간이 필요합니다. 지난 챕터에서의 훈련은 특히나 긴장을 풀어주고 근육의 톤을 잘 조율하며 공간을 만들기 시작하는 측면에서 상당히 도움이 될 거예요. 이제 우리는 더 많은 공간을 만들고 소리에 관심을 기울이고 공명이 형성되는 데 시간을 할애할 겁니다.

공명을 작업할 때 중요한 도구는 챈팅chanting입니다. 이상적으로 편안하게 말하는 음위에서 한 음으로 노래 부르는 걸 의미하죠. 우리는 챈팅을 할 때 각 모음을 길게 늘이면서 단어에서 다음 단어로 멈추는 것 없이 흘러갑니다. 이건 소리가 앞뒤로 바운스 되고 채워지기 위해 필요한 시간과 공간을 제공해요. 또한, 당신에게 더 풍부한 소리를 느낄 수 있는 시간도 제공합니다. 그렇기 때문에 챈팅은 공명을 키우는 데 탁월해요.

노트

또한 챈팅은 호흡을 잡지 않고 풀어주는 데 도움을 줍니다. 그래서, 당신이 아주 빨리 호흡을 다 써버리는 걸 발견할지도 모르지만, 그래도 괜찮습니다. 구phrase의 중간에 있더라도, 편안한 호흡이 남아 있지 않으면 바로 멈추세요.

입과 목구멍 안에 더 넓은 공간을 만들기

연구개부터 시작하겠습니다. 앞서 언급했듯이, 연구개를 깨우면 입안에 공간이 생기고 소리에 에너지를 가져옵니다.

'응–아'
연구개와 연결되고 연구개를 위로 떠오르게 하는 훈련을 통해 연구개에 활기를 불어넣어 입안에 더 넓은 공간을 만들기 위해서

지난 챕터의 연구개 훈련에서 했던 것처럼, 연구개가 위로 떠오르는 데 도움이 되도록 서프라이즈나 미소 짓는 느낌을 가지고 작업하겠습니다 (276쪽 참조).

○ 이전처럼 척추가 길어지고 어깨와 골반이 넓어진다고 생각하면서 앉거나 서세요. 발이 골반 너비 아래 나란히 놓여 있고 관절은 느슨하며 어깻죽지와 엉덩이가 등에서 부드럽게 아래로 떨어지는지 확인합니다.

○ 어금니 사이에 손가락 너비 정도 틈이 생길 만큼 턱을 열고 턱 아래 한 손을 받쳐 턱이 움직이지 않고 느슨하게 가만히 쉴 수 있도록 하세요.

○ 부드럽지만 단단하게 '응' 소리를 내세요. 소리를 낼 때 연구개가 혀의 뒤에 닿기 위해 떨어지는 걸 느껴봅니다(그림 3a 참조).

그림 3a

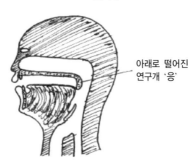

아래로 떨어진
연구개 '응'

○ 그런 다음 부드러운 서프라이즈 감각을 가지고 '응-아'를 말해봅니다.
   '아'를 말할 때 연구개가 위로 떠오르고 혀 뒤가 아래로 떨어지는 데
   주의를 기울여보세요. 지난 챕터에서 했듯이 거울을 사용해서, 턱이
   비교적 움직이지 않은 상태로 '아'에서 혀 뒤가 살짝 떨어지지만 연
   구개가 위로 올라가는지 확인합니다(그림 3b 참조).

그림 3b

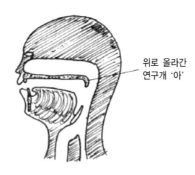

위로 올라간
연구개 '아'

○ 확인했다면 '아'에서 입을 열 때 다음의 이미지 중에서 가장 도움이
   되는 걸 사용하면서 '응-아'로 계속 작업해보세요.
   1) 입 안쪽 뒤에서 연구개를 위와 뒤를 향해 들어 올리는 부드러운

서프라이즈를 상상해보세요.

2) 목 위에 입이 있고 그 입이 놀라서 열리는 걸 상상해보세요.

3) 입천장 뒤쪽을 가로지르며 미소 짓는 걸 상상하세요.

○ 그런 다음, '응-아이'와 '응-에이'에 같은 이미지를 가지고 해봅니다.

'응-아'에서 말로 이어가기
말할 때 올라가고 살아있는 연구개를 느끼기 위해서

이 훈련은 말할 때 연구개가 계속 들어 올려져 있도록 북돋을 수 있습니다. 따라서 음성에 '밝은', 즉 에너지 넘치는 음색을 부여하는 데 도움이 되고 과도한 비강 공명을 줄이는 데 도움이 됩니다.

○ '응-아, 응-아이' 그리고 '응-에이' 중에서 연구개를 가장 위로 떠오르게 하는 데 도움이 될 것 같은 소리를 선택합니다.

○ 그런 다음, 다시 '응'에서 시작해서 선택한 모음으로 이동하자마자 연구개가 입 뒤쪽에서 위로 떠오르는 것이 느껴지면 그 느낌을 계속 가지면서 텍스트를 말하기 시작합니다.

응-아 죽느냐 사느냐 이것이 문제로다

응-아 마음속으로 견디는 것이 더 고귀한 일이냐

○ 날숨이 편안하게 끝나면 들숨을 기다려서 알아서 들어오게 두세요. 그런 다음 다시 '응'에서 고른 모음으로 넘어가며 들어 올려진 연구개와 함께 바로 말하기 시작하세요.

이 방식으로 알아서 참여하며 게으르지 않은 연구개로 말하는 습관을 키울 수 있을 겁니다.

○ 필요할 때 떨어질 수 있도록 연구개를 유연하게 두는 건 아주 중요합니다. 그래서 연구개가 계속 살아있도록 상당히 빠르게 '응'과 다양한 모음을 번갈아 가면서 이 연습을 마칩니다. '응-아 응-아이 응-에이 등등.'

'흥-아'
입과 목구멍 뒤의 공간을 더욱 열기 위해서

이제 우리는 목구멍 열기와 연구개 들어올리기를 함께 조율하는 걸 살펴볼 거예요. 이건 목구멍과 입안에 상당히 큰 공간을 만들면서 기분이 좋아질 수 있습니다. 이 연습훈련은 제니스 챕맨Janice Chapman의 훌륭한 작업을 기반으로 합니다.

○ 등이 길어지고 어깨와 골반이 넓어진다고 상상하면서 전과 같이 앉거나 서세요. 두 발을 골반 너비로 나란히 누세요. 관절을 느슨하게 어깻죽지와 엉덩이는 뒤에서 부드럽게 아래로 떨어집니다.
○ 자유롭게 '흥'을 여러 번 튕기면서 불러보세요. 부를 때 목 아래 뒤쪽에서 미소 짓고 있다고 상상해보세요.
○ 그런 다음, 다시 자유롭게 불러보는데 이번엔 '흥'에서 '아'로 이동해봅니다. '흥'에서 '아'로 이동할 때 목 아래에서부터 두개골 아래까지 목뒤 전체를 덮는 입이 가벼운 서프라이즈로 열리고 소리가 머리 뒤쪽에 있는 그 입으로 자유롭게 빠져나가는 걸 상상해봅니다.
○ 이 느낌을 가지고 '흥-아'를 몇 번 더 자유롭게 불러보고 나서 같은 방법으로 '흥-아이'를 몇 차례 불러봅니다. 부를 때 유동성과 움직임의 감각을 가지고 하면서 한 위치에 고정되는 경향이 없도록 하세요.

또한, 지난 챕터에서처럼 주저하고 머뭇거리는 태도보다는 걱정 없는 태도로 작업합니다.

'흥-아'에서 말로 이어가기
열리고 넓어진 공간에서 말하기 위해서

○ '흥-아', '흥-아이', '흥-에이' 중 가장 잘 열어주면서 공간을 만들어 주는 소리를 선택하세요. 이전과 같이, 부르면서 열림과 공간을 느끼자마자 바로 말하기로 넘어가세요. 계속해서 목뒤 전체에 걸쳐 놀라서 열린 입을 상상합니다.

○ 유연하고 느슨하면서도 과감함을 가지고 이 연습을 몇 차례 반복하세요.

앞을 향해 나가는 소리에 주의를 기울이기

소리가 앞을 향해 빠져나간다는 생각에 주의를 기울이는 건 두 가지 면에서 매우 중요합니다. 첫 번째로 주의를 목구멍에서 멀어지게 하므로 긴장을 덜 할 수 있습니다. 두 번째로 소리가 보다 생생하게 살아있으면서 진실되게 합니다.

다시 말하지만, 이건 주의를 기울이는 것에 대한 문제입니다. 입술과 앞니 그리고 잇몸에 주의를 기울이면서 소리가 이 부분을 향해 앞으로 흘러가는 아이디어에 초점을 맞추면 소리가 삼켜지는 대신에 실제로 앞을 향해 나갈 겁니다.

물론 항상 그렇듯이, 소리가 앞을 향해 간다는 데 정신적인 관심을 기울이되, 의식적으로 신체적인 어떤 것도 하지 않는 게 중요합니다. 또한, 일단 이 연습훈련을 마친 후에는 음성이 알아서 자유롭게 놓이도록 하세요. 우리가 추가하는 건 정해진 음성이 아닌 자유로운 음성이기 때문입니다.

앞을 향해 나가는 소리에 관심을 기울이기 – 1
소리가 입 앞을 향해서 흐르도록 하기 위해서

○ 이전처럼 척추가 길어지고 어깨와 골반이 넓어진다고 생각하면서 앉거나 서세요. 발이 골반 너비 아래 나란히 놓여 있고 관절은 느슨하며 어깻죽지와 엉덩이가 등에서 부드럽게 아래로 떨어지는지 확인합니다.

○ 입술과 얼굴을 이리저리 움직이면서 풀어줍니다.

○ 말처럼 입술을 브르르르 불어보세요. 잘 되지 않는다면, 입술을 브르르르 불 때 손가락으로 입술을 튕겨주세요.

○ 그런 다음, 입술을 이리저리 움직이면서 부드럽고 편안하게 허밍하세요. 어금니 사이에 공간이 생기도록 입 안쪽 뒤에서 살짝 하품하고 싶은 감각을 가져보세요.

○ 허밍할 때 입술에 주의를 기울이세요. 소리가 입술을 향해 앞쪽으로 흘러 나가는 걸 상상해봅니다. 항상 그렇듯이, 소리를 앞으로 보내기 위해 아무것도 하지 말고 단순히 앞을 향해 소리가 흘러 나가는 걸 상상하세요.

○ 도움이 된다면, 소리가 밝은색이고 소리가 앞을 향해 흐르면서 입술이 그 색으로 변한다고 상상해봅니다.

○ 약 1분 정도 연습하고 나서 다음 연습훈련으로 넘어가세요.

앞으로 향하는 소리에 관심을 기울이기 – 2
다양한 소리에서도 소리가 입 앞쪽으로 계속 흘러 나가게 하기 위해서

이 연습은 입술과 혀의 위치에 관계 없이 소리가 앞으로 흘러 나가도록
돕는 데 탁월합니다.

○　이전처럼 척추가 길어지고 어깨와 골반이 넓어진다고 상상하면서 앉
거나 서세요. 발이 골반 너비 아래 나란히 놓여 있고 관절은 느슨하
며 어깻죽지와 엉덩이가 등에서 부드럽게 아래로 떨어지는지 확인합
니다.

○ 얼굴과 입술을 이리저리 움직여서 부드럽게 풀어주고 다시 입술을 브르르르 불어보세요.

○ 목과 얼굴, 특히 턱 아래 목 앞쪽을 편안하게 유지하면서 입술을 둥글게 만듭니다. 다시, 어금니 사이에 공간이 생기도록 입안 뒤쪽에서 살짝 하품한다고 상상해보세요.

○ 입술을 계속 동그랗게 유지한 채로 입 안쪽 뒤에서 살짝 하품한다고 상상하세요. 그리고, 소리를 '후'로 길고 편안하게 내보내며 입술을 향해 앞쪽으로 흘러 나가는 소리를 상상해봅니다. 여러 번 반복하세요.

○ 입술을 둥그렇게 유지한 채로 다음과 같이 '우'에서 '오'로 미끄러지듯이 넘어가세요. '후-오-우-오-우-오-우-오-우.' 모음 사이에 포즈를 두거나 쉬지 않습니다. 한 모음에서 다음 모음으로 바로 미끄러지듯 가세요. 미끄러져 갈 때 이전처럼 계속해서 입술을 향해서 흘러 나가는 소리를 상상해봅니다. 여러 번 반복하세요.

○ 그런 다음, 계속 입술을 둥그렇게 유지한 채로 다음과 같이 '후'에서 '오'를 지나 '우'까지 미끄러지듯 소리 내봅니다. '후-오-우-오-우-오-우-오-우.' 입술을 향해 흘러 나가는 소리를 상상하면서 여러 번 반복해 보세요.

○ 그러고 나서, 다음과 같이 '우'에서 '오'를 지나 '우'로 그리고 '아'까지 미끄러지듯이 넘어갑니다. '후-오-우-아-오-우-아-오-우-아-오-우-아.' '후', '오', '우'에서 입술을 동그랗게 유지하고 '아'에서 입술이 열릴 때 소리가 앞니와 잇몸을 향해 흘러 나가고 살짝 미소 짓고 있는 광대뼈를 상상해보세요. 여러 번 반복합니다.

○ 그런 후에, 같은 방법으로 '후-오-우-아-아이-우-오-우-아-아이' 소리

를 내보세요.

○ 그리고 '후-오-우-아-아이-에이-우-오-우-아-아이-에이'로 합니다.

○ 마지막으로, '후-오-우-아-아이-에이-이--우-오-우-아-아이-에이-이'로 해봅니다.

노트

'우', '오'에서는 입술이 동그랗게 되어서 입술 앞을 향해 흘러 나가는 소리를 쉽게 상상할 수 있습니다. 입술이 동그렇게 되지 않는 '아', '아이', '에이', '이'에서는 소리가 앞니와 잇몸을 향해 흘러가는 모습과 광대뼈에서 지어지는 부드러운 미소를 상상하면 도움이 됩니다. 상상의 미소는 얼굴과 연구개에 활기를 가져오는 데 도움이 되죠. 또한, 입천장 뒤쪽에서 부드럽게 놀라는 감각은 입술이 동그렇게 만들어지는 '우', '오'에서도 입술을 향해 앞으로 흘러 나가는 소리를 상상하기가 수월하게 합니다. 입술이 동그렇게 되지 않는 '아', '아이', '에이', '이'에서는 소리가 앞니와 잇몸을 향해 흐르는 모습과 광대뼈에서 지어지는 부드러운 미소를 상상하는 게 도움이 됩니다. 상상의 미소는 얼굴과 연구개에 활기를 가져오기 때문이죠. 입천장 뒤쪽에서 부드럽게 놀라는 감각 또한 도움이 될 수 있습니다.

텍스트와 함께 앞으로 향하는 소리에 주의를 기울이기
텍스트를 말할 때 계속해서 소리가 입 앞쪽을 향해서 흘러 나갈 수 있게 하기 위해서

연습하는 동안에는 목소리가 자유롭게 앞을 향해 나가지만, 말할 때는 소리가 목구멍으로 다시 사라지는 경우에 이 연습이 특히 유용할 겁니다.

○ 이전처럼 척추가 길어지고 어깨와 골반이 넓어지는 걸 상상하면서 앉거나 서세요. 발이 골반 너비 아래 나란히 놓여 있고 관절은 느슨하며 어깻죽지와 엉덩이가 등에서 부드럽게 아래로 떨어지는지 확인합니다.

○ 이전과 같이 입술을 둥그렇게 합니다. 입술을 둥그렇게 유지한 상태로 대사를 챈팅하세요. 이전 두 가지 연습에서 했던 것처럼 앞을 향해 흘러 나가는 소리를 상상합니다.

○ 그런 다음 챈팅할 때와 동일한 방식으로, 텍스트를 말할 때 텍스트가 입 앞쪽으로 흘러 나가는 모습을 상상하면서 텍스트 말하기와 챈팅을 번갈아 가며 하세요.

공명을 키우기

이제 소리가 앞을 향해 흘러 나가므로, 우리는 소리를 채우기 시작할 수 있습니다. 입이나 흉곽 또는 얼굴의 특정 뼈로 흘러가는 소리에 관심을 기울이세요. 그곳에서 진동하는 소리와 증가하는 진동을 상상하면서 몸과 음성이 살아나고 공명을 구축하는 데 도움이 됩니다.

'중간 공명'

우리는 '중간 공명'이라고 부르는 것부터 시작할 거예요. '중간 공명'은 입에서 느끼는 진동을 의미합니다. 이 공명은 음성에 실체를 부여하기 때문에 중요합니다. 이것은 중심 코어를 구축하고 낮은 공명과 높은 공명 사이에 '갭'을 채워서 두 개의 분리된 음성을 갖는 걸 막습니다. 음성을 앞을 향해 나가게 하기 위한 작업으로 이미 중앙 공명을 쌓기 시작했기 때문에 여기에서는 좀 더 구체적으로 구축해보겠습니다.

입안의 진동에 관심을 기울이기
중간 공명을 키우기 위해서

'앞으로 향하는 소리에 관심 기울이기-2'에서 했던 '후-오-우-아-아이-에이-이' 시퀀스로 작업하도록 하겠습니다. 그러나, 이제는 입안의 진동에 관심을 기울일 거예요.

○ 이전처럼 척추는 길어지고 어깨와 골반은 넓어진다고 생각하면서 앉거나 서세요. 발이 골반 너비 아래 나란히 놓여 있고 관절은 느슨하며 어깻죽지와 엉덩이가 등에서 부드럽게 아래로 떨어지는지 확인합니다.

○ 입술과 얼굴을 부드럽게 풀기 위해 입술과 얼굴을 이리저리 움직여봅니다. 그런 다음, 입술을 불어보세요.

○ 이전과 같이 턱을 열어 어금니 사이에 손가락 너비가 오도록 하고 따뜻하고 진솔한 미소를 지어보세요. 다시 입안 뒤쪽에서 부드럽게 놀란 감각을 가져봅니다.

○ 턱이 편안하게 열린 채로, 입술을 둥그렇게 해서 '후-오-우-아-아이-에이-이--우-오-우-아-아이-에이-이' 소리를 내기 시작하세요. 이전과 같이 입술을 향해 앞쪽으로 흘러 나가는 소리를 상상합니다.

○ 그런 다음, 입안 앞쪽에 관심을 기울이면서 소리가 앞뒤로 튕기는 걸 느껴보세요.

○ 입안 앞쪽에서 앞뒤로 소리가 튕기는 게 잘 느껴진다면, 각 모음 위에서 진동하는 소리를 느낄 수 있도록 모든 모음에 시간을 두면서

텍스트를 챈팅하기 시작하세요. 중간에 포즈 없이 단어에서 단어로 물 흐르듯 이어 나가면서 편안한 호흡이 남아있지 않으면 구의 중간 부분에 있더라도 바로 멈추도록 하세요.

○ '후-오-우-아-아이-에이-이' 소리를 냈을 때와 같이 텍스트를 챈팅할 때 소리가 입안에서 앞뒤로 튕기는 느낌이 들 때까지 계속합니다.

○ 단어를 챈팅할 때 신체적으로 어떻게 느껴지는지 자각해보세요. 그런 다음 챈팅할 때 가졌던 감각을 말할 때도 유지하면서 텍스트 한 줄을 챈팅과 말하기를 번갈아 가며 합니다.

○ 수행하는 게 어렵거나 챈팅과 말하기 사이에 큰 변화가 느껴지더라도 걱정하지 마세요. 이 질문들을 가지고 알아봅니다. 챈팅은 어떤 느낌인가요? 말할 때 신체적으로 어떤 변화가 있나요? 공간이 줄어든 것처럼 느껴지나요? 말할 때 흘러나오는 소리의 감각을 잃어버리나요? 소리가 끊겨져 버린 느낌인가요?

○ 챈팅과 말하는 것 사이에 어떤 변화가 있는지 감이 오면, 다시 돌아가서 챈팅에만 집중하세요. 공간을 느끼고, 흐름을 느끼고, 각 모음의 소리에 진동을 느껴보세요. 그런 다음, 신체적으로 말하는 게 챈팅할 때와 동일하게 느껴질 때까지 말하기와 챈팅을 다시 번갈아 가며 합니다.

○ 입안에서 공명하는 습관을 기를 수 있도록 다른 텍스트로 작업을 계속하세요. 그런 다음, 늘 그렇듯이 음성이 알아서 나오도록 두세요.

'낮은 공명'

'낮은 공명'은 음성의 무게와 깊이 그리고 폭을 부여하고 날카롭거나 가늘게 소리 나는 걸 방지합니다. 좀 더 큰 공간 안에서는 소리가 공간의 사이즈에 따라 그 공간을 채우도록 돕습니다.

이전 챕터에서 살펴봤던 이완과 릴리스하기 그리고 여는 작업은 이미 '낮은 공명'을 조장하기 시작했습니다. 그러나, 이제는 가슴과 가슴의 진동 감각에 주의를 집중해서 이 공명을 더욱 구체적으로 발전시키는 작업을 해 나갈 거예요.

가슴 진동에 관심을 기울이기
낮은 공명을 북돋기 위해서

○ 이전처럼 척추는 길어지고 어깨와 골반은 넓어진다고 생각하면서 앉거나 서세요. 발이 골반 너비 아래 나란히 놓여 있고 관절은 느슨하며 어깻죽지와 엉덩이가 등에서 부드럽게 아래로 떨어지는지 확인합니다.

○ 생각하지 않아도 편안하게 나올 수 있는, 높지도 낮지도 않은 편안한 음위에서 허밍을 시작하세요.

○ 허밍을 하면서 이전과 같이 입술을 이리저리 움직이며 소리가 입술을 향해 흘러 나가는 모습을 상상합니다.

○ 편안한 허밍을 찾았다면, 가슴뼈 위쪽 뼈 돌기 부분에 주의를 기울이세요. 그리고 입술뿐만 아니라 이 돌기를 통해 빠져나오는 소리를 상상해봅니다. 뼈 돌기 부위에 살짝 손가락을 올리면 그 부위에 집중하는 데 도움이 될 수 있습니다.

○ 같은 음을 유지한 채로 소리가 가슴뼈의 툭 튀어나온 돌기뿐만 아니라 입술 밖으로 흘러 나가게 합니다. 부드럽지만 단단하게 손가락으로 가슴뼈를 아래위로 두드리기 시작하면서 진동을 느껴보세요.

○ 처음에는 진동이 작더라도 걱정하지 마세요. 이 부위에 주의를 기울

일수록 진동의 감각은 더 커질 겁니다.

○ 그런 다음, 다시 허밍을 하는데 이번에는 부드럽지만 단단하게 가슴을 가로지르며 두드리세요.

○ 가슴에서 소리의 진동이 잘 느껴진다면, 낮은음으로 떨어지는 것 없이 '아'로 소리가 열리도록 합니다.

○ '음ㅁㅁ마아흥-음ㅁㅁ마아흥-음ㅁㅁ마아흥 등'으로 챈팅하면서 가슴을 계속해서 두드리세요.

○ 강한 진동이 가슴에서 느껴진다면 텍스트를 챈팅하기 시작합니다. 이전 훈련에서 했듯이 가슴에서 모든 소리가 앞뒤로 튕기는 걸 느낄 수 있도록 모든 모음에 시간을 두면서 천천히 하세요. 포즈 없이 단어에서 단어로 이어서 흘러가게 하고 편안하게 나갈 호흡이 남아있지 않다면 구의 중간 부분을 하고 있더라도 바로 멈춥니다.

○ '음ㅁㅁ마아흥-음ㅁㅁ마아흥-음ㅁㅁ마아흥'를 챈팅했을 때 느꼈던 진동의 감각이 단어를 챈팅할 때도 가슴에서 느껴질 때까지 계속해봅니다.

○ 이전과 같이, 단어를 챈팅할 때 신체적으로 어떻게 느껴지는지 자각하세요. 그러고 나서, 챈팅할 때 느끼는 진동의 감각을 말할 때도 유지하면서 이전과 같이 텍스트 한 줄을 챈팅과 말하기로 번갈아 가며 합니다.

○ 전처럼, 가슴에서 공명하는 습관을 기르기 위해 다른 텍스트를 가지고 계속 작업하세요. 그런 다음, 늘 그렇듯이 음성이 알아서 나오도록 둡니다.

'상부 공명'

상부 공명은 음성에 생기와 에너지 그리고 선명함을 부여합니다. 또한, 음성이 둔하고 뭉개지지 않게 하고 잘 전달되게 합니다. 좋은 상부 공명을 증대시키기 위해서는 얼굴, 특히 윗입술과 눈썹 사이 부분이 살아있어야 합니다.

얼굴과 음성의 연결성을 이해하기 위해서 누군가가 매우 우울할 때 어떤 모습인지를 생각해보세요. 얼굴은 종종 움직이지 않고 무표정해지면서 음성은 그에 상응하여 단조롭고 생기가 없습니다. 반대로 누군가 행복하고 활기가 넘칠 때 그들의 얼굴은 살아있고 표정이 풍부하고 그들의 음성은 활기차고 표현력이 풍부합니다.

위의 경우에서 얼굴은 정확하게 사람의 감정을 반영하므로 나오는 음성의 상태는 근거가 있습니다.

하지만, 얼굴은 너무 자주 단절되어 뻣뻣하고 잘 움직이지 않거나 지나치게 과장되면서 느끼는 게 무엇이든 얼굴이나 음성으로 잘 드러나지 않습니다.

따라서, 아무리 내면에서 활기를 느낄지라도 얼굴의 이 부분이 뻣뻣하고 잘 움직이지 않는다면 음성도 마찬가지로 생기가 없게 됩니다. 음색과 음성의 톤에서 에너지와 유연성이 부족하게 되고요. 그러나 마찬가지로 사람이 아무리 진실하다고 느낄지라도 얼굴의 이 부분이 지나치게 움직이면서 과하게 표현적이라면, 음성도 비슷하게 과장되어 그 사람을 믿거나 진정으로 감동을 느끼기가 어려울 수 있습니다.

그렇다면, 이 단절은 어떻게 일어날까요? 많은 이유가 있습니다. 만성 카타르catarrh(감기 등으로 코와 목에 생기는 염증)는 이 부분을 죽게 할 수 있고 카타르 증상이 이제 없더라도 그 부위에서 부진하게 움직이는 습관은 남게 될지도 몰라요. 치아 모양에 대한 걱정 중에서도 특히 윗니 모양에 대한 걱정은, 그 치아를 가리기 위해 윗입술을 고정하려고 잡으면서 윗입술과 눈 사이 전체 부위가 뻣뻣해지는 경향이 있습니다. 또한 몸 전체에 걸쳐 사람이 신체적으로 굼뜬 경우 당연히 얼굴에도 영향을 미칩니다.

또 다른 이유는 감정 표현을 억제하거나 심지어 완전히 숨겨야 한다고 느꼈기 때문일 수 있어요. 그 사람들은 얼굴을 고정시켰다는 걸 인식하지 못할 겁니다. 이건 간단하게 그들이 어떻게 느끼는지를 드러내지 않으려는 의지의 결과로 일어나요. 뻣뻣한 윗입술은 자신의 감정을 숨기려는 형태입니다. 윗입술을 뻣뻣하게 한다면, 울기 직전에 아랫입술이 떨리는 걸 막을 수 있죠.

종종, 사람이 자신의 감정을 숨기기로 마음먹고 그것이 수년 전에 이뤄졌다고 해봅시다. 더 이상 감정을 숨길 필요성을 느끼지 못해서 숨기려는 생각은 더 이상 자신과 관계가 없다고 생각할 수 있습니다. 그러나 무의식적으로 생긴 습관 때문에 얼굴은 여전히 생기가 없을 수 있어요. 그 결과, 그들은 이제 자신의 얼굴과 음성이 자신이 느끼는 걸 반영하지 않는다는 데 매우 좌절할 수 있습니다.

때때로 사람들이 이를 보완하기 위해 노력하면서 얼굴과 음성이 지나치게 생기를 띨 수 있습니다. 이것의 문제는 연결이 되지 않고 진실되게 보일 수 없다는 겁니다.

마찬가지로, 지나치게 표현적인 얼굴은 다른 방식으로 자신의 감정을 숨기기 위한 노력의 결과일 수 있습니다. 예를 들면, 어떤 사람이 보다 더 행복하거나 용감한 얼굴을 해야 한다고 느끼거나 분노와 같은 불편하게 느껴지는 특정 감정을 숨기기 위해 자신이 느끼는 실제 감정보다 과장된 감정을 표현하기 시작합니다. 이 가장이 한동안 반복되면, 얼굴 근육은 결국 그 과장했던 감정 패턴으로 자리 잡을 거예요. 이전과 마찬가지로, 그 사람은 이를 인식하지 못하기 때문에 이제 자신이 느끼는 걸 드러내고 싶어도 얼굴이 가면처럼 과장했던 감정의 레퍼토리 안에 갇히게 될 겁니다.

우리는 때때로 자신의 감정을 어느 정도 숨깁니다. 이건 매우 자연스러운 일이에요. 문제는 얼굴이 움직임 패턴 안에 고정되어 우리가 원할 때 우리의 감정을 반영하도록 변화할 수 없을 때 일어납니다.

물론, 어떤 배우들은 무표정이나 지나치게 표현적인 얼굴과 음성으로 잘 살아갑니다. 여기에서 옳고 그름은 없습니다. 단순하게 선택의 문제입니다. 당신의 얼굴과 음성이 당신이 느끼는 걸 반영하지 못한다고 느낀다면 에너지와 표현이 부족하거나 적절하지 않게 과장되어 있을 거예요—만약 당신이 이에 대해 변화하고 싶다면, 얼굴을 깨우는 훈련을 시작할 가치가 있습니다.

얼굴 깨우기
얼굴에 긴장을 풀고 생기를 불어넣어서 음성에 생기를 가져오기 위해서

○ 이전처럼 척추는 길어지고 어깨와 골반은 넓어진다고 상상하면서 앉거나 서세요. 발이 골반 너비 아래 나란히 놓여 있고 관절은 느슨하며 어깻죽지와 엉덩이가 등에서 부드럽게 아래로 떨어지는지 확인합니다.

○ 얼굴을 이리저리 움직이면서 윗입술과 눈썹 사이 부위에 관심을 기울여 봅니다.

○ 그런 다음, 윗입술에서부터 광대뼈를 따라 이동하면서 이 부위를 마사지합니다. 마치 이 부위를 깨우고 다시 연결하고 생기를 불어넣는

다고 느끼면서 하세요. 주의를 기울이는 곳에 에너지가 생긴다는 걸 기억하세요.

○ 그러고 나서, 가볍게 얼굴을 이리저리 움직이며 허밍을 하면서 눈을 포함한 눈썹과 윗입술 사이에 있는 모든 구멍 밖으로 쏟아져 나오는 소리를 상상해보세요.

○ 이제 텍스트를 챈팅하면서 얼굴을 이리저리 움직여 봅니다. 얼굴을 찌푸리려고 노력하는 대신에 얼굴을 느슨하게 풀어서 말하는 동안 생기를 불어넣는다고 생각해보세요. 그리고 다시 눈을 포함한 윗입술과 눈썹 사이의 모든 부위 밖으로 소리가 쏟아져 나온다고 상상합니다.

○ 그런 다음, 다시 텍스트를 챈팅하는데 얼굴은 이리저리 움직이지 않고 편안하게 두세요. 여전히 동일한 부위에서 쏟아져 나오는 소리를 마음으로 그려보세요.

○ 이 연습훈련을 규칙적으로 하면 실제로 얼굴에 생기를 불어넣고 습관화된 얼굴 표정과 음성 패턴에서 벗어나 자유로울 수 있습니다.

눈을 편안하게 하고 깨우기
눈에 긴장을 풀고 생기를 불어넣어 음성에 생기를 가져오기 위해서

이 훈련은 눈의 긴장을 제거하는 데 탁월합니다. 자유롭고 살아있는 눈은 음성과 우리의 존재 전체(몸과 마음, 정신)와 현존에 진정한 생명을 가져오기 때문에 시도해 볼 가치가 있습니다.

○ 등이 길어지고 어깨와 골반은 넓어진다고 생각하면서 전과 같이 앉거나 서세요. 두 발을 골반 너비로 나란히 두세요. 관절을 느슨하게

어깻죽지와 엉덩이는 뒤에서 부드럽게 아래로 떨어집니다.

○ 앞을 똑바로 바라보며 시작하세요. 그런 다음 머리를 느슨하게 고정한 상태를 유지한 채, 위와 아래를 4번 왔다 갔다 하며 봅니다.

○ 그러고 나서, 다시 머리를 느슨하게 고정한 상태에서 왼쪽을 보고 오른쪽을 4번 봅니다.

○ 그런 다음, 머리를 다시 느슨하게 가만히 둔 상태로 눈을 시계 방향으로 4번 그러고 나서 반대 방향으로 4번 돌리세요.

○ 마지막으로, 눈을 감고 손가락 끝을 눈 위에 가볍게 30초 동안 올려놓습니다.

얼굴의 진동에 관심을 기울이기
음성에 생기와 선명함 그리고 에너지를 가져오기 위해서

우리는 코끝에 집중하면서 이 훈련을 시작할 거예요. 콧등(눈썹 사이에서 살짝 내려온 코 부위)에 주의를 기울이면 뺨에 초점을 맞추기 위한 준비로 소리가 앞을 향해 나가는 데 도움이 됩니다.

○ 등이 길어지고 어깨와 골반이 넓어진다고 상상하면서 전과 같이 앉거나 서세요. 두 발을 골반 너비로 나란히 두세요. 관절을 느슨하게 어깻죽지와 엉덩이는 뒤에서 부드럽게 아래로 떨어집니다.

○ 눈썹 사이 코끝에 두 손가락을 두고 그 부위에 관심을 기울이세요. 지난 훈련에서 했던 것보다 살짝 높은 음으로 허밍을 시작해보세요 -'음ㅁㅁㅁㅁㅁㅁㅁㅁㅁㅁ'-소리가 콧등을 통해 흘러 나가는 걸 마음으로 그려보세요.

○ 콧등에서 아주 약간의 진동이나 간지럼이 느껴지면 긴 '이'로 허밍을

합니다. '음ㅁㅁㅁ미이이이이이'—콧등을 통해서 여전히 '이' 소리가 흘러나온다고 상상하세요. 여러 번 반복해보세요.

○ 그런 다음, 양손의 손가락을 콧등에 놓고 다시 허밍을 합니다. 손가락을 콧대에서 광대뼈를 따라 끌어내리세요. 끌어내리면서 손가락과 함께 허밍이 끌어내려 가고 광대 쪽으로 끌려 나간다고 상상해보세요. 광대뼈에서 윙윙거리는 느낌이나 진동감이 느껴질 때까지 여러 번 반복합니다.

○ 그러고 나서, 허밍에서 긴 '이'로 미끄러지듯 넘어가세요—'음ㅁㅁㅁ미이이이이이이'—여전히 '이' 소리가 광대뼈에서 진동하면서 광대뼈를 통해 흘러 나가는 모습을 상상해봅니다.

○ 허밍을 했을 때처럼, '이' 소리에서도 같은 진동이 광대뼈에서 느껴지면 텍스트를 챈팅하기 시작하세요. 모든 모음에서 천천히 시간을 가지고 하면서 각 모음이 광대뼈를 통해 흘러 나가는 걸 상상해봅니다. 항상 그렇듯이, 포즈 없이 단어에서 단어로 미끄러지듯 넘어가고 구의 중간에 있더라도 편안한 호흡이 남아 있지 않다면 즉시 멈추는 걸 잊지 마세요.

○ '음ㅁㅁ미이이이이이'를 했을 때 광대뼈에서 느껴졌던 진동이 단어를 챈팅할 때도 광대뼈에서 느껴질 때까지 계속해봅니다.

○ 그런 다음, 텍스트 한 줄을 챈팅과 말하기를 번갈아 가며 하세요. 챈팅할 때 했던 동일한 방식으로 말할 때 광대뼈를 통해 흘러 나가는 소리를 상상합니다.

○ 다시, 소리를 광대뼈에 집중시키는 습관을 들일 수 있도록 다른 텍스트를 가지고 계속 작업해봅니다. 그러고 나서, 늘 그렇듯이 소리 자체가 알아서 나가게 두세요.

중간, 하부 및 상부 공명 결합하기
상체 전체 몸과 머리 그 너머까지 소리의 진동을 느끼기 위해서

이제 우리는 중간, 아래 그리고 상부 공명을 함께 작업해서 진동감을 이마와 머리 뒤 그리고 위 등으로 확장할 거예요.

○ 등이 길어지고 어깨와 골반은 넓어진다고 생각하면서 전과 같이 앉거나 서세요. 두 발을 골반 너비로 나란히 두세요. 관절을 느슨하게 어깻죽지와 엉덩이는 뒤에서 부드럽게 아래로 떨어집니다.

○ 편안하게 허밍을 하면서 가슴에서 눈썹까지의 모든 부위로 소리가 흘러가는 걸 상상합니다. 입술, 혀, 턱과 목구멍을 느슨하게 풀어둔 채로 억지로 힘을 주지 않으면서 소리가 편안하게 나가도록 하세요. 소리가 그 모든 부위를 채우도록 천천히 여유를 가지고 합니다.

○ 가슴에서 눈썹에 이르는 그 모든 부위에서 소리가 느껴지면, 허리가 있는 아주 아래까지의 전체 등 뒤에 관심을 기울여봅니다. 소리가 그 부위로 흘러 들어와 진동한다고 상상해보세요. 처음에는 거의 느끼지 못하거나 상당히 크게 느낄 수도 있습니다. 느껴지는 만큼 그대로 작업하세요. 어떤 것도 억지로 성취할 수 없습니다.

○ 그런 다음, 다시 편안하게 허밍을 하면서 목뒤에 관심을 기울이고 소리가 그 부위로 흘러 들어가서 진동하는 걸 상상해 봅니다.

○ 머리 뒤, 정수리, 이마 순으로 관심을 기울이면서 같은 방식으로 작업해보세요. 살짝 음을 올리는 게 도움이 될 수 있습니다. 억지로 힘을 들여서 하려고 하지 말고 인내심을 가지고 하세요. 단순히 주의를 기울이고 소리가 주의를 기울이고 있는 곳으로 흘러가서 진동한다고 상상한다면 결국엔 상체 전체와 머리가 살아나게 될 겁니다.

○ 상체 전체와 머리에서 진동을 느낀다면 편안하게 챈팅을 시작하세요. 소리가 여전히 전체 부위로 흐르고 거기에서 진동하는 걸 마음으로 그립니다.

○ 챈팅을 하는 동안 진동을 느낀다면, 이전과 같이 챈팅했을 때 느꼈던 진동을 말하기에서도 느낄 때까지 챈팅과 말하기를 번갈아 가며 해 봅니다.

챕터 결합하기

모든 공명 훈련을 규칙적으로 작업하는 게 좋아요. 아래 세션에 이 훈련을 추가했습니다. 항상 그렇듯이 이건 제안에 불과해요.

작업에 대해서 자신감이 든다면 완전히 자유롭게 당신에게 도움이 된다고 느끼는 훈련을 중심으로 자신의 세션을 만드세요. 물론, 이완과 자세에 대한 작업으로 시작해서 호흡과 지지, 그리고 나서 공명 작업을 하기 전에 소리를 자유롭게 해방시키는 훈련을 하는 게 좋습니다.

세션의 순서를 기초로 사용하는 데 확신이 없다면, 당신에게 도움이 된다고 느껴지는 구체적인 훈련을 선택하세요.

40분 이상 훈련하지 마세요. 아래 세션은 38분 길이이며, 적어도 이 세션의 3분의 1은 자세와 호흡에 대한 조용한 작업입니다.

웜업 (1분)

○ 호흡 자유롭게 하기 (136쪽)

바닥에서 하는 작업 (3분)

○ 호흡 센터링하기 (137쪽)
○ 목구멍 열기 (143쪽)
○ 수반하고 릴리스하고 'ㅎ' 호흡(벽에 기대서 하는 간단한 버전으로 바닥에서 합니다.) (163쪽)

서서 하는 작업 (7분)

○ 길어지기와 넓어지기 (247, 248쪽)

○ 벽에 기대거나 팔을 크게 벌리고 작업하기 (249, 252쪽)

○ 옆에서 옆으로 (252쪽)

○ 목으로 반원 그리기 (254쪽)

○ 코로 원 그리기 또는 8자 모양으로 코 또는 머리 끄덕이기 (255, 256쪽)

○ 수반하고 릴리스하고 'ㅎ' 호흡(벽에 기대서) (163~164쪽)

○ 수반하고 릴리스하고 'ㅎ' 호흡(의자에서) (163~164쪽)

앉거나 서서 하기 (10분)

○ 넓어지기와 열기 (258쪽)

○ 후두를 자유롭게 하기 1, 2 (259, 260쪽)

○ 킥킥거리기와 흐느끼기(텍스트 포함) (261쪽)

○ 아래턱 떨어뜨리기 2(텍스트 포함) (265쪽)

○ 위턱 릴리스하기 (268쪽)

○ 혀로 치아 클리닝하기 (271쪽)

○ 혀 뒤 스트레칭 (273쪽)

○ 턱 아래 부위 마사지(텍스트 포함) (274쪽)

○ 혀를 게으르게 내밀고 말하기(텍스트 포함) (275쪽)

○ '응-아'와 '응-아'에서 말로 이어가기 (303~305쪽)

○ 'ㅎ응-아ㅎ'에서 말로 이어가기 (306쪽)

서서 하기 (16분)

- ○ '쉬' 슬라이딩 (287쪽)
- ○ 횡격막에서 소리를 바운스하기 (190쪽)
- ○ 아래 복부에서 소리를 바운스하기 (196쪽)
- ○ '파워 포인트'에서 소리를 바운스하기 (198쪽)
- ○ 부르기(텍스트 포함) (216쪽)
- ○ 소리가 나가는 동안 아래 복부와 골반 바닥 근육을 수반하기 (209쪽)
- ○ 소리가 나가는 동안 '파워 포인트'를 수반하기 (210쪽)
- ○ 앞을 향해 가는 소리에 주의를 기울이기 1, 2 (308, 309쪽)
- ○ 입에 관심을 기울이기 (313쪽)
- ○ 가슴에 관심을 기울이기 (315쪽)
- ○ 얼굴과 눈 깨우기 (319, 320쪽)
- ○ 얼굴에 관심을 기울이기 (321쪽)
- ○ 공명을 함께 열기 (323쪽)
- ○ 텍스트를 릴리스하면서 길어지고 넓어지기 (247쪽)
- ○ 떨어뜨리기와 릴리스 (289쪽)
- ○ 문손잡이 스윙 (291쪽)

.

7

소리 확장하기: 음역

지난 챕터에서 우리는 음성에 힘과 풍부함 그리고 복잡성을 주기 위해 소리를 채우는 방법을 살펴보았습니다. 이제는 음역을 확장하는 방법을 살펴볼 거예요. 이 작업을 하는 이유는 다른 모든 음성 작업과 마찬가지로 자신의 생각과 감정이 충분히 섬세하게 표현될 수 있도록 하기 위해서입니다.

우리가 공명 작업에서 아름다운 목소리를 만들려고 하지 않은 것처럼, 음역 작업에서도 인상적인 음역을 만들려고 하지 않을 겁니다. 보컬 기교는 의사소통 행위를 방해하죠. 그런 보컬 기교는 의사소통을 향상시키지 않습니다.

이 챕터의 작업 목적은 당신의 음성이 낼 수 있는 전체 음역을 발전시켜서 내면세계를 정확하게 반영할 수 있도록 하는 거예요.

피치의 변화는 어떻게 일어날까요?

피치의 변화는 성대의 길이와 두께 변화로 이뤄집니다. 피치가 높아질수록 성대는 더 길어지고 얇아져요. 음정이 낮아질수록, 성대는 짧고 두꺼워집니다. 이러한 길이와 두께의 변화는 다양한 후두 근육의 활동으로 일어납니다. 이 근육은 다양한 음을 쉽고 빠르게 생성하는 데 필요한 미세한 변화를 할 수 있도록 잘 조율되고 유연해야 합니다. 이 챕터 뒷부분에서 이를 위한 가장 좋은 방법을 살펴보겠습니다.

지지 근육에서 음역 작업에 동력 공급하기

피치가 높아지면 호흡 압력의 증가를 필요로 합니다. 피치를 잘 높이기 위해서 지지 근육—배와 골반 바닥 근육—이 효과적으로 작동하는 게 굉장히 중요합니다(207쪽 참조). 항상 그렇듯이, 효과적으로 작동시킨다는 건 당신이 공기를 펌핑해야 한다는 걸 의미하지 않고 단순히 지지 근육이 자연스럽게 수반되도록 지지 근육과 연결된 감각을 유지해야 한다는 점을 의미합니다. 피치가 올라가고 있음에도 불구하고 당신의 주의가 몸 아래쪽에 있는 지지점에서 벗어나 위로 이동하지 않는 게 중요합니다. 지지점 중 하나에 입이나 목구멍이 있고 거기에서 실제로 말한다는 이미지로 작업하는 건 매우 유용합니다(196~200, 207~209쪽 참조). 목구멍을 잡는 걸 방지하기 위해서 흐느끼는 연습훈련(261쪽 참조)을 하는 것도 도움이 됩니다.

음역을 자유롭게 하고 확장하기

이 챕터를 소개하면서 언급했던 것처럼, 자유롭고 폭넓은 음역을 가지기 위해서 후두 근육은 길이와 두께가 미세하게 변화해야 하기 때문에 잘 조율되고 유연해야 합니다. 이 근육을 탄탄하게 하게 잘 조율하고 유연하게 만드는 가장 좋은 방법은 음역을 미끄러지듯 위아래로 왔다 갔다 하는 거예요. 이 연습훈련은 근육이 길이와 두께가 변화하기 위해 필요한 시간을 갖게 합니다. 이 연습으로 당신은 좀 더 자유롭고 수월하게 당신의 음역대를 이동할 수 있으며 이는 당신의 음역을 확장할 수 있도록 확고한 기반을 제공할 겁니다.

'오오이이' 미끄러지듯 이동하기
계속해서 앞을 향해 주의를 기울이면서 편안한 감각을 지속하며 음역대를 자유롭고 수월하게 이동할 수 있도록

○ 등은 길어지고 어깨와 골반은 넓어진다고 생각하면서 전과 같이 앉거나 서세요. 두 발을 골반 너비에 나란히 둡니다. 관절은 느슨하게 어깻죽지와 엉덩이는 등에서 부드럽게 아래로 떨어집니다.

○ 배꼽 바로 아래 손을 올려 두세요.

○ '오'뿐만 아니라 '이'에서도 입술을 둥글게 유지하면서 계속해서 흘러가는 '오이오이오이' 소리를 사용할 겁니다. 소리를 앞으로 유지하는 데 도움이 되기 때문이죠. 또한, 목구멍을 열린 채로 두기 위해서 살짝 흐느낌을 사용할 겁니다. 아무 걱정 없이 흐느낌을 즐겁게 유지한다는 걸 기억하세요.

노트

처음에는 음역을 위아래로 활주하면서 피치브레이크(고음이 더 이상 올라가지 않거나 일정 음 이상에서 음이탈 현상)가 일어나는 걸 인식할 수 있습니다. 때때로 이 피치브레이크는 매우 심각하게 느껴질 수 있어요. 그러나 인후통이나 음성 피로가 발생하지 않는 한 걱정할 필요가 없습니다. 이 경우, 완전히 회복

될 때까지 어떠한 음역 작업도 하지 않는 게 가장 좋습니다. 분명한 건 후두의 건강에 의심이 가는 경우 자가 진단을 받기 위해 귀, 코 및 인후 전문가의 진찰을 받도록 합니다.

그렇지 않다면, 피치브레이크가 난 음역대를 아주 천천히 미끄러지듯 움직이면서 소리 내세요. 시간이 지나면 후두 근육이 음역을 매끄럽게 이동하기 위해 필요한 미세한 조정법을 배울 겁니다.

또한 한 음에서 다른 음으로 이동할 때 음성의 질적 변화를 인식할 수 있어요. 이것 또한 천천히 음을 매끄럽게 활주하고 앞으로 나가는 소리에 집중함으로써 도움을 받을 수 있습니다.

여기서 요점은 피치 브레이크나 음성의 질을 부드럽게 하기 위해서 억지로 힘을 주거나 팽팽하게 긴장시키지 않는다는 겁니다. 애쓰지 않고 시간과 적절한 관심을 기울이는 게 피치브레이크를 매끄럽게 해줄 거예요.

○ 어떤 소리를 내려고 하기 전에, 척추를 길게 둔 채로 배에서부터 수월하고 완전하게 숨을 불어보세요. 그러고 나서, 배와 골반 바닥 근육을 느슨하게 풀어줘서 새로운 숨이 원할 때 들어오도록 합니다. 호흡 시스템이 깨어나도록 이걸 여러 번 반복하세요. 숨을 불 때, 배에서 입술로 흘러 나가는 호흡에 집중하는 걸 기억해 배와의 연결을 상기하도록 하세요.

○ 그런 다음, 다시 숨을 불고 나서 들숨이 들어올 때, 들숨이 미끄러져 내려올 그 음 위로 당신을 데려간다고 상상하면서 첫 음을 내려고 올라간다기보다는 편안한 가장 높은음에서 떨어질 수 있게 하세요. 시작하는 음이 콧대에 놓여 있다고 상상하는 게 도움이 됩니다. 그 상상은 소리를 앞으로 유지하는 데 도움이 될 거예요.

○ 목구멍에 어떤 긴장이 느껴지면 살짝 놀라거나 따분하게 '후~'로 시

작해보세요. 첫소리를 움켜쥐거나 급격하게 소리로 뛰어드는 느낌보다 첫소리로 녹아들거나 미끄러지는 걸 상상하세요.

○ 소리를 내기 시작하면 마치 깃털이나 나뭇잎이 부드럽게 아래로 떠다니는 것처럼 천천히 음역대 아래로 미끄러지게 합니다. 천천히 할수록 효과가 더 좋으며 호흡이 부족한 건 걱정하지 마세요. 새로운 숨이 들어오게 하고 멈춘 지점에서부터 아래를 향해 미끄러져 내려오도록 하세요.

○ 특히 피치 브레이크가 있던 곳에서는 천천히 하면서 근육이 익숙하지 않은 필요한 작은 변화를 가질 시간을 주세요. 인내심을 가지고 억지로 힘을 주지 않는다면 피치 브레이크는 점차 사라질 겁니다.

○ 입술을 둥글게 유지한다는 점을 기억하고 소리가 코에서 미끄러져 내려가 입술에서 쉬는 걸 상상하세요. 더 낮은 음역대로 미끄러져 내려올 때, 소리가 계속해서 입술을 향해 앞으로 나오고 입 밖으로 나가 앞을 향해 가슴으로 떨어지는 걸, 앞쪽으로 나와 가슴으로 떨어지는 소리를 상상해보세요. 소리가 뒤와 아래로 떨어지지 않도록 합니다.

소리가 앞으로 흘러가는 표시를 해 두었다고 생각함으로써 당신은 음성질의 변화 없이 전체 음역을 미끄러져 내려올 수 있다는 걸 알게 될 거예요. 따라서 한 음역에서 다른 음역으로 이동하더라도 여러 다른 음성이 아닌 하나의 음성을 가지게 될 겁니다.

이 훈련을 약 1분 동안 규칙적으로 연습한 후 다음 훈련으로 넘어가세요.

롤러코스터
음역을 개발하기 위해서

음역을 더 발전시키는 최선의 방법은 해내려고 노력하거나 힘을 들여 하는 대신에 상상력을 발휘하여 상상력이 당신의 목소리를 확장하게 하는 거예요.

○ 등은 길어지고 어깨와 골반이 넓어진다고 생각하면서 전과 같이 앉거나 서세요. 두 발을 골반 너비에 나란히 둡니다. 관절은 느슨하게 어깻죽지와 엉덩이는 뒤에서 부드럽게 아래로 떨어집니다.

○ 배꼽 바로 아래 손을 놓습니다.

○ 다시, '오이오이오이'를 사용하겠습니다. 입술을 둥글게 유지한 채 소리가 배에서부터 입술로 흐르도록 하세요.

○ 당신 앞에 롤러코스터가 있다고 상상하고 음성이 롤러코스터를 따라 위아래로 이동하는 객차라고 상상해보세요. 음성이 위아래로 이동하는 게 어렵다면 손을 사용해서 롤러코스터에서 이동하는 객차의 여정을 따라가 보세요.

○ 음성이 알아서 나오도록 두면서 당신 자신을 롤러코스터와 그 레일을 따라 이동하는 객차의 여정에 완전히 빠져들게 하세요. 롤러코스터의 상향곡선과 하향곡선이 증가하여 바로 아래로 떨어졌다가 바로 위로 솟아오를 수 있도록 합니다. 더 많이 놀고 상상에 빠져들수록 그 이미지가 음성을 자극해서 움직이도록 자극할 거예요.

○ 음성이 피로하다고 느껴지면 배에 좀 더 주의를 기울이고 배에서부터 소리가 자유롭게 풀려나온다는 생각에 집중해보세요. 소리는 여전히 알아서 나오도록 두세요. 소리를 위아래로 밀지 말고 위아래로 움

직이는지 확인하기 위해 듣지 마세요. 그저 당신이 그 이미지를 가지고 작업한다면 그 이미지가 음성을 움직일 거라고 믿으세요.

○ 이름이나 패턴 혹은 그림을 그리면서 할 수 있습니다. 다시 말하지만, 소리는 잊어버리고 단순히 놀면서 이미지의 움직임이 음성의 움직임을 이끌도록 두세요.

이전 훈련과 같이 1분이나 2분 동안 규칙적으로 훈련하고 나서 다음 훈련으로 넘어가세요.

브르르르~ 오토바이 소리를 내기
음역 작업이 잘 지지되는지 확인하고 지지를 증가시키기 위해서

오토바이 소리를 내는 건 목구멍을 조여서가 아닌 호흡으로 소리를 지지하는지를 확인하는 데 훌륭합니다.

○ 등이 길어지고 어깨와 골반은 넓어진다고 생각하면서 전과 같이 앉거나 서세요. 두 발을 골반 너비에 나란히 둡니다. 관절은 느슨하게 풀리고 어깻죽지와 엉덩이는 뒤에서 부드럽게 아래로 떨어집니다.

○ 배꼽 바로 아래에 손을 놓습니다.

○ 말처럼 입술을 불어보세요. 필요하다면 입술 사이에 손가락을 대고 위아래로 털어주면서 입술을 느슨하게 풀어주세요. 그런 다음 소리를 더하세요―'브르르르르르르'(예: 추울 때 내는 소리). 배에서부터 입 앞쪽으로 빠져나오는 소리에 주의를 기울이세요.

○ 그러고 나서 마치 오토바이 속도를 올린다고 상상하며 짧게 한바탕 소리를 내보세요. 배에서부터 입 앞쪽으로 빠져나가는 소리를 마음으

로 계속 그려봅니다.

○ 그런 다음, 여전히 배에서부터 나오는 소리에 주의를 기울이면서 다른 음정에서 오토바이 소리를 내며 속도를 올려봅니다. 아이처럼 오토바이 속도를 바꿔가며 소리 내면서 진짜로 놀아보세요.

노트

이 훈련은 워밍업뿐만 아니라 규칙적으로 하기 좋습니다. 이 훈련은 실제로 지지 근육을 활성화시키고 피치 작업을 할 때 긴장을 일으키지 않기 때문이에요.

아래로 위로
음역을 자유롭게 하고 확장하기

이 훈련은 가수이자 보이스 티쳐인 헬렌 채드윅Helen Chadwick에게 배운 것을 기반으로 하며 그녀의 많은 다른 작업처럼 이 훈련은 유용하면서도 재미있습니다. 음역을 자유롭게 하는 데 탁월하며, 나는 이걸 보컬 워밍업에서 상당히 많이 사용하고 있어요. 항상 그렇듯, 아래 설명은 내가 어떻게 이 훈련을 사용하는지를 반영하기 때문에 헬렌이 사용하는 것과 정확히 일치하지 않을 수 있습니다.

이 연습훈련은 '오이오이오이' 혹은 '브르～～～～'와 함께 할 수 있어요.

○ 서서 오른팔을 위로 공중에 들고 시작하세요(그림 1a 참조). 상체와 팔이 골반에서부터 앞으로 떨어지도록 둡니다(그림 1b 참조). 상체와

팔이 아래로 떨어질 때 당신이 선택한 소리가 팔을 통해 아래로 미끄러지는 걸 상상해보세요.

그림 1a   그림 1b

○ 그런 다음 아래로 떨어지자마자 다시 위로 튕겨 올라오도록 합니다. 이때, 왼팔이 공중으로 올라가고, 당신이 올라오면서 소리가 당신의 음역을 통해 가볍게 위로 미끄러져 올라가게 하세요(그림 1c 참조).

그림 1c

○ 항상 그렇듯, 소리가 알아서 나가게 둔 채로 간단히 떨어지고 다시 튕겨 올라오는 걸 즐겨보세요. 움직임이 자유로울수록 그리고 소리가 저절로 위아래로 미끄러지게 두면 둘수록 더욱 좋습니다.

○ 들어올 때, 왼팔은 아래로 떨어지면서 동시에 오른팔은 위로 떠오르게 하세요.

○ 오른손이 떨어지고 왼손이 올라오면서 위 훈련을 세 번 반복하세요.

그리고 나서 왼손이 내려가고 오른손이 올라오면서 이 훈련을 세 번 연습하세요.

음역 연결하기

일단 음역에 '윤활유'를 발라 매끄럽게 했다면, 즉 다양한 훈련을 통해 근육을 잘 조율하고 지속적인 힘과 질로 전체 음역대를 쉽고 부드럽게 이동할 수 있다면, 이제는 당신이 그 음역을 사용할 수 있습니다.

앞에서 언급했듯이 인위적으로 피치를 조정하는 건 좋은 생각이 아니에요. 그렇다면 말하는 음성의 음역을 넓히려면 어떻게 해야 할까요? 다시, 이것은 연결에 대한 문제입니다.

우리 내면에는 어렸을 때처럼 표현력이 남아 있지만 이전 챕터에서 언급했듯이 이 내면의 표현은 외면의 표현과 '분리'되어 있을 수 있어요. 우리는 지나치게 열정적이거나 너무 속이 드러나거나 지나치게 감정적으로 보일 수 있다는 두려움 때문에 연결의 문을 닫아버렸을지도 모릅니다. 혹은 우울감, 피곤감, 슬픔, 지루한 감정을 숨기기 위해서일 수 있어요— 우리는 음성의 피치를 과장되게 움직여서 느끼는 것보다 더 행복해하거나 더 기분 좋아 보이도록 할 수 있습니다. 어느 쪽이든 이런 음역대의 움직임은 우리의 생각과 감정을 진실되게 반영하지 못해요.

앞서 언급했듯, 우리는 종종 이러한 방식으로 내부와 외부와의 연결을 끊기로 결정한 사실을 인식하지 못합니다. 그래서, 우리는 왜 내면 음성의 삶이 외부 음성의 삶을 통해 드러나지 않는지 이해하지 못해 매우 답답할 수 있고요.

음성의 단조로움이나 과장된 음성의 또 다른 원인은 첫 번째 챕터에서 논의했던 신뢰의 부족일 수 있어요. 당신이 기억한다면, 나는 우리가 신뢰를 잃었을 때 두 가지 행동 중의 하나가 일어난다고 언급했습니다. 우리는 주저하며 머뭇거리거나 혹은 지나치게 애쓰게 됩니다. 우리가 확신이 없이 머뭇거리면 내면의 생각과 감정을 표현하는 데 마음을 다하지 않기 때문에 음성이 더욱 단조로워지는 경향이 있습니다. 우리가 지나치게 노력하면 우리 음성의 피치가 과장되게 이동하는 경향이 있어요. 이건 우리의 생각과 감정이 음성의 자연스러운 움직임으로 표현되는 걸 신뢰하면서 모든 것이 '도와주게' 되는 것을 믿지 않기 때문에 그 생각과 감정을 표현하기 위해 모든 걸 억지로 힘을 들여 애쓰기 때문입니다.

단절되는 또 다른 원인은 우리가 말하고 있는 것, 혹은 말하고 있는 사람과 연결되지 않았기 때문일 수 있어요. 이건 우리 자신의 말이나 텍스트 모두에서 일어날 수 있답니다. 우리가 말하는 단어 뒤에 있는 그림이나 이미지를 볼 필요가 있고 그런 다음에 우리가 말하고 있는 사람이 같은 그림과 이미지를 보도록 해야 합니다. 당신이 말하는 걸 생각하거나 듣는 사람에게 설명하려고 하는 문제가 아닙니다. 그것은 당신이 말하고 있는 사람과 단어 그리고 이미지와 함께 존재하는 문제입니다.

이건 끔찍하게 복잡하게 들릴 수 있지만 그렇지 않습니다. 연결되면 완전히 단순하면서도 완전히 수반되는 거예요.

이번 섹션의 연습훈련은 어느 정도 연결이 되지 않았다고 느낄 때뿐만 아니라, 음역대를 이동하는 방법이 편안해지면서 조금 더 음역을 탐험하고 싶은 경우에도 도움이 될 겁니다.

세 번 말하기

단어와의 연결을 허용해서 그 단어가 말하는 방식을 완전히 진실하게 채색할 수 있도록

이것은 텍스트를 가지고 시도해볼 수 있는 훌륭한 연습훈련이에요. 나는 배우들이 새로운 텍스트와 연결되도록 돕고 그들이 한동안 작업했던 텍스트에도 신선한 생명을 불어넣는 데 이 훈련을 사용했습니다. 어느 단계에서나 이 훈련은 당신이 말하는 단어와 더 완전하고 깊이 연결되게 하고 이 깊어진 연결은 지나치게 꾸미려는 위험 없이 음성에 더 많은 움직임을 이끕니다.

○ 조용하고 개인적인 공간에 편안하게 앉으세요.

○ 텍스트를 한 번에 작은 구로 가져오세요. 때때로 한 번에 한 단어만 사용할 수 있습니다. 그 이유는 한 번에 두세 단어 이상을 취하면 일반석으로 '소위' 그 단어늘 안에서 더 중요한 단어라고 부를 수 있는 일부 단어에만 연결되는 자신을 발견할 수 있기 때문이에요. 반면에, 한 번에 두세 단어만 취하면 당신은 모든 단어와 연결될 수 있습니다. 이건 당신이 모든 단어를 강조하게 된다는 의미가 아니라 각각의 단어가 전체 안에서 그것이 가진 위치와 색을 가지므로 훨씬 더 다양하고 미묘함을 띠게 된다는 말이에요.

○ 첫 번째 구를 속삭이지 않고 조용하게 세 번 반복해서 말해보세요. 단어가 그냥 몸으로 감각되게 하세요. 단어를 말하는 다른 방법을 찾으려고 노력하지 마세요. 간단하게 단어가 몸 안으로 닻을 내리며 들어오도록 허용하세요.

○ 그런 다음, 다음 구로 넘어가서 세 번 말합니다.

○ 이런 방법으로 계속 각 한 구절을 세 번 말하고 나서 다음으로 넘어
  갑니다.
○ 모든 구phrase를 함께 묶지 말고 각각 세 번씩 말하고 나서 그대로
  두고 다음으로 넘어가세요.
○ 이 연습훈련에서는 전혀 아무것도 시도하고 달성할 필요가 없습니다.
  단지 단어를 받아서 단어가 음성을 안내하도록 하세요.

듣는 사람과 이미지 공유하기
의사소통 에너지를 사용해서 말에 생동감과 진실한 색을 가져오기 위해서

이 훈련은 시실리 베리Cicely Berry의 훌륭한 작업을 기반으로 하고 있습니
다. 단어와 연결하는 작업을 계속하면서 듣는 사람과 연결되는 작업으로
들어갑니다. 결국 이 두 개의 연결이 진실되고 흥미로운 방식으로 당신의
전체 음성의 범위를 활성화시킬 거예요. 이 훈련을 위해서는 파트너가 필
요합니다.

○ 파트너의 맞은편에 편안하게 앉습니다.
○ 파트너에게 텍스트를 말하기 시작하세요. 텍스트를 연기한다기보다
  는 말하는 데 집중하세요. 당신의 파트너 그리고 그들과 의사소통하
  기를 원하는 욕구에 모든 주의를 기울입니다.
○ 당신이 말할 때, 파트너는 들으면서 그림이 그려지지 않는 텍스트의
  부분을 정직하게 질문합니다. 데이비드 에드가David Edgar의 <성령 강
  림절Pentecost>에서 야스민의 대사를 사용하여 이 훈련을 어떻게 하는
  지 예를 들게요.

당신:　　그녀가 돌아왔을 때

파트너:　그녀가 뭘 했을 때?

○　그런 다음 질문받은 텍스트의 특정 부분을 반복하면서 대답해야 하지만 파트너에게 이미지를 더 전달하기 위해서 소리를 키우거나 단어(혹은 단어들)를 강조하지 않습니다. 당신은 그 단어(혹은 단어들)가 당신에게 무엇을 의미하는지, 그 단어가 떠올리게 하는 것과 정말로 연결되고 나서 그 단어를 공유해야 합니다.

당신:　　돌아왔을 때

(당신의 파트너가 이미지를 받았다고 느낀다면 다음으로 넘어가세요. 그렇지 않다면, 파트너는 다시 물어볼 수 있습니다.)

당신:　　처음에 그게 진짜 평범해 보였거든

파트너:　그게 언제 평범해 보였다고?

당신:　　처음에

(다시 말하지만 파트너가 그림을 그릴 수 있다면 넘어가고 그렇지 않다면, 다시 물어볼 수 있습니다.)

당신:　　진짜 평범해 보였어.

파트너:　진짜 이상해 보였다고?

당신:　　진짜 평범했다고

당신:　　그리고 아침이었기 때문에

파트너:　저녁?

당신:　　아침

당신:　　문이 열린 걸 발견한 게 놀랍지 않았어

파트너:	충격이었다고?
당신:	놀랍지 않았다고
당신:	문이 열린 걸 발견하는 게
파트너:	문이 닫혀 있는 걸 발견하는 게?
당신:	문이 열린 걸 발견하는 게

○ 당신의 파트너는 여기에서 거리낌 없이 당신에게 질문해야 할 뿐만
  아니라 당신과 의사소통이 되지 않았다고 느낄 때 정말로 당신을 다
  시 그 시점으로 데려와야 하는 큰 책임이 있습니다.

○ 당신의 책임은 쉬운 길을 택하여 단순히 소리를 높이거나 단어를 더
  강조하는 게 아니라, 단어와 진짜로 연결되어 그것을 공유하는 거예
  요.

텍스트를 '노래하기'
진실된 음성의 음역 사용을 확장하기 위해서

이번 훈련은 혼자서 할 수 있습니다. 이것은 억지로 힘을 들이거나 인위
적으로 만드는 것 없이 실제로 음성을 열고 당신의 음역을 훨씬 더 사용
할 수 있게 북돋아 줍니다. 다시 우리는 피치 움직임을 활성화시키기 위
해서 단어와의 연결을 사용할 거예요.

이번에는 텍스트를 '노래'할 겁니다. 이유는, 말할 때보다 노래할 때
피치 움직임을 알아차리기가 더 쉽기 때문이에요.

이 훈련이 노래와 관련된 것처럼 보인다는 사실 때문에 훈련하는 걸
망설이지 마세요. 나는 아주 느슨한 의미에서 '노래하기'라는 용어를 사용
합니다. 사실 이 훈련이 가장 자유롭고 유용하다고 생각하는 사람은 가수

가 아닌 경우가 많아요. 또한, 단어와의 연결에서 음조가 자연스럽게 생겨 나오므로 음을 어긋날 가능성이 없습니다. 이건 가수가 아닌 사람들을 위한 노래예요!

당신이 가수라면 어떤 특정 스타일로 노래 부르는 방식을 선택하지 않으려고 노력하고, 또한 어떤 특정 노래의 멜로디에 빠져들지 않도록 하세요. 여기에서 노래는 자유로워야 하고 심지어는 약간 정리가 되지 않아야 합니다.

○ 이 훈련은 가만히 서 있거나 앉아서 하는 것보다는 이리저리 발을 움직이면서 하는 게 가장 좋습니다. 종종 신체적으로 자유롭고 열리게 두기 위해서 팔 또는 상체 전체를 느슨하게 스윙하는 게 도움이 돼요.

○ 노래를 부르고 있음에도 불구하고 여전히 단어의 의미와 연결된 채로 다른 사람과 그 단어를 소통하는 데 관심을 기울여야 합니다. 이 훈련에서는 파트너가 없기 때문에 방 안에 있는 물건을 보면서 그 단어를 노래하며 소통할 수 있어요.

○ 그럼, 당신이 노래하는 단어에 대한 느낌이나 감각을 피치 변화로 표현될 수 있도록 두면서 자유롭게 노래하기 시작하세요.

챕터 통합하기

이 챕터 전반부에서 음역을 개발하고 확장하는 훈련은 4분 이상 걸릴 필요가 없습니다. 그 훈련을 아래 제안한 세션에 추가해 놓았지만, 항상 그렇듯, 제안한 세션은 신경 쓰지 않아도 됩니다. 바닥에서 하는 버전의 '수반하기, 풀어주기 그리고 'H' 호흡'을 빼고 벽에 기대서 하거나 의자를 가지고 서서 하는 버전을 선택할 수 있도록 했어요. 세션이 40분을 넘지 않도록 하기 위해서죠. 그러나 이 모든 훈련은 그대로 유지하거나 다른 훈련을 제하고 할 수 있습니다. 항상 당신 자신을 믿고 선택하고 세션이 40분을 넘지 않도록 하세요.

챕터 후반부에 있는 훈련은 텍스트와 연결하는 데 도움이 된다고 생각될 때마다 사용할 수 있습니다.

웜업 (2분)

○   호흡 자유롭게 하기 (136쪽)

바닥에서 하는 작업 (2분)

○   호흡 센터링하기 (137쪽)
○   목구멍 열기 (143쪽)

서서 하는 작업 (6분)

○   길어지기와 넓어지기 (247, 248쪽)
○   벽에 기대거나 팔을 크게 벌리고 작업하기 (249~252쪽)

- 옆에서 옆으로 (252쪽)
- 목으로 원 그리기 (254쪽)
- 코로 반원 그리기 또는 8자 모양으로 코 또는 머리 끄덕이기 (255, 256쪽)
- 수반하고 릴리스하고 'H' 호흡(벽에 기대서 혹은 의자에서) (163, 164쪽)

앉거나 서서 하기 (11분)

- 넓어지기와 열기 (258쪽)
- 후두를 자유롭게 하기 1, 2 (259, 260쪽)
- 킥킥거리기와 흐느끼기(텍스트 포함) (261쪽)
- 아래턱 떨어뜨리기 2(텍스트 포함) (265쪽)
- 위턱 릴리스(텍스트 포함) (268쪽)
- 혀로 치아 클리닝하기 (271쪽)
- 혀 뒤 스트레칭 (273쪽)
- 턱 아래 부위 마사지(텍스트 포함) (274쪽)
- 혀를 게으르게 내밀고 말하기(텍스트 포함) (275쪽)
- '응-아'와 '응-아'로 말 이어가기 (303~305쪽)
- 'ㅎ응-아'로 말 이어가기 (306쪽)

서서 하기 (10분)

- '쉬' 슬라이딩 (287쪽)
- 횡격막에서 소리를 바운스하기 (190쪽)

- ○ 아래 복부에서 소리를 바운스하기 (196쪽)
- ○ '파워 포인트'에서 소리를 바운스하기 (198쪽)
- ○ 부르기(텍스트 포함) (216쪽)
- ○ 소리가 나가는 동안 아래 복부와 골반 바닥 근육을 수반하기 (209쪽)
- ○ 소리가 나가는 동안 '파워 포인트'를 수반하기 (210쪽)
- ○ 앞으로 나가는 소리에 주의를 기울이기 1, 2 (308, 309쪽)
- ○ 입에 주의를 기울이기 (313쪽)
- ○ 가슴에 주의를 기울이기 (315쪽)
- ○ 얼굴과 눈을 깨우기 (319, 320쪽)
- ○ 얼굴에 주의를 기울이기 (321쪽)
- ○ 공명 다 함께 두기 (323쪽)
- ○ '오이'를 미끄러지듯 움직이기 (331쪽)
- ○ 롤러코스터 (334쪽)
- ○ <u>브르르르~ 오토바이 소리를 내기</u> (335쪽)
- ○ 아래로 위로 (336쪽)
- ○ 릴리스하는 동안 길게 그리고 넓게(텍스트 포함) (247쪽)
- ○ 떨어뜨리고 릴리스하기(텍스트 포함) (289쪽)
- ○ 문손잡이 스윙(텍스트 포함) (291쪽)

8

소리에 모양 입히기: 발음

지금까지 우리는 자세, 호흡, 지지, 공명 및 음역과 같은 소리를 생성하는 모든 측면을 탐구해 보았습니다. 이제는 소리가 말로 만들어지는 방법을 살펴볼게요.

분명히 당신은 말하면서 작업해 왔지만 항상 각 챕터 주제에 초점을 더 두었습니다. 이제 우리는 말 그 자체가 형성되는 걸 살펴볼 거예요.

모음과 자음 – 두 종류의 소리

말은 뚜렷이 구별되는 특성과 기능을 가진 두 가지 종류로 구성됩니다.

모음은 열린 소리, 자유롭게 막힘 없이 풀려나가는 소리예요. 모음은 입술과 혀의 위치 변화로 형성되면서 입안 공간의 모양을 변화시키지만 결코 입안 공간을 닫지 않습니다. 모음은 감정을 전달해요. 말이 나오는 중심을 통해 흘러나오는 '감정의 강' 같죠. 모음이 형성되기 위해선 공간과 시간, 개방과 자유롭게 방출하는 게 필요해요.

자음은 소리의 모양을 만들어요. 다시 말해서, 자음은 입술과 혀의 위치 변화로 형성되지만 이러한 변화는 어떤 식으로든 입의 공간을 좁히거나 폐쇄합니다. 자음은 의미를 전달해요. 흘러나오는 소리와 느낌이 들어가 있으며 그 모양 또한 형성하죠. 자음은 의미와 명확함을 제공합니다. 자음은 전념, 정확성 그리고 근육의 에너지가 필요해요.

자음이 너무 느슨하게 만들어지고 정확성과 명확성이 부족하다면, 우리는 소리와 느낌을 듣게 되지만 이해하는 게 어려울 수 있어요. 자음이 너무 타이트하게 만들어진다면 음성과 감정은 과도하게 통제되고 심지어 음성과 감정의 존재 자체가 교살당할 수 있습니다. 의미를 이해하지만 그 말에 감동하거나 마음이 움직이지는 않게 되는 거죠.

감정이 의미를 질식시키거나 의미가 감정을 질식하지 않도록 모음과 자음의 균형을 찾아야 합니다.

모음과 자음의 균형을 확인하기

당신의 말에서 모음과 자음, 그리고 감정과 의미 사이의 균형이 잘 잡혀 있는지 어떻게 알 수 있나요?

모음으로는 의미를 전달할 수 없고, 자음으로는 감정을 전달할 수 없다는 걸 기억하세요(한국어 자음을 말할 때, 영어 자음만을 말할 때처럼 모음을 완전히 배제하고 자음만 말해보면 이해될 거예요).

그렇기 때문에, 사람들이 당신의 작업에 대해 말했던 걸 생각해보세요. 당신이 하는 말이 명확하지 않다거나 감정이 의미를 안 들리게 하는 것 같다는 말을 자주 들었다면 당신은 대부분의 의사소통을 모음을 통해 하고 있다는 거고 의미가 부족하다는 겁니다.

만약 당신이 하는 말이 아주 명확하고 항상 완벽하게 의미를 가지고 있지만 감정이 부족하고 관객에게 감동을 주지 못한다면 당신은 의사소통을 자음에 중점을 두고 하고 있을 가능성이 있어요.

그러면, 어떻게 균형을 찾을 수 있을까요? 항상 그렇듯이 무대나 리허설 중에 이 균형에 대해 생각할 순 없습니다. 그건 재앙이 될 거예요. 아래 훈련에서 제안한 대로 모음과 자음을 따로 탐험해보고 나서 이 탐험이 당신 작업에 스며들 거라고 믿으세요.

모음 작업하기

말은 명확하지만 감정이 부족할 때 당신은 이전 챕터에서 했던 챈팅, 노래 부르기 및 보컬 릴리스 훈련과 함께 작업해야 합니다. 이 훈련은 신체적으로 당신이 열리게 도와주고 감정과 소리가 억제되지 않고 관객에게 자유롭게 방출되도록 할 거예요. 그런 감정적 방출이 감정적 '폭발'이나 느낌을 한꺼번에 다 쏟아지게 하지는 않을 거라고 확신합니다. 자유로운 방출release은 결코 과함으로 이르지 않아요. 자유롭게 방출되는 건 억지로 밀어내는 게 없기 때문이죠. 이 자유로운 방출은 섬세함과 자연스러운 균형을 갖게 합니다.

소리가 자유롭게 풀려나가면 더욱 구체적으로 모음의 다양한 모양과 길이를 탐험할 수 있어요. 이 탐험은 무미건조하고 기술적인 방법으로 수행하지 않습니다. 대신에 실제로 모음을 탐험하는 거죠. 각각의 모음은 어떤 느낌이지? 각기 다른 모음을 말할 때 당신은 어떻게 느껴지나요? 이건 텍스트에 있는 소리의 뉘앙스와 자연스러운 음악에 대한 민감성을 높일 거예요. 그래서, 텍스트에 종종 부여하는 거짓된 음악성보다 훨씬 더 섬세하고, 강하고 흥미롭게 됩니다.

각 텍스트는 각각 다른 색을 가지고 있어요. 텍스트마다 감정과 의미 사이에 고유한 균형과 그것이 가진 고유한 음악이 있으며, 이는 흐르고 조화로운 것만큼 쉽게 들쑥날쑥해지거나 거칠어질 수 있죠. 이 챕터 뒷부분에 나오는 텍스트에서 모음의 움직임을 탐험하는 훈련은 어떤 텍스트에서도 그것이 가진 음악과 감정적 톤을 찾는 탁월한 방법이에요.

모음 길이　　　　한국어는 단모음과 장모음을 확실하게 구분하는 통일된 규칙이 없어요. 현재 한국어 모음은 단모음과 이중모음으로 나뉩니다. 따라서, 말함에 있어서는 길게 소리 내는 모음을 장모음이라고 부를 수 있어요. 말할 때, 모음의 장단음이 소리로 나오면 진정한 감정적 리듬을 찾을 수 있고 말을 거창하거나 평범하게 만드는 걸 피할 수 있습니다.

단모음 (하나의 소리로 이루어진 모음)

ㅏ　ㅓ　ㅗ　ㅜ　ㅐ　ㅔ　ㅡ　ㅣ　ㅟ　ㅚ

(ㅟ, ㅚ는 단모음과 이중모음)

이중모음 (둘 이상의 소리로 이루어진 모음)

ㅑ　ㅕ　ㅛ　ㅠ　ㅖ　ㅒ　ㅘ　ㅝ　ㅙ　ㅞ　ㅢ　ㅟ　ㅚ

모음 작업을 하기 위해서

이제 모음을 탐험하여 유사점과 차이점을 느껴보길 바랍니다. 이건 생각할 필요가 없어요. 간단히 아래 훈련을 하면서 모음과 모음이 어떻게 작동하는지에 대한 자각력을 높일 수 있습니다.

모음을 탐험하기
각 모음이 가진 특성을 감각해 보기 위해서

○ 짧게 소리 내는 모음을 여러 번 말해보고 소리가 나는 느낌을 알아
   차려 보세요. 특정 리듬이 생기나요? 특정 분위기를 생각나게 하나
   요? 당신이 알아차린 걸 인지만 하세요.

   예: 짧게 소리 내는 모음—밤에 함박눈이 휘몰다

   (밤, 함박눈, 휘몰다)

○ 다음, 같은 방법으로 길게 소리 내는 모음을 가지고 해보세요. 그 모
   음은 어떤 느낌이 나요? 특정 리듬이 생각나나요? 특정 분위기가
   떠오르나요?

   예: 길게 소리 내는 모음—밤:에 눈:이 많:다 (밤:, 눈:, 많:다)

○ 마지막으로 이중모음을 가지고 해보면서 말하는 느낌을 보세요.

   예: 야, 여, 요, 유, 예, 애, 와, 워, 왜, 의, 위, 외

○ 계속해서 놀이하듯 다양한 모음을 가지고 해보세요. 정답은 없습니다.
   당신이 어떻게 느끼는지에 대한 것, 즉 모음이 가진 다양한 길이에
   대한 당신의 반응만 있을 겁니다.

○ 짧게 소리 내는 모음은 매우 짧게, 길게 발음되는 모음은 아주 길게,
   그리고 이중모음은 실제로 한 모음에서 다음 모음으로 이동되는 차
   이를 느껴보세요.

○ 이제 다른 길이의 모음들 사이를 앞뒤로 움직이는 시퀀스를 만들어
   보세요. 한 가지 길이의 소리에 갇히거나 한 그룹의 소리가 다른 그
   룹의 소리에 영향을 미치지 않도록 다르게 소리 나는 길이에 정말로
   전념해보세요.

이 작업은 굉장히 유용할 겁니다. 모음 길이가 정말로 바뀌도록 둔다면 당신은 말할 때 결코 하나의 리듬 안에 갇히지 않을 것이며 의도적으로 만들어진 게 아닌 텍스트가 가지고 있는 진실된 움직임에서 비롯된 다양성을 찾게 될 거예요.

또한, 감정은 단어에 뿌리를 두고 있으며 단어를 익사시키지 않습니다. 감정은 텍스트의 중심을 통해 흐르며 텍스트와 당신에게 감정적 힘을 주고 관객에게 다가가게 합니다.

과장된 그리고 밋밋한

굉장히 거창하고 폼을 잡고 지나치게 연극적으로 들리는 텍스트를 들을 때 모든 모음이 길어지는 경우가 종종 있습니다. 모든 감정이 작고 어쩌면 장면을 드러내기에 너무 밋밋하게 텍스트가 전달되는 걸 들을 때는 모든 모음이 짧아지는 경우도 종종 있습니다.

위의 경우 모두 텍스트에 리듬을 부과하면서 텍스트가 가진 다양성, 밀물과 썰물과 같은 자연스러운 흐름 그리고 그것이 가진 속도의 변화를 빼앗겼기 때문에 두 경우 모두 제대로 작동할 수 없습니다.

다음 훈련은 그런 일을 피하는 데 도움이 될 거예요. 다양하게 발화되는 모음 길이에 대한 경험을 바탕으로 텍스트를 가지고 작업을 시작하겠습니다.

텍스트에 있는 모음을 가지고 작업하기
텍스트에 내재된 음악과 감정의 흐름을 분위기에 연결되기 위해서

연습할 텍스트를 고르세요. 아마도 여러분이 연결하기 어렵다고 생각하는 것이나 지나치게 감정적이 되는 게 두려운 대사일 수 있습니다.

○ 텍스트를 한 번에 짧은 구절로 가져오세요. 첫 번째 구를 3~4번 크게 말하고 그 안에 있는 모음의 감각을 느끼기 시작합니다.
예: 오:~ 눈:보라가 휘몰아치는구나! 혼란스러운 밤:에 숨겨둔 그 말:을 내:뱉어버리자

○ 그런 다음 마치 아이와 함께 게임을 하는 것처럼 다시 한번 그 구절을 말하되 이번에는 모음으로만 말해봅니다.
예: 오: 우:오아아 위오아이으우아! 오아으어우 아:에 우여우 으 아: 으 애:애어어이이아아

○ 구절에 있는 모음을 여러 번 반복하는데 제각기 다른 모음이 그들의 길이를 가지게 하세요. 당신이 하고 있는 일을 생각하지 말고 당신의 본능적인 반응을 믿으세요.
예: 오: 우:오아아 위오아이으우아! 오아으어우 아:에 우여우 으 아: 으 애:애어어이이아아

○ 확인하고 싶다면 간단하게 물어보세요. '모든 소리들이 스타카토로 나오나요? 혹은 모두 길게 늘어져서 나오나요?' 모두 스타카토로 나온다면 당신은 길게 소리 내는 모음과 이중모음에 집중하면서 모음으로 충분히 시간과 공간을 가지며 나가게 하세요. 반대로 모두 길게 늘어져서 나온다면, 그땐 더욱 짧은 단음에 집중할 필요가 있고 모음으로 매우 짧게 나오도록 두세요.

이 훈련이 어렵다고 느껴지거나 무슨 일이 일어나고 있는지 전혀 모르더라도 걱정하지 마세요. 간단하게 모음에 집중하고 다른 모음의 길이를 인

정한다면 텍스트 안에 내재된 음악에 대한 당신의 본능적인 반응을 깨울
수 있습니다.

○   여러 구절을 가지고 연습하고 이 훈련이 상당히 편안하게 느껴진다
    면 다시 처음으로 돌아가서 발견한 각기 다른 모음의 길이를 힘차게
    적용하면서 같은 구절을 다시 연습해봅니다. 연습하면서 무슨 일이
    일어나는지를 탐험하세요. 감정적인 움직임이 조금이라도 느껴지기
    시작하나요? 종종 그건 아주 섬세해서 설명될 수 없으므로, 걱정하지
    말고 단순히 경험해 보세요.

당신이 이 훈련을 맞게 하는지에 대해, 혹은 어떤 걸 조금도 찾지 못하는
것에 대해서 걱정하지 않고 더 많이 이 훈련을 즐길 수 있다면 텍스트가
더 많은 마법을 부리기 시작할 겁니다. 또한 이 방식으로 훈련하는 건 지
나치게 노력하려는 위험 없이 더 모험적이고 더 멀리 나아가도록 북돋을
거예요!

자음 작업하기

그럼, 자음으로 무엇을 할 수 있을까요? 당신은 자음을 가지고 어떻게 작
업하나요?

자음이 신체적으로 어떻게 만들어지는지를 자각하기

먼저, 자음을 탐험하면서 다양한 자음의 소리를 낼 때 입술과 혀의 움직
임을 인식하여 다양한 자음의 유사점과 차이점을 느낄 수 있어야 합니다.
그러고 나서, 발화된 말connected speech에서 자음과 모음을 함께 말하기

시작할 때 당신은 모음을 조이지 않고 빠르고 쉽게 자음을 찾을 수 있는 가능성이 있습니다.

빠르게 작업할 때도 마음/주의가 현재에 머무를 수 있도록 알려주기

빠르고 완전히 명확하게 말하는 건 정말로 가능합니다. 이를 위해 필요한 건 당신이 말할 때 각각의 소리와 단어와 함께 있는 겁니다. 이것은 뇌가 빠르게 작동하는 법을 배워야 하면서, 동시에 매 순간에 머물러야 한다는 걸 의미해요.

우리가 빠르게 말할 때 뇌는 스스로 앞서가서 매 순간에 존재하지 않게 됩니다. 그래서, 소리와 단어 그리고 구절과 생각은 서로 걸려 넘어지면서 뒤죽박죽이 돼요.

노래방 기계에서 노래 단어를 본 적이 있나요? 노래가 연주될 때, 음절에서 음절로, 단어에서 단어로 박자에 맞춰 글씨 색이 변화합니다. 이는 음악에 맞춰 노래 부를 수 있게 도와주죠. 이 같은 방법으로 주의를 기울여 작업해야 하며 각 소리에 매우 짧고 빠르게 당신의 주의가 들어오도록 해야 합니다. 이것은 지나친 강조로 이어지지 않고 오히려 그 반대입니다. 지나친 강조는 과도한 노력의 결과예요. 가벼운 정신적 정확성을 무겁고 힘들게 신체적 강조로 대체하는 결과죠.

말하는 것에 전념하기

애쓰는 것 없이 확신을 가지고 말하는 행위에 전념할수록 당신이 하는 말은 더 많은 에너지와 선명함을 가지게 될 거예요.

우리는 모두 주저하며 머뭇거리거나 과도한 노력을 기울이는 방법을 알고 있는 것처럼 전념하는 방법도 알고 있습니다. 우리는 우리가 말하는 내용이나 그 내용과 말하는 방식에 대한 상대방 반응에 확신이 없을 때, 우리가 공격당하기 전에 우리를 방어하기 위해 웅얼거리거나 지나치게 강조하는 경향이 있습니다. 마찬가지로, 정말로 무언가를 원하거나 우리가 느끼는 방식을 매우 확신하고 진정으로 소통하길 원할 때 우리는 전념하게 되고 에너지를 가지면서 명확하게 말하는 데 어려움이 없습니다.

이것은 반대로 작동할 수 있어요. 당신이 말하는 내용에 전념하기 시작하고 보다 정확하게 텍스트에 있는 각각의 소리에 전념하기 시작한다면 텍스트에 대해서 더 큰 자신감을 느끼기 시작하고 캐릭터와 장면에 대해 더 많은 걸 발견하는 데 도움이 될 겁니다.

말은 단지 우리가 가진 캐릭터 유형의 신체적 행동이에요. 그런데도 우리는 종종 그것을 무시하고 대신에 캐릭터의 추정되는 모든 행동을 텍스트에 집어넣죠. 당신이 완전히, 그러나 가볍게 각각의 소리에 전념하기 시작한다면, 당신은 캐릭터가 어떻게 느끼고 생각할지에 대한 엄청난 양의 피드백을 얻을 수 있습니다. 더욱이, 이 피드백은 당신이 지적으로 생각해 낼 수 있는 것보다 훨씬 더 본래 가지고 있는 독창적인 어떤 걸 맛보게 할 거예요. 또한, 각각의 소리에 전념하면서 당신은 단어가 정적으로 '철퍼덕'하며 끝나는 게 아니라 모든 단어 안에는 움직임의 감각, 여정의 감각이 있음을 발견하게 될 겁니다.

당신은 이 순간 이런 생각을 할지도 몰라요. '이 모든 말이 다 훌륭하고 좋은 것 같아. 근데 어떻게 해야 하지?!' 아래 훈련은 당신을 그 과정으로 매우 간단하고 명확하게 안내할 겁니다.

정신적 명확함의 부족은 신체적 명확함의 부족을 이끌다

내가 제작일을 할 때 종종 명확함에 대해 피드백을 주면, 그것과 관련된 배우들은 말합니다. '그 대사를 좋아하지 않아요' 또는 '그 대사를 이해하지 못해요' 혹은 '그 시점에서 내가 무엇을 해야 하는지를 모르겠어요.' 다시 말해서, 명확성의 외부적인 부족은 내면 불확실성의 결과였고, 이것은 대사에 전념하는 대신에 어떤 식으로든 대사에서 뒷걸음치게 만들었어요. 그래서, 가능한 한 정신적으로 분명한 건 아주 중요합니다. 이전 단락에서 제안한 것처럼 더 깊은 이해와 명확성을 가져오는지 확신할 수 없는 부분에 의식적으로 전념하도록 하세요.

명확함이 부족한 다른 이유

물론 각각의 사람들은 자연스럽게 그들이 가진 성격과 가족, 또래 집단과 지역 언어의 특별한 특징에 따라서 명확함의 정도가 다릅니다. 이러한 다른 수준의 명확성은 옳지도 그르지도 않아요. 일상생활에서 말하는 데 불편하지 않다면 명료성의 수준은 변화할 필요가 전혀 없습니다. 그러나 명확함의 정도가 무대나 스크린에 있는 사람에게 도움이 되지 않는 경우엔 더 나은 균형을 찾기 위해서 명확함을 탐험하고 실험해봐야 합니다.

어떤 사람은 입술과 혀의 더 큰 움직임에 익숙해져야 할 수도 있습니다. 어떤 사람은 발음이 매우 타이트하고 뻣뻣하면서 지나치게 애쓰고 있기 때문에 풀어줘야 할 필요가 있습니다. 필요한 게 무엇이든, 자음을 잘 발음하기 위한 노력으로 자음을 형성한다는 생각보다는 진정한 의사소통을 위해 전념하는 한 부분으로 생각하는 게 중요합니다. 웅얼거리거나 빠르게 말하거나 지나치게 강조하는 말은 듣는 사람을 고려하지 않는 거예요.

자음 작업을 위해서

우리는 개별 자음이 어떻게 만들어지는지를 탐험하면서 시작해 볼 거예요. 이 훈련의 핵심은 당신이 각 자음의 고유성과 그것이 가진 특별한 역동성인 독특함을 인식하게 하는 겁니다. 이러한 작업을 한다면 당신은 지나치게 설명적이 되지 않고 연결된 말에서 자음에 전념하고 인식하는 게 훨씬 더 쉬울 거예요.

자음을 탐험하기
각 자음이 어떻게 만들어지는지 그리고 각 자음이 가진 역동성에 대한 자각력을 높이기 위해서

'맞는' 버전을 찾으려고 노력하기보다는 여러분이 내는 다양한 소리와 각 소리의 특징을 더 자각해보도록 하세요.

ㄹ
'ㄹ'은 혀의 끝과 옆면으로 만들어집니다.

○ 턱을 손가락 너비 정도로 열고 혀가 움직이는 동안은 턱이 비교적 움직이지 않게 해요. 도움이 된다면 손을 턱 아래 두세요.
○ 'ㄹ'을 말할 준비를 해 보세요. 혀가 어디에 있는지 느껴봅니다. 아마도 혀끝이 위쪽 앞니 바로 뒤 잇몸을 건드리고 있는 걸 느낄 겁니다.
○ 이 위치에서 'ㄹ' 소리를 낼 때 혀가 튕겨 내려오는 걸 느끼세요. 이 과정을 몇 번 반복하여 혀가 튕겨 내려오는 감각을 잘 느끼도록 하고 나머지 보컬 메커니즘은 이완된 상태로 유지하세요.

○ 혀 움직임이 잘 느껴지면 혀가 튕겨 내려올 때 혀에서 에너지를 느끼면서 'ㄹ'과 시작하는 단어를 가지고 놀아보세요.

ㅁ, ㄴ, 응 – 비강 자음

덜 열린 소리이지만 여전히 흐르는 성질을 가지고 있습니다. 이 소리는 입보다는 코를 통해 방출돼요. 이를 느끼기 위해 다음을 시도해보세요. 계속해서 'ㅁ' 소리, 즉 허밍을 내봅니다. 두 입술이 서로 붙고 입술에서 진동이 느껴질 거예요. 계속 허밍을 하다가 엄지손가락과 손가락으로 콧구멍을 잡아 막습니다. 소리가 멈춘다는 걸 알 수 있어요.

지속적으로 길게 ㅁ

○ 다시, 'ㅁ' 소리를 길게 계속 내보세요. 소리를 낼 때 다물어진 입술 뒤로 가벼운 하품이 나오는 걸 숨기고 있다고 상상해보세요. 이렇게 하면 입안의 공간이 조금 더 넓어지고 결과적으로 입술에서 더 많은 공명을 느낄 수 있습니다.

○ 입술이 매우 타이트하거나 공명을 전혀 느낄 수 없다면 입술을 불어 느슨하게 풀어주세요. 그러고 나서는 걱정하지 마세요. 나 같은 경우 공명을 느끼기까지 오랜 시간이 걸렸습니다―나는 매우 긴장한 학생이었죠―그렇지만 내가 걱정을 덜 하면 할수록 더욱 좋아졌어요.

○ 다시 길게 'ㅁ' 소리를 내는데 이번에는 코를 통해 풀려나오는 이미지에 주의를 기울입니다. 다시 말하지만, 아주 작은 진동을 느낄 수도 있지만 그렇지 않아도 걱정하지 마세요. 항상 그렇듯, 에너지와 소리는 당신이 주의를 기울인 곳으로 따라가므로 단순히 그걸 믿으세요.

○ 코를 통해 방출되는 소리가 느껴지면, 'ㅁ'이 들어간 단어를 가지고 놀아보세요. 'ㅁ'으로 시작하거나 'ㅁ'이 중앙에 들어가는 단어, 그리고 끝에 들어가는 단어를 가지고도 해보세요. 각 'ㅁ'이 코를 통해서 풀어져 나오는 걸 느낄 수 있나요? 각 'ㅁ'에서 아주 가벼운 진동이 입술에서 느껴지나요?

여러 번 단어를 말하면서 입술과 코에서 소리의 감각을 즐겨보세요.

지그시 붙었다 풀려나가는 ㅁ

'ㅁ'을 살펴보는 건 두 가지 방법이 있어요. 먼저 입술이 서로 붙었을 때 'ㅁ'이 어떻게 느껴지는지를 살펴보았습니다. 이제는 입술이 서로 떨어질 때 'ㅁ'이 어떻게 느껴지는지 탐험해 볼게요.

○ 여러 번 짧게 'ㅁ'을 말해보세요. 먼저, 입술이 맞물렸을 때 진동을 느끼고 나서 서로 떨어져 나가는 입술을 느껴보세요. 힘이 들어가지 않도록 목구멍을 완전히 이완된 채로 두면서 맞물렸을 때 입술과 떨어져 열리는 입술에 모든 관심을 기울여봅니다.
○ 그런 다음 'ㅁ'으로 시작하는 단어와 'ㅁ'이 중간에 들어가는 단어를 가지고 해보세요. 입술이 붙어있을 때 그리고 진동과 입술이 풀려나갈 때 서로 떨어짐을 모두 느껴보세요.

지속적으로 길게 ㄴ

'ㄴ'는 혀끝이 위 앞니 바로 뒤에 잇몸과 폐쇄를 형성하면서 만들어지므로 이것 역시 소리가 입보다는 코를 통해 빠져나갑니다. 이전과 동일하게 시도해보세요. 계속 'ㄴ' 소리를 길게 내보면서 이전처럼 콧구멍을 잡아 막아보세요. 소리가 다시 완전히 멈출 거예요.

○ 길게 'ㄴ' 소리를 내고 잇몸에 닿아 있는 혀 앞에 주의를 기울이세 요. 닿는 부위에서 진동감을 느낄 수 있습니다. 혀가 잇몸과 단단하 게 연결되어 있더라도 혀가 이완되어 있으면 있을수록 당신이 진동 을 느낄 가능성이 더욱 높아집니다. 그렇지만 항상 그렇듯, 느껴지지 않더라도 걱정하지 마세요. 때가 되면 올 거예요.

○ 다시 길게 'ㄴ' 소리를 내는데, 이번에는 코를 통해 흘러나오는 소리 에 대한 생각에 주의를 기울여봅니다. 다시, 코에서 약간의 진동을 느낄 수 있을 거예요.

○ 코를 통해 나오는 소리를 감각할 수 있으면 'ㄴ'을 포함하고 있는 단 어를 가지고 놀아보세요. 'ㄴ'으로 시작하거나, 'ㄴ'이 중간에 들어가 있거나 'ㄴ'이 끝에 오는 단어를 가지고 탐험해보세요. 각각의 'ㄴ' 소리가 코를 통해 나오는 게 느껴지나요? 각 'ㄴ' 소리가 나갈 때 혀 끝에서 아주 가벼운 진동이 느껴지나요? 여러 번 단어를 더 말하면 서 입술과 코에서 느껴지는 소리의 감각을 즐겨보세요.

지그시 붙었다가 풀려나오는 ㄴ

'ㅁ'과 마찬가지로 'ㄴ'도 두 부분으로 이루어져 있습니다: 혀끝이 잇몸과 폐쇄를 형성할 때와 혀가 잇몸에서 튕겨 떨어져 나갈 때입니다.

○ 짧게 'ㄴ'를 여러 번 말해 보세요. 먼저, 잇몸에 대고 있는 혀를 느낀 다음 튕겨서 떨어져 나가는 걸 느껴보세요. 힘을 주지 않도록 목구멍

을 완전히 이완된 채로 두고 혀끝과 튕겨서 떨어져 나가는 혀에 모든 주의를 기울여봅니다.

○ 그런 다음 'ㄴ'으로 시작하는 단어와 'ㄴ'이 중간에 들어가는 단어를 가지고 해보세요. 다시, 혀끝이 잇몸에 닿아있을 때 진동을 느끼고 'ㄴ' 소리를 끝낼 때 혀가 튕겨서 떨어지는 걸 느껴보세요.

지속적으로 길게 응

'응'은 혀 뒤와 연구개 뒤 사이에서 폐쇄를 형성하면서 만들어지므로 소리는 다시 입보다는 코를 통해 흘러나옵니다. 이전과 동일하게 시도해보세요. '응' 소리를 길게 계속 내면서 이전과 같이 콧구멍을 잡아 막아보세요. 다시 말하지만 소리가 완전히 멈춘다는 걸 알 수 있습니다.

노트

연구개 유연성:

음성을 자유롭게 풀어주고 채워주기 챕터에서 연구개가 유연해야 할 필요성을 살펴봤어요. 이 유연성은 비강 자음에 특히 중요합니다. 비강 자음이 만들어지는 동안 연구개가 내려가야 소리가 코로 나오고, 비강 자음이 만들어진 후에는 다시 연구개가 올라오면서 소리가 입으로 다시 나가거든요.

이건 비강 자음이 모음 앞이나 뒤에 올 때 특히 중요합니다.

연구개가 적절하게 떨어지고 올라가는 걸 확인하기 위해서는 다음의 시퀀스를 하면서 연구개가 첫 번째 모음에서 올라가고 나서 비강 자음에서 떨어지고, 이어지는 모음에서 다시 올라가는 걸 느끼면서 연습하는 겁니다.

아ㅁㅁㅁ마ㅎ- 아이ㅁㅁㅁ마이 – 에이ㅁㅁㅁ메이 – 이ㅁㅁㅁ미이 – 우ㅁㅁㅁ무우 – 오우ㅁㅁㅁ모우 - 어ㅁㅁㅁ머

> 모음에서 연구개가 올라갈 수 있도록 입 뒤에서 지어지는 미소나 서프라이즈의
> 이미지를 사용해봅니다.

○ 길게 '응'을 소리 내면서 연구개와 닿아 있는 혀 뒤에 주의를 기울여
  보세요. 그 부분에서 진동이 느껴질 거예요. 혀와 연구개가 단단하게
  연결되어 있음에도 불구하고 혀와 연구개가 이완되면 될수록 울림을
  느낄 가능성이 더욱 커집니다. 그러나 항상 말했듯이, 느껴지지 않더
  라도 걱정하지 마세요. 시간이 지나면 느껴질 거예요.

○ 다시 길게 '응' 소리를 내는데, 이번에는 코를 통해 나오는 소리에
  대한 생각에 초점을 맞춥니다. 다시 말하지만, 코에서 찌르르르 하는
  감각을 느낄 수 있어요.

○ 코를 통해 흘러나오는 소리를 느낀다면, '응'이 들어간 단어를 가지
  고 해보세요. 응, 반응, 응답, 공결, 응구레기(미꾸라지 방언), 응석,
  응고, 응어리, 응원, 응용, 옹알이.

○ 각각의 '응' 소리가 코를 통해 흘러나오는 게 느껴지나요? 각 '응'마
  다 혀 뒤쪽과 연구개에서 가벼운 진동이 느껴지나요? 여러 번 단어
  를 더 말하면서 입술과 코에서 소리의 감각을 즐겨보세요.

ㅅ, ㅆ, ㅎ - 마찰음

이번 소리의 그룹은 입의 두 부위가 함께 서로 가깝게 만나면서 만들어집
니다. 그래서 좁은 틈이 형성되고 공기가 그곳을 통해 지나갈 때 마찰이
일어납니다.

ㅅ

'ㅅ'는 혀끝이 아래 앞니 뒤쪽 잇몸 부근 가까이에서 형성하는 틈새로 공기가 마찰하며 나오는 소리입니다. 혀끝과 앞니 뒤쪽 잇몸 사이에 공간이 만들어지는데 이것을 중앙 홈이라고 부르겠습니다.

○ 'ㅅ'를 탐험하면서 시작해보세요. 길게 '스'를 내면서 중앙 홈으로 가볍게 흘러 나가는 호흡을 상상해보세요.

○ 그런 다음, 'ㅅ'가 처음이나 중간 또는 끝으로 오는 단어를 탐험해보면서 'ㅅ'를 말할 때마다 중앙 홈으로 가볍게 호흡이 흘러 나가는 걸 상상합니다.

노트

'ㅅ'에서 숨을 매우 구체적으로 느끼는 게 어려울 수 있으므로 중앙 홈으로 흘러 나가는 숨을 상상하세요.

ㅎ

'ㅎ'는 호흡이 성도를 지나면서 만들어집니다. 실제 성도의 모양은 'ㅎ' 뒤에 오는 모음의 영향을 받습니다.

○ 'ㅎ'를 탐험하면서 시작해보세요. 다소 가벼운 한숨과 같은 길고 가벼운 'ㅎ'를 한숨으로 내보고 성도에서 부드러운 호흡의 흐름을 느껴보세요. 목이 쉰 듯한 소리가 나오는 것보다는 'ㅎ' 소리가 아주 가볍게 나오도록 하는 게 중요합니다. 목이 쉰 듯한 소리가 나는 건 성

도가 너무 좁아지거나 엄청난 압력으로 상당한 양의 공기를 힘으로 억지로 밀어낸 경우입니다.

○ 그런 다음, 'ㅎ'가 들어간 단어를 가지고 탐험하면서 'ㅎ'를 말할 때마다 호흡이 가볍게 날아 나오는 걸 느껴보세요.

ㄱ, ㄲ, ㅋ, ㅂ, ㅃ, ㅍ, ㄷ, ㄸ, ㅌ – 파열음

자음의 이번 그룹은 가장 닫힌 그룹입니다. 입의 두 부분이 함께 만나 완전한 폐쇄를 형성하고 폐쇄를 만든 이 두 부분이 튕겨서 떨어져 나갈 때 소리가 생성됩니다.

'ㅍ'나 'ㅂ' 소리를 내려고 하지만 실제론 소리 내지 않습니다. 무슨 일이 일어나나요? 두 입술이 함께 꼭 다물어지면서 입안에서 압력이 가해지는 게 느껴지나요?

입술이 떨어져 나갈 때 압력이 호흡으로 풀려 나오게 됩니다.

파열음은 공기의 흐름을 완전히 멈추는 자음입니다. 압력이 쌓이고 나서, 폭발적으로 방출됩니다. 이것은 이들 소리에 많은 에너지와 힘을 줍니다.

ㅍ와 ㅂ

언급했던 대로, 'ㅍ'와 'ㅂ'는 입술로 만들어집니다.

○ 속삭이듯 'ㅍ'를 여러 번 말해봅니다. 입술이 가볍지만 단단하게 붙었다가 튕겨 나가는 게 느껴지나요? 입술에 모든 주의를 기울여서 나머지 보컬 메커니즘이 편안하게 유지되도록 두면서 각 'ㅍ'에서 입술이 튕기며 떨어져 나가는 걸 느껴보세요.

'ㅍ'를 말할 때 뿜어서 터져 나오는 공기가 느껴지나요? 이것은 'ㅍ' 다음에 모음을 넣어도 일어납니다. 다음에 제시된 걸 시도해보세요. '파', '파리', '페달.' 마이크로 작업을 할 때 문제를 일으킬 수 있는 게 바로 이 뿜어서 터져 나오는 공기입니다. 문제를 피하기 위해서 너무 많은 공기 압력이 입술 뒤에 쌓이지 않도록 하는 게 중요합니다. 입술이 오래 서로 붙어있거나 또는 너무 많은 공기가 폐에서 배출되기 때문에 일어나거든요. 두 경우 모두 일반적으로 과도한 노력의 결과입니다. 그렇기 때문에 무리하게 숨을 내쉬는 것보다 단단하지만 가볍고 짧은 접촉과 튕겨서 떨어져 나가는 입술에 집중해서 에너지를 찾는 게 더 중요합니다.

차이를 느끼기 위해서 아래의 여러 가지를 시도해보세요.

한 손을 입술 약 2.5cm(1인치) 정도 앞에 두세요.

○ 먼저 상당한 힘으로 'ㅍ'를 만들어 공기가 얼마나 나오는지 느껴보세요. 소리가 얼마나 큰지 들리나요?

○ 그런 다음, 입술이 튕겨 나가는 걸 느끼면서 힘을 전혀 주지 않고 아주 가볍게 'ㅍ' 소리를 만들어 보세요. 나오는 공기가 더 적게 터져 나오면서 확실히 소리가 더 조용해진 게 느껴지나요?

○ 이제는 처음이나 중간 혹은 끝에 'ㅍ'가 들어가는 단어를 가지고 탐험하면서 단단하지만 가볍게 서로 붙었다가 모든 'ㅍ'에서 입술이 튕겨 떨어져 나가는 것을 느껴보세요.

ㅌ와 ㄷ

'ㅌ'와 'ㄷ'는 혀끝이 위쪽 앞니 바로 뒤 잇몸에 닿아 단단하지만 가벼운 폐쇄를 형성했다가 혀끝이 잇몸에서 떨어져 나오면서 만들어집니다.

○ 속삭이듯 'ㅌ'를 여러 번 말해보세요. 혀끝이 가볍지만 단단하게 위쪽 앞니 뒤의 잇몸을 누르다가 혀끝이 떨어져 나오면서 'ㅌ'가 만들어지는 게 느껴지나요? 혀끝에 모든 주의를 기울여 나머지 보컬 메커니즘이 이완된 채로 유지되도록 하면서 각 'ㅌ'에서 떨어져 나가는 혀끝을 느껴보세요.

○ 처음이나 중간 혹은 끝에 'ㅌ'가 들어가는 다양한 단어를 가지고 해봅니다. 혀끝이 단단하지만 가볍게 잇몸을 밀다가 모든 'ㅌ'에서 튕겨 떨어져 나가는 걸 느껴보세요.

ㄱ과 ㅋ

'ㄱ'와 'ㅋ'는 혀 뒤쪽과 연구개가 시작되는 부위가 서로 만나 단단하지만 가벼운 폐쇄를 형성하며 만들어집니다.

○ 속삭이듯 'ㄱ'를 여러 번 말해보세요. 혀 뒤와 연구개가 가볍지만 단단하게 서로 붙었다가 튕겨서 떨어져 나오는 게 느껴지나요? 입 뒤쪽이 자유롭게 열려 있고 쥐어짜는 느낌이 없는지 확인하세요. 각 'ㅋ'에서 혀 뒤와 연구개가 서로 튕겨 떨어져 나가는 걸 느껴봅니다.

○ 처음이나 중간 혹은 끝에 'ㄱ'이 들어가는 단어를 가지고 탐험해보세요. 혀 뒤와 연구개가 단단하지만 가볍게 붙었다가 서로 튕겨 떨어지는 걸 느껴보세요.

○ 'ㅋ'를 가지고 같은 방법으로 탐험해봅니다.

ㅈ, ㅊ, ㅉ – 파찰음

이 소리는 파열음과 마찰음으로 만들어지는 소리입니다. 혀 앞부분이 경구개에 붙었다가 완전히 파열되지 않으면서 떨어져 만들어진 혀와 경구개 사이에서 만들어지는 소리입니다.

○ 속삭이듯 'ㅈ'를 몇 번 말해보세요. 혀 앞부분이 경구개에 붙었다가 열리듯 떼어지면서 그 사이로 공기가 지나가는 게 느껴지나요?

○ 'ㅈ'가 들어간 단어를 말해보면서 혀 앞부분이 경구개에 붙었다가 떨어지면서 그사이 열린 좁은 공간으로 공기가 지나가는 걸 느껴보세요.

지문, 제비, 조리, 자전거, 자갈, 자유

기자님, 보자기, 무지개, 가자미

오렌지, 우주, 무지, 바지, 휴지, 기지

입술과 혀를 유연하고 느슨하게 풀어주는 준비운동

모든 자음을 탐험하면서 어떻게 만들어지는지를 이해했다면, 이제는 입술과 혀 근육에 활력을 줘서 에너지와 명확함을 가지고 수월하게 움직이도록 해야 합니다. 입술과 혀 근육을 헬스장으로 데려가는 것과 같아요.

헬스장에서 운동하는 것과 마찬가지로 긴장을 이완하고 근육을 워밍업하면서 시작해야 합니다.

얼굴을 느슨하게 풀어주기
얼굴 긴장을 느슨하게 풀어서 윗입술을 자유롭게 하기 위해서

얼굴이 뻣뻣하게 굳어 있다면 입술도 뻣뻣해지므로 얼굴을 풀어주면서 시작하는 게 좋습니다.

○ 전과 같이 등이 길어지고 어깨와 골반이 넓어진다고 상상하면서 앉거나 섭니다. 발이 골반 너비로 평행하게 놓였는지 관절이 느슨한 채로 있는지 어깻죽지와 엉덩이는 가볍게 등에서 아래로 떨어지고 있는지 확인하세요.

○ 목을 완전히 이완된 채로 두면서 얼굴을 가능한 이리저리 많이 움직여 보세요.

○ 습관적인 패턴에서만 움직이지 않도록 최대한 다양한 표정을 만들어 보세요. 얼굴 근육이 움직일 수 있는 모든 가능성을 탐험해보도록 하세요.

○ 거울을 통해 얼굴 전체가 움직이는지 보세요.

○ 그런 다음 두 손을 허벅지에 대고 몸을 앞으로 숙여 바닥을 내려다보면서 마치 얼굴에 모든 피부를 털어내듯이 좌우로 느슨하게 머리를 흔드세요.

○ 다시 한번 위 훈련을 반복하는데, 얼굴을 이리저리 움직일 때 허밍을 하고 머리를 흔들 때 느슨하게 '어' 소리가 나가게 하세요.

입술을 풀어주기
입술의 긴장을 풀어 깨우기

우리가 인식하지 못하는 사이 입술에는 상당히 많은 긴장이 있을 수 있습니다. 이전에 언급했듯이, 치아 상태에 대한 걱정은 입술을 긴장시켜 치아를 숨기려고 할 수 있습니다. 또한, 화가 나는 감정을 숨기거나 눈물이 나는 걸 참기 위한 노력으로 윗입술을 뻣뻣하게 할지도 모릅니다. 또는 자신감이 없는 경우 입술을 전혀 움직이지 않고 중얼거릴 수도 있습니다. 또한, 소리가 들리지 않을지도 모른다는 불안감으로 지나치게 발음을 또렷하게 하면서 입술에 많은 긴장을 불러올 수 있습니다. 그래서 입술을 느슨하게 이완하고 깨워주기 위한 많은 훈련을 하겠습니다.

입술을 느슨하게 풀어주는 연습훈련을 할 때는 입술에 주의를 기울이세요. 입술이 뻣뻣하게 느껴지나요? 입술을 움직일 때 통증이 느껴지나요? 이 질문을 하고 대답하는 행위 자체도 당신의 주의를 입술에 집중시키고 입술의 에너지와 인식을 가져오기 때문에 변화가 시작될 거예요.

○ 전과 같이 등은 길어지고 어깨와 골반이 넓어진다고 생각하면서 앉거나 섭니다. 발이 골반 너비로 평행하게 놓였는지 관절이 느슨한 채로 있는지 어깻죽지와 엉덩이는 가볍게 등에서 아래로 떨어지고 있는지 확인합니다.

○ 두 입술의 가능한 모든 움직임을 탐험하면서 두 입술을 최대한 많이 이리저리 움직여보세요.

○ 그런 다음 이전 챕터에서와 마찬가지로, 입술을 느슨하게 불어주세요. 부는 게 어렵다면 입술을 불 때 손가락으로 입술을 털어주세요.

○ 그리고 나서, 입술을 이리저리 움직이면서 허밍을 하고 난 후 입술을 '브르르르' 소리로 불어주면서(예: 추울 때 내는 소리) 이 연습훈련을 반복합니다.

혀를 느슨하게 풀어주기
혀 중간과 뒤를 느슨하게 풀어주기

혀는 우리 마음의 상태에 매우 민감하게 반응하며 입술과 마찬가지로 우리가 인식하지 못하는 사이 상당히 많은 긴장을 유발할 수 있습니다. 따라서, 입술을 풀어줄 때처럼 혀를 느슨하게 풀어주는 훈련을 할 때도 혀에 주의를 기울여야 합니다. 혀의 어떤 부분이 뻣뻣하게 느껴지나요? 통증이 있는 부위가 있나요? 혀의 어떤 부분이 생기가 없거나 연결되지 않는다고 느껴지나요? 다시 말하지만, 간단하게 혀에 주의를 집중하는 건 에너지와 자각력을 가져오기 시작할 겁니다.

- 전과 같이 등은 길어지고 어깨와 골반이 넓어진다고 상상하면서 앉거나 섭니다. 발이 골반 너비로 평행하게 놓였는지 관절이 느슨한 채로 있는지 어깻죽지와 엉덩이는 가볍게 등에서 아래로 떨어지고 있는지 확인합니다.
- 따뜻한 미소를 지으며 어금니 사이에 손가락 너비만큼의 공간이 생기도록 턱을 열어주세요. 앞서 말했지만, 필요하다면 손을 턱 아래에 두세요.
- 아래 앞니 뒤에 혀끝을 대고, 이전 챕터에서 했던 것처럼 턱을 가만히 열린 채로 두면서 혀 중앙을 입 밖으로 굴리세요.
- 혀가 이완되면서 다시 입안으로 돌아가고 나서 앞을 향해 굴러 나가는 걸 여러 번 반복합니다.
- 그런 다음, 혀끝을 느슨하게 풀어서 입술 사이에서 위아래로 느슨하게 펄럭여 주세요.
- 그러고 나서, 소리와 함께 이 시퀀스를 반복합니다. 혀가 앞뒤로 움직이는 동안 '히 여 이 여 이 여 이 여 이 여' 소리가 나도록 두고 혀를 위아래로 팔락일 때는 'ㄹㄹㄹㄹㄹㄹㄹㄹㄹ' 소리가 나도록 두세요.

입술과 혀 근육을 강화하기

입술과 혀를 느슨하게 풀었다면 이제 근육을 강화하기 시작할 때입니다. 먼저 입술과 혀의 움직임에 주의를 기울이면서 근육이 움직이는 걸 느끼면서 이루어지고, 두 번째로는 지지 챕터(170쪽 참조)에서 했던 것처럼 '바운스' 감각을 가지고 작업하면서 강화할 수 있어요.

훈련의 일부는 자음을 가지고 탐험한 작업과 유사하게 보일 수 있으며 어떤 면에서는 실제로 유사할 수 있어요. 차이점은 위에서 했던 작업은 이따금 탐험하기 위한 것이지만, 아래 작업은 근육의 톤을 높이기 위해 모든 훈련과 마찬가지로 규칙적으로 사용할 수 있다는 겁니다.

엄지손가락을 이용한 작업[15]

이번 챕터 일부 훈련에서는 엄지손가락을 사용할 거예요. 엄지손가락이 하는 일은 턱이 움직이지 않은 채로 입술과 혀가 움직이도록 턱을 지지해서 열린 채로 있게 하므로 실제로는 턱 '지지대'라고 불러야 합니다. 입술과 혀가 훨씬 활발히 움직이도록 하는 데 훌륭하죠.

입으로 엄지손가락을 세로로 가볍게 물어보세요. 엄지손가락의 손톱 양쪽 끝 부위입니다. 이것은 특히 이를 악물려는 경향이 있는 경우에 중요해요. 시간이 지나면 턱 근육은 이완될 겁니다. 턱 근육에서 약간의 스트레칭과 통증이 느껴질 수 있지만 괜찮아요.

---

15) 책 원본에는 bone prop이라는 뼈 지지대를 사용하였으며, 저자와의 협의로 엄지손가락으로 대체했습니다.

입술 – 둥글게 모았다가 펴기
입술을 둥글게 모았다가 펴는 근육을 강화시키기

1단계 – 소리 없이 입술을 둥글게 모으고 펴기

○ 이전처럼 등이 길어지고 어깨와 골반이 넓어진다고 상상하면서 앉거 나 섭니다. 발이 골반 너비로 평행하게 놓이고 관절이 느슨한 채로 있으며 어깻죽지와 엉덩이는 가볍게 등에서 아래로 떨어지고 있는지 확인합니다.

○ 이 사이에 엄지손가락을 물고 목이 완전히 이완된 상태를 유지하면 서 여러 번 입술을 최대한 둥글게 오므렸다 폅니다(그림 1 참조). 도 움이 된다면 소리 없이 '우 이 우 이' 등을 말하고 있다고 상상해보 세요.

그림 1

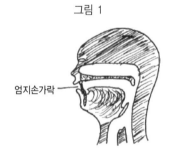

엄지손가락

○ 입술을 둥글게 오므렸다 펼 때 입술의 모양을 만드는 입술 주위 근 육을 느껴보세요. 통증이 있어도 걱정하지 마세요. 무리하게 힘으로 하지 않고 목을 완전히 편안하게 유지하면서 하도록 하세요. 최대한 단순하게 입술을 둥글게 오므렸다 폈다 할 때 종종 일어날 수 있는 일입니다.

2단계 – 소리 내면서 입술을 둥글게 오므렸다 펴기

엄지손가락을 내려놓고 입 주변 근육에 계속해서 주의를 기울입니다. 다시 입술을 둥글게 하고 '우이 우이 우이'라고 말합니다. '우'에서 둥글게 오므렸다가 튕겨 떨어져 나가는 입술 근육을 느껴보세요. 그런 다음 매번 입술 근육이 움직이는 걸 자각하면서 '우웨이 우웨이 우웨이'를 반복해서 해본 후에 '우와 우와 우와'를 해보세요.

○ 그리고 나서 '우' 위치에서 입술이 시작하여 다음 소리가 날 때 입술이 갑자기 열리는 걸 느끼면서 다음 시퀀스를 해봅니다.
 '우~와아 우~웨이 우~위이 우~와아 우~워이 우~외이 우~워이 우~와아'

○ 계속 같은 곳에 주의를 기울이면서 이 시퀀스를 4번 반복하세요.

입술 – 다물고 벌리기
입술을 다물고 벌리는 근육을 강화하기

1단계 – 소리 없이 다물었다가 벌리기

○ 이전처럼 등이 길어지고 어깨와 골반이 넓어진다고 생각하면서 앉거나 섭니다. 발이 골반 너비로 평행하게 놓이고 관절이 느슨한 채로 있으며 어깻죽지와 엉덩이는 가볍게 등에서 아래로 떨어지고 있는지 확인합니다.

○ 이 사이에 엄지손가락을 물고 목이 완전히 편안하게 이완된 채로 유지하면서 입술을 여러 번 닫았다 엽니다.

○ 다물었다 여는 동안, 윗입술 위 부위에 관심을 기울이면서 윗입술이 위아래로 움직일 때 입술 중앙 홈의 양쪽 사이 근육이 움직이는 걸

느껴보세요.

○ 그런 다음, 아랫입술 아래 부위에 주의를 기울이고 아랫입술이 위아래로 움직일 때 입술 중앙에서부터 움직이는 근육을 느껴보세요.

○ 그러고 나서 동시에 윗입술 위 부위와 아랫입술 아래 부위에 주의를 기울입니다. 두 부위 근육이 균등하게 작업하여 입술을 모았다가 떨어뜨려 벌린다고 상상해보세요.

2단계 – 'ㅍ'와 'ㅂ'에서 입술을 다물었다 열기

○ 엄지손가락을 물고, '포포ㅂㅂ 포포ㅂㅂ 포포ㅂㅂ'를 해보고 입술 근육의 움직임을 느껴보세요. 각 소리에서마다 입술이 갑자기 떨어져 나갑니다.

○ 그런 다음 각 'ㅍ'에서 입술이 갑자기 떨어져 나가는 걸 느끼면서 다음 시퀀스를 해보세요.

'파파, 페이페, 피이피, 페이페, 파파, 퍼퍼, 푸푸, 퍼퍼, 파파'

○ 동일한 곳에 주의를 기울이면서 이 시퀀스를 4번 반복하세요.

○ 그러고 나서 각 'ㅂ'에서 갑자기 떨어지는 입술을 느끼면서 'ㅂ'로 이 시퀀스를 해보세요.

'바바, 베이베, 비이비, 베이베, 바바, 버버, 부부, 버버, 바바'

○ 동일한 곳에 주의를 기울이면서 이 시퀀스를 4번 반복합니다.

3단계 – 'ㅁ' 소리에서 입술을 다물었다 열기

○ 먼저 'ㅁ'에서 입술의 진동을 느끼다가 'ㅁ'이 풀어져 나갈 때 갑자기 떨어져 나가는 입술을 느끼면서 해보세요.

'ㅁ맘 ㅁ메임 ㅁ밈 ㅁ메임 ㅁ맘 ㅁ멈 ㅁ뭄 ㅁ멈 ㅁ맘'

둥글게 오므린 입술로 말하기
말하는 동안 입술이 활동적인 상태로 있게 하기 위해서

개별 소리 위에서 하는 이 훈련은 입술, 특히나 말하는 내내 윗입술을 깨우는 데 탁월한 방법입니다

○ 이전처럼 등이 길어지고 어깨와 골반이 넓어진다고 생각하면서 앉거나 섭니다. 발이 골반 너비로 평행하게 놓이고 관절이 느슨한 채로 있으며 어깻죽지와 엉덩이는 가볍게 등에서 아래로 떨어지고 있는지 확인합니다.

○ 목을 완전히 편안하게 이완된 채로 입술을 최대한 둥글게 오므려 봅니다.

○ 입술을 둥글게 오므려진 위치에 두면서 텍스트를 말해봅니다. 특히 윗입술 위 근육이 말할 때 활발하게 수반되는 걸 느끼면서 말해보세요.

○ 그런 다음, 보다 정상적인 위치에 입술을 두고 텍스트를 반복해 봅니다. 윗입술 위의 근육이 많이 움직이지 않더라도 그 근육이 여전히 활동적이고 수반되는 감각을 가지고 텍스트를 반복하세요

혀끝으로 원을 그리기
혀끝의 유연성과 정확성을 증가하기 위해서

○ 이전처럼 등은 길어지고 어깨와 골반이 넓어진다고 상상하면서 앉거나 섭니다. 발이 골반 너비로 평행하게 놓이고 관절이 느슨한 채로 있으며 어깻죽지와 엉덩이는 가볍게 등에서 아래로 떨어지고 있는지 확인합니다.

○ 따뜻한 미소를 지으며 턱을 열어 어금니 사이가 손가락 하나 너비가 되게 합니다. 도움이 된다면 다시 턱 아래 손을 둡니다.

○ 혀를 입 밖으로 내밀어 윗입술 위 부위에 닿도록 위를 향해 혀끝을 말아보세요. 그런 다음 윗입술 위 부위를 가로질러 왼쪽 입술 코너까지 혀를 미끄러뜨려 보내세요. 그런 후, 혀끝은 아래로 말아서 아랫입술에 닿게 하고 혀끝을 왼쪽 입술 코너에서 오른쪽 입술 코너로 미끄러뜨려 보내세요. 그리고 나서, 혀를 말아 윗입술 위 부위에 닿게 하고 혀끝을 오른쪽 입술 코너에서 시작했던 윗입술 중앙을 가로질러 왼쪽 입술 코너로 미끄러뜨려 보냅니다.

○ 같은 방법으로 세 번 더 원을 그려보고 반대 방향으로 네 번 원을 그리며 해봅니다.

혀끝 '위, 아래, 옆, 옆'
혀의 유연성과 정확성을 더욱 높이기 위해서

○ 이전처럼 등이 길어지고 어깨와 골반이 넓어진다고 생각하면서 앉거나 섭니다. 발이 골반 너비로 평행하게 놓이고 관절이 느슨한 채로 있으며 어깻죽지와 엉덩이는 가볍게 등에서 아래로 떨어지고 있는지 확인합니다.

○ 따뜻한 미소를 지으며 턱을 열어 어금니 사이가 손가락 하나 너비가 되도록 합니다. 도움이 된다면 다시 턱을 손에 얹습니다.

○ 다시 혀를 입 밖으로 내밀어 윗입술 중앙에 닿도록 위를 향해 혀끝을 말아보세요.

○ 그런 다음, 그 위치에서 혀끝을 아래로 말아 아랫입술 중앙에 닿게 하세요. 그리고 나서 혀를 다시 수평으로 오게 하고 나서 왼쪽 입술

코너에 닿게 하고 다시 오른쪽 입술 코너로 가로질러 가게 하고 나서 다시 중앙 수평 위치로 돌아오세요.

○ 이 시퀀스를 4번 반복하세요. 그러고 나서, 오른쪽 코너로 다시 갔다가 왼쪽 코너로 혀를 움직이면서 다시 반복합니다. 매번 혀끝으로 휘젓는다기보다는 각 위치로 혀끝을 놓아준다고 느끼세요. 또한, 목은 편안하게 이완되어 있고 척추가 길어지고 있는지 확인합니다.

혀끝 튕기기
혀의 유연성과 정확성을 더욱 높이기 위해서

1단계 – 소리 없이 위아래로 튕기기

○ 이전처럼 등이 길어지고 어깨와 골반이 넓어진다고 상상하면서 앉거나 섭니다. 발이 골반 너비로 평행하게 놓이고 관절이 느슨한 채로 있으며 어깻죽지와 엉덩이는 가볍게 등에서 아래로 떨어지고 있는지 확인합니다.

○ 이 사이에 엄지손가락을 물고 혀끝은 앞니 뒤 잇몸 능선에 두세요. 아래 앞니 뒤 잇몸 능선으로 혀끝을 튕겨 내립니다.

○ 목뒤를 이완된 채로 두고 척추를 유지하면서, 여러 번 윗잇몸 능선에서 아랫잇몸 능선으로 튕기기를 반복합니다.

2단계 – 'ㅌ'와 'ㄷ'를 튕기기

○ 엄지손가락을 물고, 'ㅌㅌㄷㄷ ㅌㅌㄷㄷ ㅌㅌㄷㄷ'를 소리 내보고 각 소리마다 혀끝이 튕겨 떨어지는 걸 느껴보세요.

○ 그러고 나서, 각 'ㅌ'에 혀끝이 튕겨 내려가는 걸 느끼면서 다음 시퀀스를 해보세요.

'타타, 테이테, 티이티, 테이테, 타타, 터터, 투투, 터터, 타타'

○ 같은 곳에 주의를 기울이면서 이 시퀀스를 4번 반복하세요.

○ 그런 후에 각 'ㄷ'에 혀끝이 튕겨 내려오는 걸 느끼면서 다음 시퀀스를 해보세요.

'다다 데이데 디디 데이데 다다 더더 두두 더더 다다'

○ 같은 곳에 주의를 기울이면서 이 시퀀스를 4번 반복합니다.

3단계 – 'ㄹ' 튕기기

○ 엄지손가락을 물고 'ㅌ-ㄷ-ㄹ ㅌ-ㄷ-ㄹ ㅌ-ㄷ-ㄹ'를 말해보고 혀끝이 각 소리에 휙 하고 아래로 움직이는 걸 느껴보세요.

○ 그런 다음 처음에 들어가는 'ㄹ'에서마다 혀끝이 아래로 잽싸게 휙 하고 움직이는 걸 느끼고 마지막 'ㄹ'마다 위쪽 잇몸에 잘 접촉되도록 하면서 다음 시퀀스를 시도해봅니다.

'랄 레일 리일 레일 랄 럴 룰 럴 랄'

4단계 – 'ㄴ'을 튕기기

○ 엄지손가락을 물고, 'ㄴㄴㄴㄴ ㄴㄴㄴㄴ ㄴㄴㄴㄴ'를 말하면서 위쪽 잇몸에 혀끝이 만나는 곳에서 진동을 느끼고 나서 각 'ㄴ'에 혀끝이 휙 하고 잽싸게 떨어져 내려가는 걸 느껴보세요.

○ 그런 다음, 진동을 느끼고 'ㄴ'마다 혀끝이 잽싸게 떨어져 내려 나가게 하면서 다음 시퀀스를 시도해봅니다.

'나 네이 니 네이 나 너 누 너 나'

○ 같은 곳에 주의를 기울이면서 이 시퀀스를 4번 반복합니다.

5단계 – 'ㅅ'를 재빠르게 움직이기

○ 짧게 'ㅅ' 소리를 내면서 이전과 같이 혀와 입천장 사이를 가볍게 통과하는 호흡을 느껴보세요.

○ 그런 다음 모든 'ㅅ'마다 혀와 입천장 사이를 지나가는 호흡을 느끼면서 다음 시퀀스를 시도해보세요.

'사스 세이스 시스 세이스 사스 서스 수스 서스 사스'

○ 같은 곳에 주의를 기울이면서 이 시퀀스를 4번 반복합니다.

혀 뒤 풀기
혀 뒤의 유연성과 정확성을 높이기 위해서

○ 이전처럼 등이 길어지고 어깨와 골반이 넓어진다고 생각하면서 앉거나 섭니다. 발이 골반 너비로 평행하게 놓이고 관절이 느슨한 채로 있으며 어깻죽지와 엉덩이는 가볍게 등에서 아래로 떨어지고 있는지 확인합니다.

○ 엄지손가락을 물고 'ㅋㅋㄱㄱ ㅋㅋㄱㄱ ㅋㅋㄱㄱ'를 말하면서 혀 뒤가 올라와 연구개와 만나 폐쇄를 형성했다가 각각의 소리에서 잽싸게 떨어지는 걸 느껴보세요. 긴장하지 말고, 혀가 잽싸게 떨어져 내려갈 때 움직이는 혀 뒤 근육을 느껴보세요.

○ 그런 다음, 'ㅋ'에서마다 잽싸게 떨어져 내려오는 혀 뒤를 느끼면서 다음 시퀀스를 해보세요.

'카 케이크 키크 케이크 카 커 쿠 커 카'

○ 같은 곳에 주의를 기울이면서 이 시퀀스를 4번 반복하세요.

○ 그러고 나서, 각 'ㄱ'에 잽싸게 떨어져 내려오는 혀 뒤를 느끼면서 다음 시퀀스를 해보세요.

'가 게이기 기 게이기 가 거 구 거 가'

○ 같은 곳에 주의를 기울이면서 이 시퀀스를 4번 반복하세요.

텍스트를 가지고 작업하기

입술과 혀 근육을 풀어주고 조율했으므로 이제는 연결된 말로 작업을 이어갈 차례입니다.

엄지손가락과 텍스트

○ 이전처럼 등이 길어지고 어깨와 골반이 넓어진다고 생각하면서 앉거나 섭니다. 발이 골반 너비로 평행하게 놓이고 관절이 느슨한 채로 있으며 어깻죽지와 엉덩이는 가볍게 등에서 아래로 떨어지고 있는지 확인합니다.

○ 엄지손가락을 물고 지나치게 강조하는 것 없이 천천히 대사 일부분을 말해봅니다.

○ 각 자음에서 움직이는 입술과 혀의 움직임을 자각하면서 모든 자음이 완전히 만들어지게 하면서 혀와 입술이 어떤 소리도 놓치지 않도록 합니다.

○ 어떤 소리도 놓치지 않으면서 모든 자음이 만들어졌다고 확신이 들 때까지 천천히 하세요. 그런 다음 속도를 높일 수 있지만 정확성은 유지되어야 합니다. 가장 좋은 방법은 입에서 입술과 혀가 움직일 때 그들에 주의를 기울이는 거예요. 지나치게 강조하는 것 없이 말에 정확성을 찾을 수 있게 해주는 게 당신의 주의를 정확한 곳에 기울이는 겁니다.

○ 이삼일 동안 텍스트 한 개로 작업해보고 나서 다음으로 넘어갑니다.

각 소리와 함께 존재하기
소리와 연결되기 위해서

○ 이전처럼 등이 길어지고 어깨와 골반이 넓어진다고 상상하면서 앉거
나 섭니다. 발이 골반 너비로 평행하게 놓이고 관절이 느슨한 채로
있으며 어깻죽지와 엉덩이는 가볍게 등에서 아래로 떨어지고 있는지
확인합니다.
○ 엄지손가락의 도움 없이 텍스트를 말해보세요. 찍듯이 힘을 주거나
지나치게 강조하지 않으면서 단어를 말할 때 각 단어에 있는 소리와
함께 머무르세요.
○ 아주 가볍지만 단단한 감각과 마음을 다하는 느낌을 가지고 당신이
말하고 싶은 걸 전달하기 위해 소리를 사용하세요.
○ 신체적으로 말하는 행위와 '함께' 머무르세요. 입술과 혀 움직임에
지나치게 주의를 둔다기보다는 입술과 혀의 움직임과 정신적으로 조
화를 이루는 겁니다.
○ 이 방식으로 당신은 텍스트와 더 잘 연결될 뿐만 아니라 모든 주의
가 단어와 의사소통의 필요성에 있기 때문에 자의식이 끼어들 여지
가 없을 거예요.

연결하기 – 마지막 에너지 제공자
말을 더욱 활기차게 하기 위해서

우리가 소통하고 싶은 사람 혹은 사람들에게 정말로 집중할 때—다른 배
우든 관객이든—우리는 자의식을 놓고 에너지를 얻습니다.

그렇기 때문에 소리와 단어에 연결하는 모든 훈련을 끝냈다면, 이제는 이야기하고 싶은 사람 혹은 사람들과 당신의 주의를 연결하는 데 주의를 기울일 필요가 있습니다.

항상 그렇듯, 이것은 노력이라기보다는 확실하지만 가볍게 전념하는 것과 관심을 기울이는 걸 포함합니다. 우리는 너무나 자주 다른 사람과 의사소통하기 위해 애를 씁니다. 앞을 향해 기울이고, 과장하고, 지나치게 강조하는 경우입니다. 이들 중 어떤 것도 의사소통을 위해 필요하거나 유용하지 않습니다. 대신에, 의사소통을 하려는 사람 혹은 사람들에게 정말로 당신의 주의를 기울이고 그 사람 혹은 사람들과 당신의 단어를 공유하는 데 완전히 몰두해야 합니다. 당신이 보고 있는 것 혹은 느끼고 있는 것 혹은 생각하고 있는 걸 그들이 보거나 혹은 느끼거나 혹은 이해하도록 말입니다. 이것은 묘사나 설명에 대한 이야기가 아닙니다. 첫 번째 묘사하는 건 자기가 하고 싶은 대로 하면서 성의 없게 될 수 있고, 두 번째 설명하는 경우는 매우 무겁고 힘들 수 있습니다. 내가 말하는 건 진정으로 공유하는 것이고 당신의 청취자에게 완전히 몰두하고 그들을 당신이 보고 듣고 느끼는 세상으로 데려가는 겁니다.

따라서, 종종 배우들은 무언가를 전달하기 전에 스스로 느껴야 한다고 생각합니다. 그러나 내 경험상 연기할 때 실제 삶에서처럼 당신이 누군가와 의사소통을 진정으로 시작한다면 느낌과 생각은 자연스럽게 생겨날 거예요.

분명하게 텍스트와 텍스트 안에 있는 이미지와 연결해야 하고 캐릭터와 장면도 탐험해야 하지만 이 작업은 연습에 대한 것이길 바랍니다.

그래서, 어떻게 연습해야 할까요? 무생물을 가지고 의사소통을 시작해보는 것도 매우 유용합니다. 혼자서 연습할 수 있을 뿐만 아니라 다른 사람들과 의사소통할 준비가 아직 되지 않았을 수도 있음에도 불구하고 진정으로 전념할 수 있기 때문입니다.

○ 텍스트를 가져와서 의자 앞 바닥에 무릎을 꿇고 앉습니다. 의자 등받이나 의자 시트를 잡고 마치 의자와 얘기하고 싶어 하는 것처럼 진정으로 이야기해보세요.

○ 애를 쓰거나 스스로 밀어붙이는 대신 당신의 주의를 의자에 기울이고 편안하게 의자에게 말하고 있는지 확인하세요.

훈련이 잘 수행되고 있는지 아닌지를 확인하는 아주 간단한 방법이 있습니다. 당신의 모든 주의가 의자에 있다면 어떤 주의도 당신 자신에게 가 있지 않을 것이고, 그때가 잘 수행하고 있는 겁니다. 여전히 당신 자신을 향해 많은 주의를 기울이고 있다면, 그때는 잘 수행되고 있지 않다는 거고요.

○ 의자에 모든 혹은 거의 모든 관심을 주고 있다고 느낀다면 일어나 방을 돌아다니면서 방에 있는 모든 다른 물체에 이야기해보세요. 다시 말하지만, 당신의 모든 주의가 당신이 말하는 대상에 있고 어떤 주의도 당신을 향해 있지 않은지 확인하세요.

○ 위 연습이 편안해지면 사람들과 함께 시도해 보세요. 이야기할 때 진정으로 당신의 주의를 사람들에게 기울입니다.

스스로를 이 훈련에 전념하게 하고 자신을 향한 주의 관심을 끈다면 놀라울 만큼 해방감을 느낄 수 있습니다. 당신의 자의식은 사라질 거예요. 억누르거나 혹은 앞을 향해 밀어붙이는 건 해결되기 시작할 겁니다. 그리고 그때 당신의 작업은 날개를 달고 날아가 당신 자신뿐만 아니라 관객을 놀라게 하고 기쁘게 할 거예요.

전체 챕터 통합하기

이 챕터 전반부는 탐색하는 과정이고 반복할 필요는 없습니다. 입술과 혀를 풀어주고 강화하는 섹션의 연습훈련은 규칙적으로 해볼 가치가 있지만, 그 연습훈련에 익숙해지면 압축해서 약 5분 동안 하면 돼요. 작업을 가능한 짧게 유지하는 걸 제안하는 이유는 작업하는 동안 당신의 주의를 완전히 기울여야 하고 그 시간 동안 아무것도 하지 않아야 하기 때문입니다.

아래에는 이 챕터의 연습훈련과 이전 챕터의 연습훈련을 함께 모아 완전한 세션을 구성했습니다. 항상 그렇듯이 원할 경우에 할 수 있는 가이드라인일 뿐입니다. 여기에 제시된 모든 연습훈련을 꼭 해야 한다고 생각하지 마세요. 세션은 따분한 일이라기보다 재미있어야 합니다.

시간이 늘어나지 않고 마지막 두 세션에 더 많은 연습훈련이 있다는 걸 알 수 있을 겁니다. 이건 이전 연습훈련 중 일부가 이제는 시간이 덜 걸리기 때문에 더 많은 연습을 같은 시간에 맞출 수 있게 된 거예요. 각 연습훈련에 소요하는 시간은 개인의 필요에 따라 다르지만 각 훈련에 30초~1분 정도 주의를 기울이면 집중할 수 있고 더 나은 작업의 질을 얻을 수 있을 겁니다.

웜업 (1분)

○   호흡을 자유롭게 하기 (136쪽)

바닥에서 하는 작업 (2분)

- ○ 호흡을 센터링하기 (137쪽)
- ○ 목구멍 열기 (143쪽)

서서 하는 작업 (6분)

- ○ 길어지기와 넓어지기 (247, 248쪽)
- ○ 벽에 기대거나 팔을 크게 벌리고 작업하기 (249~252쪽)
- ○ 옆에서 옆으로 (252쪽)
- ○ 목으로 반원 그리기 (254쪽)
- ○ 코로 원 그리기 또는 8자 모양으로 코 또는 머리 끄덕이기 (255, 256쪽)
- ○ 수반하고 릴리스하고 'ㅎ' 호흡(벽에 기대서 혹은 의자에서) (163쪽)

앉거나 서서 하기 (10분)

- ○ 넓어지기와 열기 (258쪽)
- ○ 후두를 자유롭게 하기 1, 2 (259, 260쪽)
- ○ 킥킥거리기와 흐느끼기(텍스트 포함) (261쪽)
- ○ 아래턱 떨어뜨리기 2(텍스트 포함) (265쪽)
- ○ 위턱 릴리스하기(텍스트 포함) (268쪽)
- ○ 혀로 치아 클리닝하기 (271쪽)
- ○ 혀 뒤 스트레칭 (273쪽)
- ○ 턱 아래 부위 마사지(텍스트 포함) (274쪽)
- ○ 혀를 게으르게 내밀고 말하기(텍스트 포함) (275쪽)

○ '응-아'와 '응-아'에서 말로 이어가기 (303~305쪽)

○ '흥-아'에서 말로 이어가기 (306쪽)

서서 하기 (21분)

○ '쉬' 슬라이딩 (287쪽)

○ 횡격막에서 소리를 바운스하기 (190쪽)

○ 아래 복부에서 소리를 바운스하기 (196쪽)

○ '파워 포인트'에서 소리를 바운스하기 (198쪽)

○ 부르기(텍스트 포함) (216쪽)

○ 소리가 나가는 동안 아래 복부와 골반 바닥 근육을 수반하기 (209쪽)

○ 소리가 나가는 동안 '다이아몬드 포인트'를 수반하기 (210쪽)

○ 앞으로 나가는 소리에 주의를 기울이기 1, 2 (308, 309쪽)

○ 입에 주의를 기울이기 (313쪽)

○ 가슴에 주의를 기울이기 (315쪽)

○ 얼굴과 눈 깨우기 (319, 320쪽)

○ 얼굴에 주의를 기울이기 (321쪽)

○ 공명이 섞이도록 두기 (323쪽)

○ '오이' 미끄러지듯 움직이기 (331쪽)

○ 롤러코스터 (334쪽)

○ 아래로 위로 (336쪽)

○ 얼굴, 입술과 혀를 느슨하게 풀어주기 (370쪽)

○ 입술 - 둥글게 오므리고 펴기 (375쪽)

　　　　　　　　둥글게 닫고 열기 (376쪽)

　　　　　　　　입술을 둥글게 오므려서 말하기 (378쪽)

- 혀끝 – 원 그리기 (378쪽)

                  튕기기 (380쪽)
- 혀 뒤 풀기 (382쪽)
- 릴리스하는 동안 길게 그리고 넓게(텍스트 포함) (247쪽)
- 떨어뜨리기와 릴리스 (289쪽)
- 문손잡이 스윙 (291쪽)

작업 가져오기

책을 통해 작업한 후에는, 자신에게 가장 적합하다고 느껴지는 게 무엇이든 스스로를 믿고 자신의 연습훈련함에 넣을 적절한 훈련을 고르세요.

잘할 수 있다는 가정하에, 자신감과 편안함을 가지고 하세요. 어쨌든, 당신의 몸과 음성은 잘 기능하도록 설계되어 있습니다. 당신이 해야 할 일은 약간의 관심을 주는 겁니다. 그러고 나면 몸과 음성은 알아서 잘 작동해 나갈 거예요.

자신의 음성을 다른 사람과 비교하거나 모방하려고 하지 마세요. 우리는 각자 독립된 개체이고 습관적 긴장을 풀고 마음을 다해 작업한다면, 우리의 음성은 우리의 독특함을 반영할 겁니다.

작업을 함께 할 때 걱정하지 말고 마음껏 상상하세요. 너무 많이 생각하지 마세요—그건 결코 도움이 되지 않아요! 무엇보다도 놀이하는 느낌으로 연습훈련에 접근하세요. 재미있게 즐기세요—그게 최고의 학습 방법입니다.

빠른 참고 섹션에서는 리허설과 공연 전에 사용할 수 있도록 제시된 20분 웜업을 볼 수 있어요. 또한, 텍스트와 보컬 건강 및 구체적 문제에 도움이 될 수 있는 문제 해결 리스트도 찾을 수 있을 겁니다. 자신의 음성을 찾는 여정 안에서 이 모든 게 도움이 되고 힘이 되기를 바라요.

빠른 참고 섹션

웜업

이 웜업은 리허설이나 공연 전에 사용할 수 있으며 텍스트 작업을 포함해서 20분 이상 걸리지 않습니다. 여기에는 연습훈련을 축약하여 설명해 놓았으므로, 책의 다른 부분을 읽지 않았다면 원래 연습훈련을 참조해야 합니다.

알렉산더 포지션

몸을 자유롭게 릴리스하고 호흡을 깨우기 위해서

호흡을 센터링하기 (136쪽 참조)

○ 머리 아래 책을 대고 무릎은 구부린 채로 바닥에 눕습니다.

○ 배꼽 아래 손을 올려두고 손 아래에 주의를 기울이며 잠시 쉬세요.

○ 배꼽 바로 위, 몸 깊숙한 곳에 중앙 콧구멍과 입이 있는 걸 상상해봅니다.

○ 부드럽게 한숨을 쉬고 나서 들숨이 저절로 들어올 때까지 쉬면서 기다려 보세요.

○ '중앙 콧구멍'을 통해 자유롭고 수월하게 흘러 들어와서 날숨으로 녹

아내리는 숨을 상상해보세요. '중앙 입'을 통해 수월하고 자유롭게 날숨이 흘러 나갑니다.

○ 1분 동안 계속해 보세요.

노트

본래 훈련에서 손은 배꼽 바로 위에 뒀는데, 그 지점이 처음에 주의를 기울이기에 가장 도움이 되는 지점이기 때문이에요. 그러나 장기적으로는 배꼽 아래에 손을 놓고 거기에 집중하면 호흡의 중심을 더 잘 맞추는 데 도움이 됩니다.

목구멍 열기 (143쪽 참조)

○ 배꼽 바로 아래에 손을 올려둡니다.

○ 코로 숨이 들어올 때 따뜻한 미소를 지으면서 아랫니를 윗니와 수평이 되도록 앞을 향해 부드럽게 미끄러뜨립니다.

○ 계속 미소를 지으면서 어금니 사이가 손가락 너비 정도로 벌어지도록 입을 여세요.

○ 계속 미소 지으면서 그 상태에서 거의 소리가 나지 않도록 숨을 내쉬세요.

○ 4~5번 반복하세요.

수반하고 자유롭게 풀어내기와 'H' 호흡 (163쪽 참조)

1단계 – 호흡과 함께

○ 손을 배꼽 바로 아래 놓으세요.

○ 몸 안에 입체적인 'H'가 있다고 상상해봅니다. 'H'의 중앙이 배꼽 바로 위쪽에서 몸을 가로지르고 있고 'H'의 다리는 엉덩이 아래까지 내려오고 어깨 바로 아래까지 뻗어 올라갑니다.

○ 그런 다음, 손이 놓여 있는 곳에 주의를 기울이면서 그곳에서부터 숨을 불어보세요. 상상으로 들숨의 후반부에서 더 많은 숨을 위해서 아랫배 아래까지 뻗어 내려가 봅니다.

○ 날숨이 끝나면 아랫배와 골반 바닥 근육을 느슨하게 풀어버리고 들숨이 들어오고 싶을 때 들어오도록 두세요. 먼저 'H'의 중앙을 채우고 나서 'H'의 나머지 부위가 채워지는 걸 마음으로 그려봅니다.

○ 같은 방식으로, 두세 번 더 숨을 불고 느슨하게 풀어버리고 채워보세요.

2단계 - 소리와 함께

○ 이제는 '브르르르~' 길게 입술을 터세요. 손이 있는 배꼽 바로 아래에서부터 소리가 나온다고 상상하고 호흡으로 했던 같은 방식으로 날숨의 후반부에서 숨/소리를 위해 아랫배까지 깊이 아래로 뻗어 내려간다고 생각해보세요.

○ 다시 길게 입술을 텁니다. '브르르르르르~' 소리가 배에서 시작해서 입술로 빠져나가는 걸 상상해보세요.

○ 그런 다음, 길게 '후~~~'로 소리 내세요. 다시 소리가 배에서부터 입술로 흘러 나가는 걸 상상하세요.

○ 그러고 나서, 다음의 시퀀스를 소리 내고 느슨하게 풀어버리고 채우면서 하세요. 숨이 끝날 때까지 각각의 소리를 계속해서 내세요.
'후' '허' '하' '하이' '헤이' '히'

매번 소리가 배꼽에서 시작에서 입술로 가는 걸 상상하면서 날숨의 후반부에 호흡/소리를 구하기 위해 몸 깊은 곳까지 푹 뻗어 내려간다고 상상합니다.

서서 하기 1

지지 근육들을 깨우기

횡격막 바운스 (190쪽 참조)

○ 발목, 무릎 그리고 고관절을 느슨하게 두고 골반 너비 정도 발을 벌리고 섭니다. 척추는 길게 늘어나고 골반과 어깨는 넓어지고 엉덩이와 어깻죽지는 아래로 떨어집니다. 팔이 몸 양옆으로 가볍게 매달리게 두세요.

○ 소리 없이 헐떡이세요. 헐떡일 때, 계속해서 척추는 길게 늘어나고 골반과 어깨는 넓어지는지 확인합니다.

○ 추파를 던지거나 놀리는, 혹은 까불거나 쿨하게 자신감을 생각하면서 점점 더 많은 멘탈 바운스를 더하세요. 30초 동안 계속 헐떡여보세요.

○ 이제는 헐떡이는 걸 멈추고 횡격막에 입이 있다고 상상하면서 횡격막 입에서부터 말한다고 상상해보세요. 강한 확신을 가지고 '후 후' 시퀀스를 바운스해보세요.

　'후 후 - 호 호 - 허 허 - 하 하 - 하이 하이 - 헤이 헤이 - 히 히'

○ 매번 멘탈 바운스를 키우면서 두세 번 이 시퀀스를 반복합니다.

아랫배 바운스 (196쪽 참조)

○ 이전 연습훈련에서처럼 서세요. 손은 배꼽 바로 아래 놓습니다. 이제
   손이 있는 곳에 입이 있고 거기에서 말한다고 상상해봅니다.

○ 마치 누군가에게 조용히 하라고 단호하게 말하는 것처럼 여러 번
   '쉬'를 말해보세요. 손 아래 그 부위가 당겨지면서 살짝 위로 올라오
   는 걸 느껴보세요.

○ 그러고 나서, 다시 강한 확신을 가지고 배에서부터 '후 후' 시퀀스를
   바운스합니다.

   '후 후 - 호 호 - 허 허 - 하 하 - 하이 하이 - 헤이 헤이 - 히 히'

○ 매번 멘탈 바운스를 키우면서 두세 번 이 시퀀스를 반복합니다.

'파워 포인트' 바운스 (198쪽 참조)

다이아몬드의 탑 지점

○ 다시, 이전 훈련에서처럼 섭니다. 이번에는 엄지손가락을 가슴뼈 바
   로 아래 놓고 그곳에 입이 있고 그 입에서 말한다고 상상해보세요.

○ 마치 소리를 내며 내쫓듯이 여러 번 '프쉬 프쉬'라고 소리 내면서 엄
   지손가락 아래 부위가 밖으로 움직이는 걸 느껴보세요.

○ 그런 다음, 다시 강한 확신을 가지고 가슴뼈 바로 아래 그 부위에서
   '후 후' 시퀀스를 바운스해보세요.

   '후 후 - 호 호 - 허 허 - 하 하 - 하이 하이 - 헤이 헤이 - 히 히'

○ 매번 멘탈 바운스를 키우면서 두세 번 더 이 시퀀스를 반복합니다.

○ 그러고 나서, 멘탈 바운스와 편안함을 가지고 엄지손가락 아래 그 부
   위가 튕겨 나가는 걸 느끼며 입술 털기나 혀 털기로 '오토바이 소리'

를 내세요(335쪽 참조).

다이아몬드 아래 지점

○ 치골 바로 위 그 부위에 손가락을 올려두고 위 시퀀스를 반복합니다. 소리 낼 때 그 부위가 밖으로 튕기는 걸 느껴보세요.

허리 양옆

○ 허리 양옆에 손을 올려두고 위 시퀀스를 반복합니다. 소리 낼 때 그 부위가 밖으로 튕기는 걸 느껴봅니다.

허리 뒤

○ 허리 양옆 뒤쪽에 손가락을 올려두고 위 시퀀스를 반복합니다. 소리 낼 때 그 부위가 밖으로 튕기는 걸 느껴보세요.

서서 하기 2

공명, 음역, 발음을 깨우기

얼굴 깨우기 (319쪽 참조)

○ 발목, 무릎 그리고 고관절을 느슨하게 두고 골반 너비 정도 발을 벌리고 섭니다. 척추는 길게 늘어나고 골반과 어깨는 넓어지고 엉덩이와 어깻죽지는 아래로 떨어집니다. 팔이 몸 양옆으로 가볍게 매달리게 두세요.

○ 얼굴과 입술을 이리저리 움직이면서 가볍게 허밍을 하세요. 얼굴에서

뻣뻣하게 움직이는 부위가 느껴진다면 허밍을 할 때 부드럽게 그 부위를 마사지합니다.

입술 깨우기 (371쪽 참조)

○ 마지막 연습훈련에서처럼 섭니다.
○ 입술을 이리저리 움직이면서 뻣뻣함을 느슨하게 풀어 깨워보세요.
○ 말처럼 소리 내며(호흡으로만) 입술을 불어보세요.
○ 그러고 나서, 음성을 더해 다시 입술을 불어 보세요─브르르르르르르 (추울 때 나오는 소리처럼요).

'낮은 공명'을 깨우기 (314쪽 참조)

○ 이전 연습훈련처럼 섭니다.
○ 닫힌 입술 뒤에서 하품하는 감각을 가지고 가볍게 허밍을 하세요. 그러면서, 가슴을 가볍게 두드려 줍니다.
○ 그런 다음, 가슴을 토닥토닥 계속해서 두드리면서 허밍을 하다가 입을 열어 허밍이 '마 마 마 마 마'로 흘러나오게 해보세요.
○ 가슴에서 진동이 느껴질 때까지 계속해봅니다.

'중간 공명'을 깨우기 (312쪽 참조)

○ 이전 연습훈련처럼 서세요.
○ 입술을 둥글게 오므린 채로 '오이오이오이오이'라고 소리 내보세요. 소리가 입안에서 앞뒤로 튕긴다고 상상하면서 해보세요.

'상부 공명'을 깨우기 (317쪽 참조)

○ 이전 연습훈련처럼 섭니다.
○ 허밍을 하면서 소리가 콧등에서 광대뼈로 흘러 나간다고 상상해보세요.

텍스트를 하면서 떨어뜨렸다 자유롭게 놓아버리기 (289쪽 참조)

○ 이전 연습훈련처럼 서세요.
○ 가볍게 숨이 들어올 때 머리 위로 팔을 올리세요. 어깨와 어깻죽지는 떨어져서 이완된 채로 둡니다.
○ 그러고 나서, 숨을 내쉬면서 골반에서부터 상체를 떨어뜨려 앞뒤로 몸이 스윙 되게 해보세요. 아래와 위로 몸이 바운스될 수 있도록 발목, 무릎 그리고 고관절을 느슨하게 풀린 채로 두세요.
○ 숨이 끝날 때 부드럽게 다시 몸이 위로 스윙해서 올라와 머리 위로 다시 팔을 들고 선 자세로 옵니다. 이렇게 할 때, 당신은 새로운 숨이 수월하게 들어온다는 걸 알아차릴 거예요.
○ 그런 다음, 허밍을 하면서 상체가 떨어지고 스윙이 되면서 다시 바운스되어 올라옵니다.
○ 호흡이 끝날 때 이전과 같이 부드럽게 스윙하여 새로운 호흡이 쉽게 들어오는 걸 다시 느낍니다.
○ 그런 다음, 길게 '마흥~~~~' 하면서 떨어지고 스윙과 바운스를 하세요.
○ 호흡이 끝날 때 이전과 같이 부드럽게 스윙으로 올라와서 새로운 호흡이 수월하게 들어오는 걸 다시 느낍니다.

○ 그러고 나서, 텍스트를 느슨하게 챈팅하거나 말하면서 상체를 떨어뜨려 스윙과 바운스를 하세요.

○ 두세 번 더 마지막 단계를 반복합니다.

떨어졌다 올라오기 - 음역을 자유롭게 하기 (336쪽 참조)

○ '브르르르르르' 하면서 이 연습훈련을 합니다.

○ 공중에 오른팔과 손을 들고 서서 시작하세요. 골반에서부터 몸을 떨어뜨리는데 팔이 또한 알아서 떨어지게 하세요. 소리가 팔을 통해 아래로, 그리고 몸을 지나 아래 발로, 그러고 나서 땅으로 내려가는 걸 상상해보세요.

○ 그런 다음, 완전히 떨어지자마자 알아서 다시 바운스로 돌아오도록 하면서 왼손이 공중으로 떠오르게 하고 소리가 몸과 왼쪽 팔을 통해 세상으로 날아가도록 자유롭게 풀어버리세요.

○ 항상 그렇듯이, 소리가 알아서 나가게 하면서 단순히 떨어졌다가 튕겨 올라오는 걸 즐기세요. 이 움직임과 함께 자유로우면 자유로울수록 당신은 소리가 알아서 매끄럽게 떨어지고 올라오게 둘 수 있습니다.

입술과 혀 근육을 강화하기 (374~383쪽 참조)

○ 이전 연습훈련들처럼 섭니다.

○ 가볍게 천천히 이 시퀀스를 바운스해보세요.
'프-트-크-트-프 프-트-크-트-프 프-트-크-트-프 프-트-크-트-프'

○ '프'에서 입술이 재빠르게 떨어져 나가는 걸 느껴보고 '트'에서 잇몸

에서 빠르게 혀끝이 휙 하고 떨어지는 걸 느껴보세요. 그리고 '크'에
서 혀 뒤와 연구개 뒤쪽이 재빠르게 떨어지는 걸 느껴봅니다. 억지로
힘을 들이거나 긴장할 필요가 전혀 없어요.

○ 이 시퀀스를 하는 게 편안해졌다면 속도를 조금 높여서 해봅니다. 계
속해서 각각의 소리가 정확하게 나도록 해서 서로 뭉텅거리지 않도
록 합니다.

○ 그러고 나서 이 연습훈련을 반복하세요.
'브-드-그-드-브 브-드-그-드-브 브-드-그-드-브 브-드-그-드-브'
다시, 어떤 긴장이나 힘을 들이지 않으면서 재빠르게 떨어지는 그 감
각을 느껴보세요.

텍스트 작업

○ 텍스트를 가져와서 크고 자유로우면서도 쉬운 움직임을 하며 노래를
부르거나 말해보세요.

○ 그런 다음, 텍스트를 소리 없이 말하면서 긴장 없이 확실하게 단어를
만드는 입술과 혀를 자각해보세요.

○ 그러고 나서, 텍스트를 말하세요. 텍스트를 자유롭게 풀어내고 싶은
물건을 향해서 방을 가로질러 움직여보세요. 물건 앞에 가자마자, 돌
아서 대화하고 싶은 또 다른 물건을 찾고 그 물건을 향해 이동하세요.

○ 몇 문장을 이 방법으로 계속해보세요.

○ 그런 다음, 가만히 서서 팔로 뒤를 향하는 원을 그리며 텍스트를 말
하세요. 방 안에 있는 물건에 계속해서 말하세요. 서 있는 그곳에 당
신이 더 머무르면 머물수록 방을 가로질러 다양한 물건에게 텍스트
를 더 자유롭게 풀어낼 수 있다고 상상해보세요.

텍스트 작업하기

극작가의 다양한 '보이스들'—특정 리듬, 소리, 이미지—은 당신의 음성을 확장할 수 있기 때문에, 다양한 텍스트를 작업해보는 게 좋습니다.

셰익스피어의 대사는 여러 가지 이유로 작업하기에 훌륭합니다. 첫 번째는, 언어가 덜 '일상적'이기 때문에 우리가 언어의 구조, 리듬, 소리, 이미지에 더 많은 주의를 기울일 수 있습니다. 이런 작업은 텍스트를 더 구체적으로 사용하는 습관을 만들어서 현대희곡을 작업할 때 유용하게 쓰일 수 있게 하죠.

셰익스피어 텍스트의 고조된 성격 또한 우리에게 도전입니다. 단순히 텍스트를 말하면서 우리는 음성적으로 우리 자신을 확장할 수 있어요. 따라서 당신이 텍스트를 이해하는지에 대해서는 걱정하지 마세요. 단어를 말하는 것에 전념하지만 자유롭게 돌아다니며 단어를 큰 소리로 말해보세요. 의미에 대해선 생각하려고 하지 말고 단순하게 언어 자체가 당신을 열도록 두세요.

인간에 대한 셰익스피어의 깊은 이해와 그의 희곡에서 그가 탐구한 감정의 폭은 셰익스피어의 작품을 배우의 환상적인 훈련 장소로 만듭니다. 따라서, 깊이 들어가서 다양한 스피치를 찾아보세요. 캐릭터의 나이나 성은 신경 쓰지 말고, 단순히 다른 사람들과 감정의 내면으로 들어가는 걸 즐겨보세요. 텍스트를 큰 소리로 많이 말할수록 좋습니다. 그렇지만 억지로 하려고 하기보다는 여행에서 뜻밖의 것을 발견하고 만나듯, 텍스트를 말하면서 발견하고 만나는 것에 대한 기대로 여행하듯 해보세요.

작업할 가치가 있는 다른 20세기 이전 작가는 크리스토퍼 말로, 존 포드, 벤 존슨, 왕정복고기 작가들(1660~1710년 영국 왕정복고기 시절) 및 오스카 와일드입니다. 나는 너무 다른 번역의 질 때문에 아이스킬로스, 아리스토파네스, 소포클레스, 에우리피데스, 라신, 체호프, 입센, 스트린드버그, 칼데론 또는 로르카는 언급하지 않겠습니다.

시 또한 그것이 가진 함축 언어와 응축된 이미지가 정말로 우리를 확장시키기 때문에 작업하기에 훌륭해요. 셰익스피어 소네트는 신체적으로 굉장히 이미지화할 수 있기 때문에 좋습니다. 부끄러워하지 말고 도서관에서 시집을 빌려 보고 좋아하는 걸 찾을 때까지 계속하세요. 다음은 시작하기 좋은 시 선집 목록입니다.

『그 여름의 끝』 ― 이성복
『이 시대의 사랑』 ― 최승자
『진달래꽃』 ― 김소월

물론 작업할 수 있는 훌륭한 20세기 작가들이 상당히 많아요. 그중에는 사무엘 베케트, 에드워드 본드, 하워드 브렌튼, 캐릴 처칠, 데이비드 에드거, 팸 젬스, 데이비드 헤어, 아서 밀러, 숀 오케이시, 해롤드 핀터, 타임버레이크 워텐베이커, 테네시 윌리엄스가 있죠. 흥미로운 작업을 하는 젊은 작가들도 많이 있습니다. 그들의 작품을 만나는 가장 좋은 방법은 가능한 한 많은 새로운 공연을 찾아가 보고 관심을 끄는 작가를 찾아보는 거예요.

고전과 현대 텍스트를 왔다 갔다 하면서 둘 다 작업하는 게 중요해요. 이런 방법으로 당신의 음성과 연기는 자극받고 확장될 겁니다.

모든 음성 작업처럼, 호기심과 장난스러움을 가지고 텍스트 작업에 접근하세요. 텍스트를 해독하기 위해서 학자가 될 필요는 없습니다. 희곡은 인간과 인간의 경험에 대한 것이며 희곡에 들어가기 위해 필요한 건 단지 전념하는 마음과 상상력입니다.

보컬 건강

물

탈수 상태가 되면 몸 안에 모든 윤활 시스템이 영향을 받습니다. 따라서 탈수는 빠르게 목을 건조시키게 됩니다. 목마름을 느낄 때쯤이면, 당신은 이미 50퍼센트 이상 탈수된 상태이고 수분을 다시 공급하는 데 시간이 걸리므로 무대에 오르기 직전에 물을 마시는 건 필요한 윤활을 제공하지 못할 거예요. 차, 커피, 알코올, 많은 음료수는 체내에서 수분을 더 빠르게 배출시키기 때문에 수분을 공급하는 것보다 더 많은 수분을 배출시킵니다. 따라서, 수분을 잘 유지하려면 물을 마셔야 해요. 하루 물 8잔은 일반적으로 합의된 목표량이고 차나 커피, 청량음료 또는 알코올 한 잔이 추가될 수 있습니다. 물을 많이 마시는 습관이 없다면 지금 당장은 어려울 수 있으므로 일어나자마자 두 잔, 매 식사 전에 두 잔으로 시작해서 점점 늘려가세요. 또한, 차나 커피를 줄여서 하루 6잔 이상 마시지 않도록 합니다.

더위나 따뜻한 의상을 입고 일하거나 또는 육체적 노력이 들어가는 작업 때문에 땀을 흘린다면, 분명히 더 많은 수분을 잃게 되므로 이를 보충하기 위해 더 많은 양의 물을 마셔야 해요. 땀을 많이 흘리지 않는 한, 의사나 스포츠 피트니스 또는 영양 전문가의 조언 없이는 하루 4리터 이상의 물을 마시지 마세요. 또한 탄산수에 있는 가스는 특히나 위에 좋지 않기 때문에 탄산수보다는 그냥 물이 좋습니다.

노트

빠른 해결책: 무대 오르기 전에 목이 건조하다면, 삼키는 게 도움이 되므로 적은 양의 물을 마신 후에 잠깐 입에 머금고 있다가 삼키세요.

무대에서 목이 마르다면, 혀 측면을 잠시 상당히 단단하게 깨물어보세요. 풀어줬을 때 더 많은 침이 생기는 걸 느낄 거예요. 미국의 후두 전문의인, 지금은 고인인 반 로렌스Van Lawrence에 따르면, 이것은 1시간 30분 아리아를 부르기에 충분한 윤활을 줄 수 있다고 합니다.

스팀기

어떤 액체도 성대에 닿지 않습니다. 후두개ー후두 상단의 혀 모양의 덮개ー는 음식과 음료가 후두를 통해 폐로 들어가는 걸 막기 위해 닫힙니다. 따라서 뜨겁거나 차가운 음료를 아무리 많이 마셔도 목이 매끄러워지지 않아요.

그러나, 수증기는 성대를 통과할 수 있으므로 목구멍 부위를 촉촉하게 하고 감기에 걸렸을 때 일시적으로 점액을 이동시키는 데 도움이 됩니다. 다소 지저분하거나 바쁜 드레싱룸에서는 끓는 물을 담기 위해 볼을 사용하는 게 위험할 수 있으니 볼 대신 스팀기 구입을 고려하는 것도 좋아요.

스팀을 쐬어주는 건 또한 목구멍 부위를 이완시켜주기 때문에 스팀을 쐬어주는 것과 무대 위에서 말하는 사이에 짧은 간격을 둬서 성대가 과도하게 이완되기보다는 단단해질 시간을 가질 필요가 있습니다. 뜨거운 목욕 후에 무엇을 할지 생각해 보세요. 여러분은 추위에 곧장 나가지 않을 거고 바로 운동하러 가지 않을 거예요. 따라서, 약 5분 정도 시간을 두고 나서 약간의 부드러운 허밍을 하세요. 그러고 나서, 당신의 음역대를 '오이오이오이 등등'을 하면서 미끄러지듯 올라갔다 내려오는 훈련을 하세요(331쪽 참조).

가습기

때때로 리허설룸과 드레싱룸은 매우 건조하고 먼지가 많을 수 있어요. 따라서, 주변에 물을 담은 그릇을 둘 수 없는 경우 가습기를 두는 게 더 나은 선택일 수 있습니다. 이것은 스팀기보다는 좀 더 비싸고 유지하기 좀 더 까다롭지만, 매우 건조한 환경에서는 굉장히 도움이 될 수 있어요. 물론 집에서 공기를 촉촉하게 하기 위해서 물그릇을 놓을 수 있고 드레싱룸 안에는 젖은 타월을 걸어둘 수도 있습니다.

휴식

몸이 너무 피곤하면 음성이 적절하게 지지받을 수 없습니다. 또한 음성 자체도 피곤해질 수 있죠. 따라서, 음성을 건강하게 유지하려면 충분한 휴식과 수면이 필요합니다. 일상생활에서 말하는 것과 공연에서 음성을 사용하는 건 버스를 타기 위해 달리는 것과 경주에서 달리는 것의 차이와 같아요. 공연자로서 당신은 보컬 운동선수입니다. 어떤 달리기 선수도 경기 전에 스스로를 지치게 하지 않아요. 훈련을 할 수도 있지만, 또한 쉬기도 합니다. 공연자로서 당신은 자신의 에너지를 보존하는 법을 배워야 해요. 아침에는 전화 통화를 하며 음성을 사용하면서 시간을 보내고, 오후에는 축구 경기 혹은 시끄러운 레스토랑에서 이야기하면서 시간을 보내고, 그러고 나서 저녁에 공연할 수는 없습니다. 음성이 제대로 작동할 수 없어요. 따라서 당신은 잠시 그런 생활에서 벗어나 있을 필요가 있지만 영원히는 아닙니다.

생리

생리 기간 동안 몸의 많은 다른 부위가 변화하는 것처럼 성대도 변화합니다. 성대는 살짝 부풀어 오르고 조금 더 약해집니다. 따라서, 음성은 가장 강하지는 않지만 걱정할 필요는 없어요. 이 시기에는 보컬 요구를 완화하고 가능한 한 많이 쉬는 게 가장 좋습니다. 그 효과는 여성마다 다릅니다.

이완

스트레스는 음성에 치명적이기 때문에 만약 스트레스를 받고 있다면 신체적으로 휴식할 수 있는 시간을 가지세요. 요가나 태극권 혹은 수영이나 산책을 하거나 마사지를 받으세요–무엇이든 당신에게 효과가 있는 걸 하세요. 음성의 피로와 긴장이 나타나기 시작할 때까지 그대로 두지 마세요. 결국, 골치 아픈 음성 문제는 당신에게 스트레스만 더 줄 뿐입니다.

걱정하지 마세요

당신의 음성을 돌보는 건 중요하지만, 그걸 걱정하지 않는 것도 아주 중요합니다. 걱정은 긴장을 일으키고 결코 도움이 되지 않아요. 만약 당신의 음성에 대해 걱정하고 있다면, 즉시 가서 도움을 받으세요. 음성/보이스 코치를 찾길 바랍니다.

차 안, 술집, 클럽 또는 레스토랑에서 통화할 때 주의하세요

이러한 상황은 음성에 매우 좋지 않을 수 있어요. 우리는 종종 전화 통화할 때 적절하게 음성을 지지하지 않습니다. 따라서, 몸을 찌그러뜨리거나 주저앉아 있진 않은지 확인하세요. 대신에, 자유롭고 수월하게 숨을 쉴 수 있는 자세에 있는지 확인하세요. 어깨와 턱 사이로 전화기를 잡지 마세요―음성에 해롭습니다.

　　CD나 라디오가 켜져 있고 차 히터가 공기를 건조하게 하는 상태에서 다른 차량의 소음을 들으며 차 안에서 이야기하는 건 음성을 죽이는 또 다른 요소입니다. 차 안에서 이야기하고 싶다면 자유롭게 호흡하고 음성을 지지하고 있는지 확인하고 소음이 심한 경우엔, 음성을 들리게 하려고 소음보다 크게 소리를 내려고 소음과 다투지 말고 조용하게 하세요. 히터가 켜져 있다면, 화장실에 가기 위해 더 많이 차를 멈춰야 할지라도 물을 많이 마셔요.

　　술집과 클럽 그리고 레스토랑의 소음, 담배 연기, 술의 탈수 효과는 우려가 되는 또 다른 이유입니다. 어떤 면에서는 말을 하고 싶고 음성을 지치게 하고 싶지 않다면 피하는 게 최선입니다. 분명히 아프지 않겠지만 특히나 리허설과 공연을 하는 동안 음성을 매일 밤 이런 상황에 둔다면 도움이 되지 않을 거예요.

워밍업 – 워밍 다운(정리 운동)

수년 동안 무용수들은 리허설이나 쇼 전에 웜업을 하고 리허설과 쇼 후에는 정리운동을 해야 한다는 걸 인지해왔습니다. 근육이 갑자기 바로 움직이거나 갑자기 멈출 거라고 기대할 수 없기 때문이에요. 음성 생성과 관련된 근육도 마찬가지입니다. 준비운동과 정리운동은 길지 않아도 되지만 꼭 해야 하는 거예요. 최소 리허설이나 쇼 전과 후에 5분이지만, 리허설이나 공연 전에는 15~20분을 더욱 권장합니다.

워밍업 (최소!)

○ 알렉산더 자세로 바닥에 눕습니다(60쪽 참조). 배꼽 바로 위에 손을 올려두고 거기에서 날숨을 불어보세요. 날숨이 끝나면 배를 느슨하게 두고 날숨이 알아서 들어오게 두세요. 세 번 반복합니다.

○ 그런 다음, '브르르르르르~' 소리가 배에서 입술로 흐르는 걸 상상하면서 소리를 내보세요. 두 번 반복합니다.

○ 그리고, 다시 배에서 입술로 '후우~~~~~~' 소리가 흘러나오는 걸 상상하면서 소리를 내보세요. 네 번 반복하세요(208쪽 참조).

○ 그런 다음, 일어나서 바닥에서 방금 했던 걸 반복해 봅니다.

○ 그리고, 까불거나 허세를 부리거나 혹은 추파를 던지는 느낌으로 가볍게 헐떡이기를 해보세요(170쪽 참조).

○ 그런 다음, 횡격막에서부터 '후후'에서 '히히' 시퀀스를 바운스합니다(190쪽 참조).

○ 그리고 나서, 배에서 '후후'에서 '히히' 시퀀스를 바운스하고 난 후 다이아몬드 포인트에서 이 시퀀스를 바운스하세요(198~200쪽 참조).

○ 그런 다음, 어깨를 둥글게 돌리면서 부드럽게 허밍한 다음, 머리를 좌우로 흔들면서 허밍을 합니다.

○ 말처럼 입술을 몇 번 불어주세요.

○ 그러고 나서, 허밍을 하면서 씹는 움직임으로 얼굴과 입술을 이리저리 움직입니다.

○ 그런 다음, 입술을 다시 불어주는데 이번에는 소리를 추가해서 자동차나 오토바이 속도를 높이는 척하세요.

○ 그러고 나서, 가벼운 '응' 소리로 당신의 음역대를 쉽고 자유롭게 미끄러지듯 올라갔다 내려오세요. 숨을 끝까지 잡지 말고 필요할 때 편안하게 멈췄다가 숨을 쉬고 다시 이어서 하세요.

정리운동

○ 가벼운 '응'을 편안한 음역대에서 위아래로 매끄럽게 올라갔다 내려오기 시작하세요. 처음엔 길게 위아래로 미끄러지듯 하고 점차적으로 작게 미끄러지듯 가세요.

○ 그러고 나서, 입술과 얼굴로 씹는 움직임을 하면서 아주 가볍게 허밍을 하세요. 그리고 부드럽게 허밍이 끝날 때까지 점점 더 작아지도록 두세요.

옷을 갈아입거나 짐을 정리하면서 정리운동을 할 수 있습니다. 가만히 서서 할 필요 없이 음성에만 집중하면 됩니다.

테크니컬 리허설과 프리뷰 시 주의하기

작업 기간이 길고 계속되는 장면 반복과 스트레스가 많은 이 기간에는 경험이 많은 배우에게도 몹시 피곤할 수 있습니다. 테크니컬 리허설 전에 짧게 워밍업을 하는 게 중요해요. 물을 충분히 마시고 차와 커피를 너무 많이 마시지 말고 가능한 충분하게 휴식을 취하세요. 또한, 정크푸드(패스트푸드나 인스턴트와 같은 열량이 높지만 필수 영양소가 골고루 들어가 있지 않는 음식)로 배를 채우지 말고 잘 먹고 많이 앉아 있다고 해서 담배를 더 피우지 마세요!

경사진 무대에서 작업하기

허리와 다리에 힘이 들어가지 않도록 주의해야 합니다. 매일 15~20분 동안 알렉산더 자세(60쪽 참조)로 누워서 몸의 균형을 되찾을 수 있도록 하고 장면 사이사이에 간단한 스트레칭(51~59쪽 참조)을 하세요.

극도의 캐릭터 자세를 가지고 작업하기

캐릭터화의 일부로 리처드 3세의 경우처럼 극도의 신체적 자세를 취해야 한다면, 발생할 수 있는 몸의 긴장을 상쇄하기 위해서 신체적 이완과 균형 작업을 해야 합니다.

　　몸이 균형을 되찾을 수 있도록 매일 15~20분 정도 알렉산더 자세(60쪽 참조)로 쉬세요. 이어서 척추 벗기기, 골반 돌리기, 발목 회전, 어깨 떨어뜨리기를 하세요(67~74쪽 참조). 또한, 매 공연 전에 신체 훈련 챕터에서 자세히 설명된 스트레칭을 하세요(51~59쪽 참조).

위산 역류

식사 후 너무 빨리 눕게 되면 음식을 분해하기 위해 위에서 생성된 산이 목구멍으로 역류하여 자극과 손상을 일으킬 수 있습니다. 그래서, 식사 후 눕기 전에 항상 두 시간의 적당한 시간을 두세요. 또한 복부 근육의 강한 움직임이 역류를 일으킬 수 있으므로 식사와 공연 사이 1시간의 간격을 두는 게 좋습니다.

담배

물론, 이미 알고 있다시피 담배를 피지 않는 게 가장 좋습니다. 담배는 목구멍을 건조하게 하고 점막에 영향을 끼쳐요. 그러나 끊는 게 항상 쉽지 않기 때문에 가능하다면 줄이세요.

만약 담배를 끊을 거라면, 담배를 끊은 후에 목구멍 점막이 진정되는 데 2~3달이 걸립니다. 그렇기 때문에, 음성을 너무 많이 사용하지 않아도 될 때 하는 게 좋아요.

오염물질

페인트와 니스 냄새 또한 목구멍에 영향을 끼칠 수 있습니다. 그래서 저녁에 힘든 공연을 해야 한다면 그림을 그리거나 니스칠을 하면서 하루를 보내는 건 좋은 생각이 아니에요.

문제 해결

아래 사항들은 일반적인 문제 목록이며, 책에서 찾을 수 있는 문제 해결을 위한 추가 설명과 훈련 위치에 대해 간략한 설명과 표시를 했습니다.

호흡

깊게 숨을 쉴 수 없을 때

긴장은 얕은 호흡의 주된 원인입니다. 그래서, 호흡을 깊게 하는 데 도움이 되는 구체적인 훈련을 하기 전에 신체적 긴장에 대한 훈련(51~81쪽)을 해야 합니다. 특히나 무릎 관절, 엉덩이, 배를 풀어주는 걸 보세요.

자세도 호흡에 영향을 끼칩니다. 지나치게 몸을 똑바로 세우거나 구부린 자세는 갈비뼈와 횡격막의 움직임을 억제합니다. 따라서, 뻣뻣하거나 구부정한 자세를 피하기 위해서 자세 정렬(105~115쪽 참조)에 대한 훈련을 해야 합니다.

이러한 신체적 준비훈련 후에, 구체적인 호흡 훈련으로 이동하세요 (134~144, 150~165쪽 참조).

* 추가 설명: 121~127쪽

호흡이 부족할 때

이것은 종종 척추가 바로 서지 않고 무너지거나 어깨가 좁아질 때의 경우입니다. 신체 이완과 자세 정렬에 대한 훈련으로 시작하세요(51~81쪽 참조). 그런 다음, 구체적인 호흡 훈련으로 넘어가세요(145~150, 163~167쪽 참조). 팔을 옆으로 넓게 벌리거나 머리 위로 의자를 들고 훈련하는 게 자세의 무너짐과 좁아짐을 피하고 호흡을 지속하는 데 가장 효과적인 방법이라고 생각합니다.

* 추가 설명: 127~131쪽

갈비뼈의 움직임이 거의 혹은 전혀 없을 때

이 경우는 종종 상체의 무너짐으로 야기됩니다. 도움이 되지 않는 습관적 자세로 인한 등과 몸 옆의 긴장은 또한 갈비뼈 움직임을 억제합니다. 다시 말하지만, 신체 훈련이 이를 해결할 수 있는 열쇠입니다. 바닥에 누워서, 그리고 서서 하는 훈련을 통해 척추 특히 위쪽 척추를 길게 하는 훈련을 하세요(51~81, 246~252쪽 참조). 그런 다음, 넓은 팔 훈련을 하거나 의자를 머리 위로 들어 올리면서 호흡훈련을 하면 굉장히 도움이 됩니다(248, 165쪽 참조). 들숨에 갈비뼈의 움직임에 자극을 주기 때문에 날숨을 완전히 풀어버리는 훈련도 중요합니다(72쪽 참조).

* 추가 설명: 121~128쪽
  적절한 훈련: 153~167쪽

들숨을 쉴 때 호흡 소리가 날 때

이것은 일반적으로 숨이 자유롭게 흘러 들어오게 둔다기보다는 들숨을 억지로 들이마시려고 해서 생긴 긴장과 애씀 때문입니다. 자세의 긴장, 특히 날숨이 끝날 때 배를 이완되게 둔다기보다는 타이트하게 잡고 있는 건 이 문제의 근본 원인입니다. 그래서, 날숨이 끝날 때 배를 느슨하게 풀어주고 (51~81, 105~115쪽 참조) 신체적 이완과 자세 정렬(150쪽 참조)을 훈련하고 나서 목구멍을 열기 위한 훈련(143쪽 참조)으로 넘어가세요. 들숨이 훨씬 더 편안하게 흘러 들어올 수 있도록 날숨을 완전히 풀어버리고 있는지 확인하세요.

* 추가 설명: 121~128쪽

음성 지지

음성 지지의 부족

이것은 복부 근육과 연결이 끊기면서 후두의 일을 지지할 수 있는 충분하고 일관된 압력으로 호흡이 나갈 수 없을 때 일어납니다.

가장 먼저 살펴봐야 할 부분은 신체 이완과 자세 정렬(51~81, 105~115쪽 참조)입니다. 복부 근육이 효과적으로 일하기 위해서 신체 이완과 자세 정렬 모두 필요하기 때문입니다.

이 훈련이 끝나면, 복부 근육이 적절히 지지할 수 있도록 재연결하고 강화할 수 있는 구체적 훈련으로 넘어가세요(146~150, 172~183쪽 참조).

그런 다음, 목구멍, 턱, 입술, 혀의 긴장과 습관적 긴장을 풀어주는 법을 살펴보는 게 필요할 수도 있습니다(258~276쪽 참조).

* 추가 설명: 131~132쪽

목구멍 긴장/꽉 조인 음성

여기에는 많은 원인이 있을 수 있어요. 문제의 원인이 무엇이든 간에, 당신의 주의를 목구멍 부위에서 벗어나서 몸 아래의 복부 근육으로 이동하는 게 중요합니다. 그래서, 이 복부 근육이 음성을 지지하기 위해 효과적이고 적절하게 작동하기 시작할 수 있도록 하는 게 중요해요. 이 지지가 확보되면 목, 목구멍, 턱 부위, 입술, 혀의 긴장을 풀어주고 목구멍을 활기차게 여는 작업을 하면 됩니다(258~276쪽 참조).

지지 작업(167~184쪽 참조)에 들어가기 전에 신체 전체 훈련을 통해 긴장을 풀어주고 좋은 자세 습관을 만들며 시작하는 게 좋습니다－길어지게 하기, 넓어지게 하기, 관절 풀어주기(51, 81, 105~115쪽 참조).

* 추가 설명: 37~39, 225~245쪽

피곤하고/힘으로 미는 음성

이것은 과하거나 혹은 부적합한 노력의 결과입니다. 과도한 노력은 정신적으로 밀어붙이는 결과이고, 이것은 신체적으로 밀어붙이도록 이끕니다. 적절하지 못한 노력은 지지 근육이 작동하지 않으면서 목구멍 자체가 음성을 지지하려고 고군분투하게 될 때 일어납니다.

과도한 노력에 대응하려면 긴장과 억지로 밀어붙이는 걸 제거하기 위해 편안하게 작업해야 합니다(21쪽 참조). 까불거나 놀리거나 또는 추파 던지기(35쪽 참조)를 생각하는 건 편안한 에너지를 가져올 수 있어요. 이런 태도를 가지고 훈련하는 건 정신적 '바운스'를 가져오면서 신체적 '바운스'도 가져오게 되고 근육이 긴장하기보다는 효과적으로 참여하고 작동하게 자극합니다. 뒤를 향하는 서클 훈련(96~99쪽 참조)과 함께 작업하는 게 도움이 돼요. 이건 에너지를 그라운딩하고 센터링하도록 해서 푸시와 긴장을 방지하면서 좀 더 자유롭고 강한 이완을 장려합니다.

적절하지 않은 노력에 대응하기 위해서 목구멍 부위에 기울여진 주의를 복부 근육으로 돌려야 합니다. 복부 근육이 관여해서 음성을 지지하기 시작할 수 있도록 말입니다. 지지에 대한 훈련(146~150, 172~183쪽 참조)은 지지를 어떻게 하는지를 경험하게 해줄 거예요.

지지 작업에 만족한다면, 목, 목구멍, 턱, 입술, 혀의 긴장을 풀어주는 훈련으로 넘어가도록 합니다(252~276쪽 참조).

* 추가 설명: 30~41쪽

소리를 지르거나 소리칠 때 긴장하는 경우

이것은 고도로 요구되는 활동을 위해서 복부 근육의 지지가 충분하게 일어나지 않을 때 일어납니다. 그 결과, 충분하지 않은 호흡이 충분하지 않은 압력에서 충분히 방출되지 않으면서 목구멍이 부족한 호흡을 보상하기 위해 노력하며 긴장을 가져옵니다. 또한, 비명과 고함을 수반하는 엄청난 긴장이 호흡, 목구멍 및 그 사이의 모든 것을 조여서 전체 음성 시스템이 쉽게 혹은 효율적으로 작동할 수 없게 합니다.

먼저 복부 근육이 일상에서 우리 말을 지지하는지를 확인해야 합니다(146~150, 172~183쪽 참조). 그런 다음, 비명과 소리 지르기를 위해 필요한 에너지, 힘, 릴리스(자유롭게 놓아버리기/풀어버리기)를 구축하기 위해 부르는 훈련(201~207쪽 참조)을 하세요.

다이내믹하고 많은 에너지를 필요로 하는 장면이 어려울 때

이것은 복부 근육이 둔할 때 일어납니다. 바운스가 없는 트램펄린처럼 지지와 에너지가 부족해요.

먼저, 자세 정렬 훈련을 해야 합니다(105~115쪽 참조). 이것은 몸 전체에 에너지를 가져오고 복부 근육이 좀 더 효과적으로 작동할 수 있기 때문입니다. 그런 다음, '정신적 바운스mental bounce'(35쪽 참조)에 대한 생각을 가지고 훈련하면서 정신적 에너지를 좀 더 키워야 합니다. 이것은 복부 근육에 더 많은 신체적 바운스를 줄 것이고 훨씬 효과적인 방식으로 자연스럽게 작동하도록 북돋울 거예요.

그런 다음, 복부 근육을 연결하고 강화하기 위한 구체적인 훈련을 통해 복부 근육이 항상 적절하게 수반되도록 해야 합니다(148~152, 172~183쪽 참조).

* 추가 설명: 32~34, 167~170쪽

들리는 부분에 문제가 있는 경우

음성이 너무 작을 때

이 경우는 호흡 압력이 부족해서 발생하며, 신체가 음성을 내는 데 전념한다기보다는 자신 없이 작동한 결과입니다. 편안한 확신, 심지어 허세를 부리며 작업하는 게 여기에서 큰 도움이 됩니다. 이 작업은 복부와 후두 근육이 적절하게 작동하여 호흡 압력이 요구되는 소리의 볼륨을 만들어내는 데 충분하도록 합니다. 복잡하게 들리지만 실제 훈련(146~150, 172~183쪽 참조)은 매우 간단하고, 확신에 찬 혹은 허세에 찬 태도는 정말 좋은 시작입니다.

* 추가 설명: 19, 170쪽

음성이 지나치게 클 때

이것은 정신적 신체적으로 '억지로 밀어붙이기-푸시'에서 오는 과도한 노력의 결과입니다. 그라운딩과 센터링(36~45쪽 참조) 훈련은 상당한 편안함과 적당한 노력을 가져올 거예요. 특히나, 뒤를 향하는 써클(44~45쪽 참조)은 에너지를 억제하지 않고 과도한 노력을 세서할 겁니다.

* 추가 설명: 21, 30~40쪽

큰 공간에서 작업할 때 음성이 진실성이 느껴지지 않을 때

이것은 정신적 육체적으로 음성을 억지로 밀어낼 때 발생합니다. 음성이 '연결 해제'되어서 더 이상 연결되어 있지 않은 것처럼 느껴져요. 그 이유 중 하나는 일반적으로 테크니컬 리허설 전에 공연하는 공간에 익숙해질 시간을 거의 가지지 못하거나 그런 시간을 전혀 보낼 수 없기 때문입니다. 일단, 테크니컬 리허설 안에서 조명은 일반적으로 장면 상태에 맞춰져서 당신이 공간의 전체 크기를 완전히 감지할 수 없으므로 음성이 유기적으로 가능하지 않고 유기적으로 성장하여 공간을 채우지 못합니다. 대신에 인위적으로 음성의 크기를 높여서 연결이 끊어지는 일이 발생합니다.

이를 피하기 위해서는 조명이 켜진 상태에서 무대 위 다양한 공간에 가서 서 보세요. 그리고, 마치 마음으로 공간의 뒤쪽 벽을 아우르듯 공간의 뒤쪽 벽으로 당신의 주의가 이동하는 걸 상상하세요. 이러한 방식으로 활기차게 공간을 채우면서 공연은 신체적으로나 음성적으로나 긴장되거나 연결되지 않는 감각 없이 공간을 채우게 될 겁니다.

분명히 음성을 지지하기 위해 적절하게 복부 근육을 사용하고 있는지를 확인하고(148~152, 172~183쪽 참조) 당신이 호흡과 연결되지 않거나 목구멍으로 음성에 힘을 실어주지는 않는지 확인하는 게 중요합니다.

당신이 작업하는 공간이 크더라도 항상 말을 해야 하지 열변을 토하고 있진 않은지 확인하는 것도 중요해요. 우리가 얘기할 때 우리는 대화하고 있는 사람과 계속 연결되어 있으므로 음성이 아무리 크더라도 실제처럼 들리게 합니다. 그러나, 우리가 열변을 토하면 얘기하는 사람에 대한 모든 감각을 잃고 뚜렷한 대상 없이 허공에 말합니다. 대상에게 주의를 기울이지 않는 방식 안에서 말하는 음성이 거짓으로 들리게 만들고, 실제로도 거짓으로 느껴집니다. 그렇기 때문에 당신은 이야기하고 있는 사람을 마주하고 있지 않거나 그곳에 없는 누군가에게 이야기할 때조차도 항상 마음으로 듣는 사람에게 집중해야 합니다.

아주 가까운 거리나 굉장히 사적 공간을 배경으로 연기할 때 배우의 음성이 잘 들리지 않을 경우

배우들 사이의 가까운 거리에 초점이 맞춰져 있기 때문에 나머지 공연 공간은 존재하지 않고 음성은 그 가까운 작은 공간만 채우는 것 같아요.

이에 대응하려면 작은 개인적 공간에서 더 멀리까지 관객에게 정신적으로 손을 뻗어 그들을 당신의 사적인 공간으로 끌어들이는 감각이 필요합니다. 이러한 방식으로 음성은 뻗어나가지만 다시 돌아오기 위해 뻗어나가면서 장면과의 연결을 잃지 않을 겁니다. 이를 위해 작업하는 좋은 방법은 장면 파트너를 계속 주시하여 연결을 잃지 않도록 하는 거예요. 그런 다음, 장면을 연기할 때 마치 관객에게 함께하자고 손짓하거나 초대하는 것처럼 팔을 뻗어서 액션을 취합니다. 이를 통해서 장면 파트너뿐만 아니라 관객과 동시에 연결을 유지하는 습관을 기를 수 있습니다. 이중으로 연결하는 습관을 들이면 당신이 하고 싶은 대로 신체적으로 자유롭게 움직이며 장면을 연기할 수 있게 됩니다.

야외에서 작업할 때

야외에서 작업할 때 문제는 당신의 소리를 차단하거나 다시 반사하는 벽이 없기 때문에 잘 들리지 않거나 음성이 피곤해지거나 혹사당할 때까지 계속 음성을 힘으로 밀어내려는 경향이에요.

따라서 장면 파트너(혹은 파트너들)와 함께 번갈아 가며 한 명(혹은 여러 명)이 무대에 서고 다른 한 명(혹은 여러 명)이 관객석에 서세요. 관객석에 있는 사람들은 점점 더 뒤로 이동하면서 무대 위 사람(혹은 사람들)과 장면을 말하세요. 그런 다음, 관객석에 있는 사람(혹은 사람들)은 관객석 맨 뒷줄 뒤를 걸어 다니며 무대 위 사람(혹은 사람들)과 장면을 반복하세요. 이런 식으로 당신의 뇌는 당신의 음성이 얼마나 멀리 전달되어야 하는지에 대한 감각을 갖게 될 겁니다. 일단 음성이 들리는 정도에 대한 감각을 가진다면 당신은 음성을 억지로 밀어내려는 가능성이 줄어들 거예요.

모든 공연 전에 워밍업을 할 때 '공간을 가로질러 말하기'를 포함하는 건 중요해요. 당신의 음성은 그것이 얼마나 멀리 전달되어야 하는지를 계속 리마인드할 필요가 있고 반복되는 확신을 통해서 이점을 얻기 때문이에요.

분명히 목구멍이 제멋대로 혼자 고군분투하지 않고 복부 근육이 음성에 '연료'를 제공하기 위해 적절하게 참여하고 있는지를 확인하기 위해 약간의 지지 훈련을 해야 할 수도 있습니다(148~152, 172~183쪽 참조).

소음 안에서 말할 때

항상 긴장하게 되므로 소음보다 크게 소리 내려고 하지 마세요(81~100쪽 참조).

목과 목구멍 주위에 힘을 들이지 않고도 충분한 힘을 가질 수 있도록 복부 근육이 잘 작동해서 음성을 지지하는지 보세요(148~152, 172~183쪽 참조). 또한, 말을 좀 더 확실하게 할 필요가 있을 수 있지만 긴장하지 않도록 주의하세요.

소음 안에서 들리게 하려고 음성을 망치지 마세요. 큰 음악이나 효과음이 문제의 원인이라면 연출가는 음악과 효과음이 들리고 배우의 소리가 들리지 않아도 되는지 혹은 배우가 소리가 들리길 원하는지를 결정해야 합니다. 배우의 소리가 들리길 원할 경우엔 음악과 효과음을 줄여야 합니다. 당신은 기적을 이룰 수 없으며 시도하지 않는 게 좋아요.

소음의 근원이 관객이나 난방 혹은 냉방 시스템 또는 기타 외부 소음이라면, 다시 말하지만 당신이 할 수 있는 건 한계가 있어요. 지지와 명확함에 대해 훈련(356~387쪽 참조)하고 난 후에도 여전히 소리가 들리지 않는다면 그때는 문제를 다른 방법으로 해결해야 합니다.

음향적으로 죽은 공간에서 작업할 때

음향적으로 죽은 공간은 소리를 흡수하기 때문에 작업하기에는 악몽이 될 수 있습니다. 박수를 치면 공간이 음향적으로 죽어있는지 혹은 살아있는지 알 수 있습니다. 죽은 공간이라면 에코가 전혀 없을 거고 살아있는 공간이라면 박수 소리가 약간 울릴 거예요. 죽은 공간에서는 음성이 공간에서 살아있고 울리는 감각을 가지기 위해서 음성을 억지로 밀어내는 경향이 있습니다. 물론, 공간은 소리를 계속 흡수하고 당신은 원하는 울림을 얻을 수 없어요.

당신이 할 수 있는 일은 워밍업에서 많은 공명과 이완 훈련을 포함하여 음성이 가능한 한 살아 있도록 하는 겁니다(399~403쪽 참조). 그런 다음, 한 명(혹은 여러 명)은 무대에, 다른 한 명(혹은 여러 명)은 관객석에 서서 작업하세요. 소리가 얼마나 멀리 뻗어가야 하는지를 뇌가 잘 감지하고 당신은 음성이 잘 들리는지에 확신을 갖도록 공간을 가로질러 서로 장면의 대사를 주고받으세요.

에코가 많은 공간에서 작업할 때

에코가 많은 공간에서는 공간이 모음의 소리를 증강시키면서 모음과 자음 사이의 섬세한 균형이 깨지기 때문에 명확함이 떨어집니다.

따라서 워밍업에서 지지와 이완 훈련을 한 후에는 공명 훈련을 제외하고 발음을 위한 훈련에 집중하세요(356~359, 374~387쪽 참조). 또한, 공간을 나눠 서서 장면 파트너(혹은 파트너들)와 함께 작업하세요ー한 명

(혹은 여러 명)은 무대에서 움직이면서, 다른 한 명(혹은 여러 명)은 객석에서 이동하면서 장면을 연기하세요. 볼륨을 낮추고 대신 과장하지 않으면서 확실하게 단어를 말해 봅니다.

투어하는 공연 – 다양한 공간에서 작업하는 경우

공간의 크기에 대한 감각을 위해서 그 공간에서 빠르게 워밍업을 할 수 있다면 가장 좋습니다. 그게 가능하지 않다면 적어도 장면 파트너(혹은 파트너들)와 함께 공연할 장소로 들어가서 한 명(혹은 여러 명)은 무대위에서, 다른 한 명(혹은 여러 명)은 관객석에서 장면 대사를 주고받으세요. 이 방식으로 당신의 뇌는 공간 사이즈에 대한 감각을 가지고 그에 따라 당신 연기의 사이즈도 조정될 겁니다.

머리, 목, 어깨 그리고 턱

머리를 앞으로 내미는 경우

이 경우는 어깻죽지 사이 척추가 등 위쪽과 목 그리고 머리를 지지하기 위해 관여하고 길어지는 대신 구부정해진 결과예요. 또한, 대화하기 위해 앞을 향해 압박해서 긴장한 결과입니다. 종종, 하체와 단절된 감각이고 모든 에너지가 어깨와 턱에 몰려 있습니다.

약간의 센터링과 그라운딩 훈련(81~99쪽 참조)을 하기 시작해서 몸의 아랫부분과 연결하고 그곳에 에너지의 닻을 내리세요. 그런 다음 일부 신체 정렬 훈련(105~115쪽 참조)으로 넘어가서 척추 전체가 일직선으로 오고 어깻죽지 사이 부분 척추가 등과 목 그리고 머리를 지지하기 위해 정말로 관여하고 길어지는 느낌을 가져보세요. 또한, 텍스트를 말할 때 벽에 기대어 말하는 것도 매우 도움이 됩니다(249~252쪽 참조). 더 많이 의사소통하고 말을 더욱 앞으로 보내고 싶을수록 훨씬 더 뒤로 기댄다고 생각하세요.

* 추가 설명: 229~231쪽

목 긴장

여기에는 많은 원인이 있을 수 있어요. 한 가지 주요 원인은 어깻죽지 사이 척추가 구부정하게 무너져 있어서 척추 그 부위가 위쪽 등, 목, 머리를 지지하는 데 관여하지 못하고 길어지지 않기 때문이에요. 그 결과, 목 근육이 머리를 받쳐주기 위해서 과도하게 일하게 되죠. 머리의 무게가 4.9kg 이상이기 때문에 목 근육에 가해지는 긴장의 정도를 상상할 수 있어요. 따라서 머리가 효과적으로 균형 삼힐 수 있도록 척추를 연결하고 길어지게 하기 위해 자세 정렬(105~115쪽 참조) 훈련이 여기에서는 중요합니다.

목 긴장은 또한 몸 아랫부분의 긴장으로 발생할 수 있어요. 그래서 발목과 등 허리(67쪽 참조)를 풀어주는 훈련을 하는 게 좋습니다. 턱 문제도 목 긴장을 야기할 수 있으므로 턱도 풀어주는 게(264~270쪽 참조) 좋아요.

구체적인 목 풀기 훈련(252~258쪽 참조)도 확실히 유용하지만 자세와 관련된 긴장을 작업해 준 후에 하는 게 좋습니다.

* 추가 설명: 229~231쪽

어깨 긴장

어깨에 긴장을 가지는 건 많은 원인이 있을 수 있어요. 여기에는 그라운딩과 센터링에 대한 작업이 좋습니다(81~100쪽 참조). 다리가 긴장되어 있고 무릎이 닫히거나 골반을 뒤로 내밀거나 혹은 배와 엉덩이에 타이트하게 힘을 주고 있는 경우에는 스스로 몸이 그라운딩 되는 게 가능하지 않습니다. 즉, 몸의 아랫부분이 바닥에 편하게 놓여 바닥의 지지를 받는 대신에 하체를 바닥에서 들어 올리고 있는 거예요. 이건 몸의 하체가 상체를 지지할 수 없고 바닥에서 스스로 지탱하기 위해 애쓰며 많은 긴장이 어깨로 가는 걸 의미합니다.

센터링과 그라운딩에 대한 작업뿐만 아니라 척추를 길어지게 하고 골반과 어깨를 열고 넓어지게 하는 훈련을 하는 게 좋아요(249~252쪽 참조). 뒤를 향하는 써클(96~99쪽 참조)은 특히나 어깨 긴장을 풀어주는 데 좋습니다. 등을 앞으로 둥글게 구부린다기보다는 어깨를 아래로 살짝 뒤로 떨어지게 하기 때문이에요.

훈련하고 나서, 어깨 이완을 위한 구체적인 훈련(252~255쪽 참조)을 살펴볼 수 있어요.

턱 긴장

어깨 긴장처럼 신체 아래쪽을 살펴보는 게 중요해요. 이상하게 보일 수 있지만 골반의 긴장은 턱에 긴장을 가져와요. 엄지손가락 긴장 또한 턱 긴장을 이끕니다. 엄지손가락을 긴장시켜 보고 그 긴장이 팔로 이동하고 어깨를 지나 목 그리고 턱으로 이동하는지 보세요.

그래서, 다시 구체적인 턱 이완 훈련(51~81쪽 참조)을 하기 전에 센터링과 그라운딩에 대한 훈련(81~100쪽 참조)과 함께 신체 이완에 대한 훈련(264~270쪽 참조)이 유용합니다.

입술, 혀 그리고 얼굴

뻣뻣한 입술

입술 특히 윗입술이 뻣뻣하다면 얼굴 전체를 굳게 하고 보컬 표현을 약하게 합니다. 전형적인 '뻣뻣한 윗입술'은 아래턱이 떨리지 못하게 해서 감정을 억누릅니다. 윗입술은 다양한 이유로 뻣뻣해질 수 있어요. 자기 치아를 지나치게 신경 쓰는 사람이라면 윗입술을 계속 아래로 당겨서 치아를 감추려고 할 수 있습니다. 콧수염 또한 윗입술이 움직이지 않게 하는 원인일 수 있고요. 거짓 미소 같은 고정된 표현을 얼마간 한다면, 입술은 거의 움직이지 않으면서 뻣뻣하게 옆으로 늘린 거짓으로 미소 짓는 입술의 상태로 고정될 거예요. 고정된 얼굴 표정은 입술의 위치를 고정하고 음성 표현을 제한합니다. 따라서 입술을 풀어주기 위한 훈련을 하고 나서 그걸 생기 있게 하는 훈련(371쪽 참조)을 하세요.

입술 에너지와 정확성이 부족할 때

에너지의 부족은 주저하고 머뭇거리기 때문일 수 있어요. 우리가 말하려는 것이나 어떻게 말할지에 확신이 없을 때 웅얼거리는 경향이 있습니다. 또한 우리는 말하는 것에 대한 다른 사람의 반응을 확신하지 못할 때 웅얼거립니다.

물론, 입술 에너지의 부족은 또한 정신적 에너지의 부족을 반영하는 일반적인 신체적 에너지 부족 때문이에요. 까불듯이, 놀리듯이, 추파를 던지듯이(35쪽 참조) 혹은 허세 부리는 감각을 가지고 훈련하는 건 정신적 에너지와 전념을 가져오면서 결국은 신체적 에너지와 잘 수반될 수 있는 신체를 가져옵니다.

우리가 말하고 싶은 것에 갈피를 잡지 못하거나 혹은 말보다 생각이 앞서서 말보다 빠른 속도를 가진 생각을 말하려고 할 때 부정확함은 일어나요. 뒤로 향하는 써클(96~99쪽 참조)을 하는 건 주의와 에너지가 몸의 중심에 잡히게 하면서 마음의 명확함과 침착함을 가져올 겁니다. 입술 근육을 훈련할 때(383~387쪽 참조) 주의를 기울여서 말하는 신체적 움직임과 마음을 연결하는 습관을 쌓는 게 중요해요.

혀 긴장

혀는 매우 민감한 신체 부분이에요. 위 근육이 느끼는 것과 같은 방식으로 우리가 느낄 수 있는 어떤 긴장에도 반응하지만 우리는 그게 얼마나 긴장되어 있는지 종종 알지 못합니다. 혀 뒤는 특히나 긴장하는 경향이 있고 이 긴장은 결국 후두의 자유로운 움직임에 영향을 끼칠 수 있어요.

구체적으로 혀에 대한 작업(270~276쪽 참조)을 하기 전에 신체 이완(51~81쪽 참조)과 센터링과 그라운딩(81~100쪽 참조) 작업을 하는 게 좋습니다. 신체가 정렬되어 있지 않고 편안하거나 그라운딩 되어 있지 않으면, 혀가 더 많은 긴장을 가질 가능성이 있기 때문이에요.

* 추가 설명: 237~240쪽

혀의 에너지와 정확성이 부족할 때

입술처럼, 이 경우도 주저하고 머뭇거리는 태도 때문입니다. 우리는 확신하지 못할 때 정확하게 발음하지 않지 않아요. 또한, 입술과 마찬가지로 정신적 명확함의 부족은 혀가 정확하게 움직이지 못하게 합니다. 따라서 입술과 같이, 정신적인 전념과 명확성(356~359쪽 참조)은 혀의 에너지와 정확성을 찾기 위해서 필수입니다.

턱의 위치와 긴장 또한 에너지와 정확성 가지고 작업할 수 있는 혀의 능력에 영향을 끼쳐요. 턱이 타이트하고 이가 서로 악물어 붙어 있다면 혀가 움직일 수 있는 공간이 거의 없게 됩니다. 턱이 소리를 내는 데 너무 많은 책임을 떠맡아서 너무 많이 움직이게 된다면, 혀는 독립적으로 움직일 기회를 가지지 못하고 어떤 근육톤과 정확성도 가능해지지 않을 거예요.

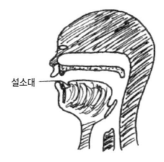

설소대

또한 혀의 정확도가 떨어지는 이유에는 온전히 해부학적 원인도 있습니다. 혀를 입 바닥과 연결하는 설소대는 혀 밑면에 주름진 막으로 사람마다 길이가 다양합니다(그림 참조). 이 소대가 너무 짧으면 혀가 움직이는 데 좀 더 제약을 받지만, 내 경험상 명확성은 여전히 가능해요. 단순히 혀끝이 훨씬 덜 움직이기 때문에 입안에서 혀의 움직임이 더 자유롭지 않을 수 있어 말의 정확성을 잃을 수 있어요.

스스로 짧은 소대를 가지고 있다고 생각된다면, 단순히 치아를 서로 조금 더 가깝게 두지만 두 어금니 사이에 여전히 존재하는 공간을 느끼면서 훈련하세요. 억지로 힘을 주지 않고 뛰어난 유연함과 정확성을 느낄 때까지 혀끝을 윗잇몸을 건드리기 위해 위로 움직여 보고 나서 아랫잇몸에 닿기 위해 아래로 움직여보세요.

* 적합한 훈련: 378~387쪽

얼굴 경직/긴장/고정된 표현에 갇혀 있는 경우에

얼굴에는 엄청난 수의 근육이 있고, 여기에는 얼굴뿐만 아니라 보컬 표현을 제한하는 습관적 패턴이 쉽게 자리 잡을 수 있습니다. 얼굴 긴장과 뻣뻣함을 풀기 위한 최고의 방법은 규칙적으로 얼굴을 마사지해주고 하나의 특정 표정으로 고정되는 걸 막기 위해서 가능한 아주 다양한 표정으로 얼굴을 움직여주세요.

* 추가 설명: 317~319쪽
  관련 훈련: 319~322쪽

얼굴에 활기가 없을 때/둔할 때

몸 전체의 신체적 에너지 부족은 얼굴 움직임의 둔함이 이유일 수 있어요. 다른 원인은 만성 카타르(감기 등으로 코와 목의 점막에 생기는 염증) 때문일 수 있습니다. 또한, 우울하거나 지치는 기분일 때, 얼굴은 에너지의 부족을 반영하는 경향이 있어요.

　얼굴에 새로운 활력을 주기 위해서, 얼굴을 규칙적으로 마사지하고 가능한 한 다양한 표정을 지으며 얼굴을 움직여보세요. 움직일 때 윗입술도 완전히 움직이세요. 그런 다음 얼굴을 이리저리 움직이면서 허밍을 하고 소리가 얼굴에 있는 모든 구멍을 통해 흘러나온다고 상상해보세요. 그러고 나서, 아래 제안한 훈련들로 넘어가세요.

* 추가 설명: 317~319쪽
　적절한 훈련: 319~322쪽

과장되게 얼굴 표현을 할 때

얼굴 표정이 지나치게 과장될 때 그라운딩과 센터링(81~100쪽 참조)에 대한 훈련을 해야 합니다. 과도한 에너지가 얼굴만이 아니라 몸 전체에 흐를 수 있도록 말이에요. 아래 제안된 훈련뿐만 아니라, 뒤를 향하는 써클(96~99쪽 참조)을 하는 건 그라운딩하고 센터링하는 데 좋은 방법입니다.

* 추가 설명: 317~319쪽
　적절한 훈련: 319~322쪽

공명과 음역

공명의 부족

긴장은 음성의 울림을 제한하여 음성을 점점 더 높게 그리고 힘들게 나오게 합니다. 자세의 긴장을 제거하기 위해서 신체 이완(51~81쪽 참조) 훈련을 시작하고 나서 보컬 이완 훈련(289~292쪽 참조)을 하는 게 좋아요. 이 훈련으로 충분할 수 있지만, 부족하다고 느낀다면 구체적인 공명 훈련(303~324쪽 참조)으로 넘어가세요.

둔함은 또한 음성을 건조하고 둔하게 소리 나게 하면서 공명에 영향을 미칠 거예요. 신체 정렬(105~115쪽 참조)과 멘탈 바운스(35쪽 참조)에 대한 훈련은 몸과 마음 모두에 에너지를 가져올 수 있기 때문에 필요합니다. 그러고 나서, 공명에 대한 구체적인 훈련(303~324쪽 참조)을 해야 해요.

* 추가 설명: 297~302쪽

음성이 너무 높을 때

종종 고음 음성은 낮은 공명의 부족에서 와요. 낮은 공명의 부족은 긴장으로 야기될 뿐만 아니라, 가슴으로 가는 소리에 주의를 주지 않고 습관적으로 소리가 머리로 가는 것에 초점을 맞춰서 깨진 균형 사이에서 일어납니다.

자세에 대한 작업(51~81쪽 참조)은 일반적으로 긴장을 풀어주는 데 도움이 돼요. 그런 다음, 좀 더 구체적으로 목, 목구멍, 턱, 혀의 긴장(252~276쪽 참조)을 풀어주는 데 집중할 수 있습니다. 이 훈련으로도 충분하지만, 머리와 가슴 사이에서 더 균등하게 공명을 균형 잡기 위한 훈련이 필요할 수 있어요(312~314쪽 참조).

물론, 높은 음성은 또한 자신의 옵티멈 피치optimum pitch보다 좀 더 높은 피치로 말하는 사람에게 야기될 수 있어요. 옵티멈 피치는 우리의 음성이 가장 강하면서 쉽게 나오는 음입니다. 이건 우리가 이 음정에서만 말한다는 걸 의미한다기보다는 그 옵티멈 피치가 우리의 핵심 음정으로서 역할을 하고 피치는 그 음정에서부터 위아래로 이동하는 걸 의미해요.

사람들이 자기가 가장 편안한 피치 이상으로 말하게 되는 데에는 많은 이유가 있지만, 그 이유가 무엇이든 간에 긴장은 일반적으로 결과에 영향을 미쳐요. 그래서 자세와 호흡에 대한 훈련(51~167쪽 참조), 지지(167~183쪽 참조), 공명에 대한 훈련(302~324쪽 참조)을 하면서 음성이 이 훈련 안에서 편안한 피치로 가게 두세요.

그러나 음성이 여전히 너무 높다면, 모음으로 미끄러져 가기(183쪽 참조)를 하세요. 음성이 쉽게 지속적으로 미끄러지게 될 때까지 매일 몇 분 정도 부드럽게 음역을 위아래로 미끄러지세요. 그런 다음, 음을 미끄러지듯 이동하면서 가장 탄탄하고 편안하게 느껴지는 음정을 찾아 그 음정에서부터 살짝 위아래로 미끄러지듯 이동하세요. 이 훈련을 하는 게 편안해지면, 이 음정으로 텍스트를 챈팅chanting하고 나서 음성이 그 음정에서 알아서 자유롭게 움직이도록 두면서 말하세요. 이런 식으로 부드럽고 참을성 있게 연습한다면 음성은 옵티멈 피치로 다시 돌아올 겁니다. 그러나, 힘으로 밀어붙이지 않도록 주의하면서 이 훈련을 시작으로 하지 마세요— 항상 자세, 호흡, 지지, 공명 훈련을 먼저 살펴보세요.

음성이 너무 낮은 경우에

이건 과거 어느 시점에 의식적으로 피치를 낮추는 걸 계속해서 선택한 결과일 수 있어요. 남자아이들은 자기 음성이 갈라지고 불안정해지는 사춘기 때 그러는 경우가 있습니다. 여자아이들은 더 어른스러워 보이거나 덜 '소녀답게' 보이려고 음성을 의식적으로 낮추려고 할 수 있죠. 문제는 음역의 가장 탄탄한 부분에서 음성이 작동하지 않기 때문에 음성의 표현력이 떨어진다는 겁니다.

음을 낮추기 위해 발생된 긴장을 제거하기 위해서 자세와 이완(51~115쪽 참조)에 대한 일반적인 훈련뿐만 아니라 음역에 대한 구체적인 훈련이 필요해요. 편안하고 지속적으로 음역을 미끄러질 수 있을 때까지 규칙적으로 음정을 위아래로 미끄러지세요. 그런 다음 가장 탄탄하고 편안하다고 느껴지는 음정을 찾아 그 음을 중심으로 위아래로 살짝 미끄러지듯 음을 올라갔다 내려갔다 합니다. 이 작업이 편안해지면 가장 탄탄한 음에서 텍스트를 챈팅하고 난 후에 그 동일한 음정에서부터 음성이 알아서 자유롭게 움직이며 나가게 두면서 말해보세요. 이런 식으로 편안하고 참을성 있게 연습해 나간다면 음성은 원래의 높은 음정으로 자연스럽게 돌아갈 거예요. 그러고 나서 음성에 깊이를 더하고 싶다면, 낮은 공명(314~316쪽 참조)을 훈련할 수 있습니다.

지나치게 낮은 음성의 또 다른 원인은 머리나 위쪽 공명의 부족 때문이에요. 윗입술과 눈썹 사이 얼굴 부위 앞쪽으로 소리를 집중시키는 훈련을 할 필요가 있습니다(320~322쪽 참조). 이러한 방법으로 높은 공명은 활기를 찾을 거고 음성은 더 높고 더 밝아질 거예요.

보이스가 날카로울 때

이건 일반적으로 긴장의 결과예요. 먼저 신체적 이완과 자세 정렬(51~81, 105~115쪽 참조)에 대한 훈련을 시작하세요. 그런 다음에 목, 목구멍, 턱, 입술, 혀, 연구개의 긴장을 풀 수 있는 구체적인 훈련을 할 필요가 있습니다(252~281쪽 참조).

음성에 에너지가 부족할 때

신체적 그리고 정신적 에너지가 모두 부족할 때 발생해요. 첫 번째로, 정신적 '바운스'는 까불거나 놀리는, 또는 추파를 던지는 듯한 감각을 가지고 훈련하면서 구축되어야 해요(35쪽 참조). 그런 다음, 이 정신적 '바운스'를 사용하여 음성을 지지하는 복부 근육과 음성에 모양을 형성하는 조음 근육에 연결하면서 연습훈련을 할 필요가 있습니다(167~184, 378~387쪽 참조). 보컬 에너지로 이어지는 건 연결되고 잘 조율된 음성 근육의 물리적 에너지이기 때문이에요.

음성 표현이 부족하고 단조로운 경우

여기에는 많은 이유가 있을 수 있어요. 원인이 무엇이든 간에 일반적으로 몸 전체, 특히 얼굴의 긴장이나 둔함으로 동반되죠. 긴장이 있는 곳에서는 음성이 좁은 표현 범위에 갇히는 경향이 있어요. 둔한 곳에서는 음성이 움직일 에너지가 부족할 겁니다.

먼저 신체에 있는 긴장을 풀고(51~81쪽 참조) 신체 정렬 훈련을 통해 신체에 활력을 제공해야 해요(105~115쪽 참조). 그런 다음, 얼굴에 대한 구체적인 작업(319쪽 참조)을 하세요. 얼굴을 마사지하고 가능한 많은 다양한 표정을 지으며 얼굴을 이리저리 움직이는 건 얼굴의 긴장을 느슨하게 풀어주고 생기를 가져오는 데 도움이 됩니다.

이 훈련이 끝나고 나서는 음역에 접근하고 확장하는 훈련(331~338쪽 참조)을 하는 게 중요합니다. 마지막으로 음역이 열려 있다면 단어에 있는 이미지를 가지고 자신이 말하는 것에 연결하는 훈련을 하는 게 아주 중요해요(338~344쪽 참조)—이 작업은 음성을 움직이게 하고 음성에 색을 줄 겁니다.

* 추가 설명: 317~319쪽

음성이 지나치게 다채롭거나/진실되지 못하거나/거짓된 경우에

여기에는 일반적으로 내면의 느낌과 단절된 과도한 얼굴과 보컬 움직임이 있습니다. 이건 일반적으로 생각과 감정이 전달될 거라고 믿지 않고 억지로 너무 열심히 전달하려고 하는 데서 오는 결과죠.

수행할 첫 번째 작업은 센터링과 그라운딩(81~99쪽 참조)이며, 특히 뒤를 향하는 써클(96~99쪽 참조)은 에너지를 그라운딩하고 편안함과 확신을 갖도록 할 거예요.

* 추가 설명: 317~319쪽

명확함/발음

명확성이 부족할 때 – 웅얼거리고 서두르는 경우

자신이 말하고 있는 내용과 이게 어떻게 들릴지에 대한 믿음의 부족으로 주저하고 웅얼거리면서 조심스러워하는 결과일 수 있습니다. 이건 특히나 배우가 장면이나 캐릭터에 대해 만족하지 않을 때 발생하죠. 소리의 모양을 만들기 위해서 신체적으로 잘 수반되면(384쪽 참조) 조심스러워하는 태도를 없애고 중얼거림을 방지하는 데 도움이 됩니다.

또한 명확함의 부족은, 마음이 먼저 달리고 그 마음을 따라가기 위해

고군분투하는 말이 스스로 넘어지고 뒤죽박죽이 되어버리는, 빠르게 말하기의 결과입니다. 현재에 마음과 에너지의 닻을 내리기 위해서 뒤를 향하는 써클(96~99쪽 참조)과 함께 훈련하는 건 빠르게 말하고 서두르는 걸 멈추는 가장 좋은 방법이에요.

* 추가 설명: 356~359쪽
  적절한 훈련: 360~387쪽

말하면서 지나치게 강조하거나 지나치게 정확히 발음하려고 할 때

이건 과도한 노력으로 발생하며, 일반적으로 당신의 연기가 관객에게 전달되거나 관객이 잘 이해할 수 있을지를 스스로 믿지 않는 결과라고 볼 수 있어요. 뒤를 향하는 써클(96~99쪽 참조)을 하면 편안함을 가져오고 푸시하려는 경향을 제거하는 데 도움이 됩니다. 또한 음성과 연결되도록 도움을 줘서 모든 에너지가 위를 향해 올라가서 머리로만 말하기보다는 몸 전체가 참여하게 해요.

* 추가 설명: 356~359쪽

찾아보기

훈련 섹션

● 신체 작업

● 호흡과 지지

● 호흡을 소리로: 음성 지지하기

문제 해결

● 호흡

깊게 숨을 쉴 수 없는 경우 — 416
갈비뼈 움직임이 작거나 거의 없는 경우 — 417
들숨이 들어올 때 소리가 나는 경우 — 418
호흡이 부족한 경우 — 417

● 보컬 서포트

다이내믹/큰 에너지를 요하는 장면에서 어려움이 있을 경우 — 421
보컬 지지의 부족 — 418
비명을 지르거나 소리 지를 때 목을 조이는 경우 — 420
목구멍 긴장/꽉 조인 음성 — 419
피곤하거나/억지로 밀어내는 음성 — 419

● 들리는 것에 대한 문제

가까운 거리나 굉장히 사적인 공간을 배경으로 대화하는 장면에서 들리지 않는 경우 — 423
큰 장소에서 작업할 때/소리를 앞으로 보낼 때 음성이 진실되게 들리지 않는 경우 — 422
소음 안에서 말하는 경우 — 425
투어할 때:

    다른 장소에서 작업하는 경우 — 427
    음향적으로 죽어 있는 장소에서 작업하는 경우 — 426
    에코가 큰 공간에서 작업하는 경우 — 426
    야외에서 작업하는 경우 — 424
    음성이 너무 클 경우 — 422
    음성이 너무 작을 경우 — 421

지은이 바바라 하우스맨(Barbara Houseman)

바바라 하우스맨은 40년 이상을 보이스/액팅 코치로 연극과 영화에서 주드 로, 클라이브 오웬, 다니엘 래드클리프, 제시 버클리와 같은 다양한 배우와 작업을 해왔다. 1991년에 RSC(로얄 셰익스피어 컴퍼니), Old Vic, Donmar Warehouse에서 보이스/액팅 코치로서 자리매김하면서 존경받기 시작했으며 영국뿐만 아니라 미국, 스리랑카, 중국, 오스트리아, 뉴질랜드 등에서 워크숍을 해오고 있다. 최근에는 배우와 공연 작업뿐만 아니라 Wales에서 정기적으로 Retreat이라는 워크숍을 통해 사람들의 호흡과 마음을 다루는 작업도 꾸준히 하며 보이스 영역을 더욱 넓혀가고 있다.

옮긴이 이선미

상명대학교 연극학과 졸업
영국 The Royal Central School of Speech and Drama, Voice Studies (M.F.A) 졸업
The Voice and Speech Trainers Association 회원
링클레이터 보이스 테크닉 사사(Andrea Hearing)
뉴욕 '아시아 배우를 위한 보이스 워크숍', '화술과 라반 움직임 워크숍' 등 리더
영국 E 15, 영국 왕립 센트럴 대학교, Yellow Earth Theatre 등에서 링클레이터 보이스 1:1 튜터 및 보이스/액팅 코치로 활동
현재 상명대학교, 경복대학교 등에서 음성과 화술, 연기 강의와 워크숍과 공연에서 배우, 보이스/액팅 코치로 활동 중

당신의 음성을 찾아서

초판 1쇄 발행일 • 2023년 3월 24일
옮긴이 • 이선미 / 발행인 • 이성모 / 발행처 • 도서출판 동인
주소 • 서울시 종로구 혜화로3길 5 118호 / 등록 • 제1-1599호
Tel • (02) 765-7145 / Fax • (02) 765-7165
E-mail • donginpub@naver.com
Homepage • www.donginbook.co.kr

ISBN 978-89-5506-891-7
정 가 24,000원